Intelligenzdiagnostik

Kompendien Psychologische Diagnostik
Band 6

Intelligenzdiagnostik
von Prof. Dr. Heinz Holling, Dr. Franzis Preckel und Dipl.-Psych. Miriam Vock

Herausgeber der Reihe:
Prof. Dr. Franz Petermann und Prof. Dr. Heinz Holling

Intelligenz-
diagnostik

von

Heinz Holling,
Franzis Preckel und Miriam Vock

 Hogrefe

Göttingen · Bern · Toronto · Seattle · Oxford · Prag

Prof. Dr. Heinz Holling, geb. 1950. 1969-1976 Studium der Psychologie, Soziologie und Mathematik in Würzburg und Berlin. 1980 Promotion. 1987 Habilitation. Seit 1993 Professor für Psychologie an der Westfälischen Wilhelms-Universität Münster und Direktor der Beratungsstelle für Organisationen (BfO) der Universität Münster.

Dr. Franzis Preckel, geb. 1971. 1991-1998 Studium der Psychologie in Münster. 1994-1995 Auslandsstudium am St. Norbert College in Green Bay, Wisconsin. 2002 Promotion. 2002-2004 Wissenschaftliche Mitarbeiterin am Psychologischen Institut IV der Universität Münster. Seit 2004 Akademische Rätin am Department Psychologie der Ludwig-Maximilians-Universität München.

Dipl.-Psych. Miriam Vock, geb. 1974. 1994-2000 Studium der Psychologie in Münster. Seit 2000 Mitarbeiterin am Psychologischen Institut IV der Westfälischen Wilhelms-Universität Münster. 2001-2004 Promotionsstipendium der Studienstiftung des Deutschen Volkes.

Bibliografische Information Der Deutschen Bibliothek

Die Deutsche Bibliothek verzeichnet diese Publikation in der Deutschen Nationalbibliografie; detaillierte bibliografische Daten sind im Internet über http://dnb.ddb.de abrufbar.

© 2004 Hogrefe Verlag GmbH & Co. KG
Göttingen · Bern · Toronto · Seattle · Oxford · Prag
Rohnsweg 25, 37085 Göttingen

http://www.hogrefe.de
Aktuelle Informationen · Weitere Titel zum Thema · Ergänzende Materialien

Das Werk einschließlich aller seiner Teile ist urheberrechtlich geschützt. Jede Verwertung außerhalb der engen Grenzen des Urheberrechtsgesetzes ist ohne Zustimmung des Verlages unzulässig und strafbar. Das gilt insbesondere für Vervielfältigungen, Übersetzungen, Mikroverfilmungen und die Einspeicherung und Verarbeitung in elektronischen Systemen.

Satz: Grafik-Design Fischer, Weimar
Gesamtherstellung: AZ Druck und Datentechnik GmbH, Kempten
Printed in Germany
Auf säurefreiem Papier gedruckt

ISBN 3-8017-1626-0

Vorwort der Herausgeber

Die Methoden der Psychologischen Diagnostik dienen der Erhebung und Aufbereitung von Informationen, um begründete Entscheidungen zu treffen. Heute bietet die Psychologische Diagnostik ein großes Spektrum an Erhebungsverfahren, das von systematischen Ansätzen zur Befragung und Beobachtung bis zum Einsatz psychometrischer Tests und physiologischer Methoden reicht. Immer schwieriger wird die gezielte Auswahl geeigneter Verfahren und die Kombination verschiedener Ansätze im Rahmen einer ökonomischen Diagnosestrategie.

Unsere neue Buchreihe möchte aktuelles Wissen über diagnostische Verfahren und Prozeduren zur Weiterentwicklung der Psychologischen Diagnostik zusammenstellen. Wir als Herausgeber der neuen Buchreihe erwarten, dass zukünftig die Kompetenzen der Psychologischen Diagnostik verstärkt nachgefragt werden. Es handelt sich hierbei um Basiskompetenzen psychologischen Handelns, denen in den letzten beiden Jahrzehnten im deutschen Sprachraum relativ wenig Aufmerksamkeit geschenkt wurde. Zukünftig sollten Problemanalysen und Problemlösungen vermehrt auf dieses gut fundierte Fachwissen der Psychologie zurückgreifen.

Die einzelnen Bände dieser Reihe konzentrieren sich jeweils auf spezifische psychologische Themengebiete wie zum Beispiel Depression oder Aufmerksamkeit. Durch diese Spezifikation können diagnostische Fragen im Rahmen der einzelnen Themen intensiver als in der Standardliteratur abgehandelt werden. Zudem kann eine engere Verbindung zwischen theoretischen Grundlagen und den diagnostischen Fragestellungen erfolgen.

Diese Reihe möchte dem Praktiker eine Orientierung und Vorgehensweisen vermitteln, um in der Praxis eine optimale Diagnosestrategie zu entwickeln. Kurzgefasste Übersichten über die aktuellen Trends, praxisnahe Verfahrensbeschreibungen und Fallbeispiele erleichtern auf verschiedenen Ebenen den Zugang zum Thema. Ziel der Reihe ist es somit, die diagnostische Kompetenz im Alltag zu erhöhen. Dies bedeutet vor allem
- diagnostische Entscheidungen zu verbessern,
- Interventionsplanungen besser zu begründen und
- in allen Phasen der Informationsgewinnung die Praxiskontrolle zu optimieren.

Unser Anspruch besteht darin, bestehende Routinen der Psychologischen Diagnostik kritisch zu durchleuchten, Bewährtes zu festigen und neue Wege der Diagnostik, zum Beispiel im Rahmen computerunterstützter Vorgehensweisen und neuerer testtheoretischer Ansätze, zu etablieren.

Mit unserer Buchreihe möchten wir in den nächsten Jahren schrittweise und systematisch verschiedene Anwendungsbereiche der Psychologischen Diagnostik bearbeiten. Pro Jahr sollen zwei bis drei Bände publiziert werden, wobei jeder Band zirka 120 bis 150 Druckseiten haben soll. Folgende Bände sind in Vorbereitung:

Forensisch-psychologische Diagnostik
Persönlichkeitsdiagnostik
Sprachdiagnostik
Angstdiagnostik

Die Reihe startete mit Fragestellungen der Klinischen Diagnostik und wird sich schrittweise auf andere Gebiete erweitern. Wir wünschen uns hierzu einen intensiven Austausch mit unseren Lesern.

Bremen und Münster, im Mai 2004 *Franz Petermann*
und Heinz Holling

Inhaltsverzeichnis

Vorwort		9
1	**Einführung in die Intelligenzdiagnostik**	11
2	**Intelligenztheorien und -modelle**	17
2.1	Zwei-Faktoren- bzw. Generalfaktoren-Theorie von Spearman	18
2.2	Modell mehrerer gemeinsamer Faktoren von Thurstone	19
2.3	Theorie der fluiden und kristallinen Intelligenz von Cattell	21
2.4	Berliner Intelligenzstrukturmodell (BIS) von Jäger	23
2.5	Carrolls Three-Stratum-Theorie	27
2.6	Sternbergs Triarchische Theorie der Intelligenz	29
3	**Befunde der Intelligenzforschung**	33
3.1	Entwicklung der Intelligenz: Veränderung und Stabilität	33
3.2	Geschlechterunterschiede	41
3.3	Validität von Intelligenztestergebnissen	47
3.3.1	Zusammenhänge der Intelligenz mit Schulnoten	47
3.3.2	Zusammenhänge der Intelligenz mit Ausbildungs-, Trainings- und Berufsleistungen	48
3.4	Selbst- und Fremdeinschätzungen der Intelligenz	50
3.5	Eine Ergänzung zu klassischen Intelligenztests – das Lerntestkonzept	54
4	**Intelligenztests und ihre Anwendung**	57
4.1	Allgemeine Grundlagen der Intelligenzdiagnostik	57
4.1.1	Möglichkeiten und Grenzen von Intelligenztests	57
4.1.2	Intelligenzdiagnostik im niedrigen und hohen Begabungsbereich	59
4.1.3	Standards für pädagogisches und psychologisches Testen	61
4.2	Testgütekriterien	67
4.2.1	Objektivität	68
4.2.2	Reliabilität	69

4.2.3	Schätzung des wahren Werts, Vertrauensintervalle und kritische Differenzen	72
4.2.4	Profilinterpretation	78
4.2.5	Validität	80
4.2.6	Normierung	81

5 Wichtige Diagnoseverfahren ... 87

5.1	Tests zur Erfassung einzelner Intelligenzdimensionen	87
5.1.1	Grundintelligenztests CFT 1, CFT 20 und CFT 3	88
5.1.2	Raven Matritzentests	94
5.1.3	Snijders-Oomen Non-verbale Intelligenztests: SON-R 2 $^{1}/_{2}$-7 und SON-R 5 $^{1}/_{2}$-17	99
5.1.4	Zahlen-Verbindungstest (ZVT)	105
5.1.5	Mehrfachwahl-Wortschatz-Intelligenztest: MWT-A und MWT-B	106
5.1.6	Dreidimensionaler Würfeltest: 3DW und A3DW	108
5.2	Tests zur Erfassung mehrerer Intelligenzdimensionen	111
5.2.1	Kognitive Fähigkeitstests: KFT-K, KFT 1-3, KFT 4-12+R	113
5.2.2	Tests nach dem Wechsler-Konzept	118
5.2.3	Intelligenz-Struktur-Test 2000 R (I-S-T 2000 R)	128
5.2.4	Berliner Intelligenzstruktur-Tests: BIS-4 und BIS-HB	131

6 Intelligenzdiagnostik in der Praxis ... 137

6.1	Schulpsychologie	137
6.1.1	Schuleignungsdiagnose	138
6.1.2	Schullaufbahnberatung	140
6.1.3	Diagnostik von Lernbehinderung	142
6.1.4	Diagnostik von Hochbegabung	144
6.1.5	Diagnostik von Underachievement	147
6.2	Berufsberatung, Personalauswahl und Personalentwicklung	150
6.3	Klinische Psychologie und Psychiatrie	158
6.3.1	Diagnostik von Intelligenzminderung bzw. geistiger Behinderung	160
6.3.2	Diagnostik von Intelligenzabbau	163
6.3.3	Besonderheiten bei der Testung beeinträchtigter Patienten	168

Literatur ... 173

Vorwort

In vielen Lebensbreichen spielt die Intelligenz einer Person eine bedeutende Rolle. Für die Messung von Intelligenz haben sich Intelligenztests auf Grund ihrer Ökonomie und psychometrischen Güte als das Mittel der Wahl durchgesetzt. Die Anwendungsfelder der Intelligenzdiagnostik sind entsprechend vielfältig und liegen in zentralen Lebensbereichen wie zum Beispiel Schule, Ausbildung, Studium oder Beruf.

Ziel dieses Buches ist es, allen Personen, die mit der Intelligenzdiagnostik betraut sind oder sein werden, die theoretischen und methodischen Grundlagen zu vermitteln, die zum praktischen Einsatz von Intelligenztests erforderlich sind. Der gesamte Prozess der Intelligenzdiagnostik wird beleuchtet und die notwendigen Kenntnisse zum verantwortlichen Umgang mit den Ergebnissen sowie zu ihrer diagnostischen Verwertung werden vermittelt.

Nach einer kurzen Einführung in die Geschichte der Intelligenzdiagnostik werden im zweiten Kapitel einige der wichtigsten Intelligenztheorien vorgestellt. Eine Vielzahl der derzeit existierenden Intelligenztests baut auf diesen Modellen auf und die jeweils erfassten Fähigkeiten erhalten ihre Bedeutung anhand dieser Modelle. Die Kenntnis der Modelle ist demnach nicht nur die Voraussetzung, sondern auch eine Hilfe dafür, die Testergebnisse sinnvoll interpretieren zu können. Das nächste Kapitel des Buches widmet sich Befunden der Intelligenzforschung. Die hier ausgewählten Resultate stellen den geeigneten Rahmen für die Interpretation der Intelligenztestergebnisse bereit. Zum Beispiel geht es dort um die Frage, wie gut die spätere Leistung einer Person anhand ihres Testergebnisses prognostiziert werden kann. Das vierte Kapitel vermittelt konkrete Informationen zum Einsatz und zur Anwendung von Intelligenztests. Behandelt werden Besonderheiten, die bei der Testung von Personen mit sehr hoher oder sehr niedriger Intelligenz zu beachten sind. Wesentliche Grundlagen der Klassischen Testtheorie werden wiederholt und relevante Richtlinien aus den Standards für pädagogisches und psychologisches Testen zitiert. Im fünften Kapitel erfolgt eine kritische und anwendungsorientierte Vorstellung der gängigen Intelligenztests für Kinder und Erwachsene. Abschließend wird im sechsten Kapitel der Einsatz von Intelligenztests in den zentralen Anwendungsfeldern Schulpsychologie, Berufsberatung, Personalauswahl und Personalentwicklung sowie Klinische Psychologie und Psychiatrie besprochen.

An dieser Stelle möchten wir uns insbesondere bei Herrn Prof. Kubinger, Universität Wien, und Herrn Prof. Rist, Universität Münster, für ihre wertvollen Anregungen zum Manuskript bedanken. Unser herzlicher Dank gilt zudem Frau Margret Unger für ihre Hilfe bei der Manuskriptgestaltung.

Münster, im Februar 2004 *Heinz Holling,*
Franzis Preckel
und Miriam Vock

1 Einführung in die Intelligenzdiagnostik

Intelligenz ist das am besten untersuchte Persönlichkeitsmerkmal überhaupt. Dennoch existiert bis heute keine allgemein gültige Definition darüber, was Intelligenz ist. Der Grund dafür ist, dass Intelligenz ein theoretischer Begriff oder ein Konstrukt ist, das nicht direkt beobachtbar ist. Vielmehr muss die Intelligenz einer Person aus ihrem Verhalten in Leistungssituationen erschlossen werden. Dieses Ziel verfolgt die Psychologie bereits seit über 100 Jahren und ist noch immer Gegenstand der Forschung.

Intelligenz wird heutzutage aus verschiedenen Forschungsperspektiven und -traditionen heraus untersucht. Forschungsgegenstand der *Differenziellen Psychologie* sind interindividuelle Unterschiede. Eine Gemeinsamkeit der meisten Intelligenztheorien der Tradition der Differenziellen Psychologie ist die Identifikation von Fähigkeiten, die den Leistungen in psychometrischen Intelligenztests zu Grunde liegen, durch die Methode der Faktorenanalyse. Die Ansätze der *Kognitiven Psychologie* betrachten hingegen vorwiegend mentale Prozesse beziehungsweise Prozesskomponenten, die bei der Aufgabenlösung relevant erscheinen. Unterschiede betreffen dabei die jeweils betrachteten Komplexitäts-Niveaus kognitiver Funktionen, die von reinen Speed- und Reaktionszeit-Ansätzen (z. B. Jensen, 1982) über komplexe Problemlöseszenarien (z. B. Dörner, Kreuzig, Reither & Stäudel, 1983; Dörner, 1986) bis zur Erforschung von Metakomponenten der kognitiven Kontrolle (z. B. Sternberg, 1985) reichen. Seit den 60er Jahren des letzten Jahrhunderts wird Intelligenz auch zunehmend aus *biologischer oder psychophysiologischer Perspektive* erforscht. Betrachtet werden Variablen wie der zerebrale Glucosemetabolismus oder ereigniskorrelierte Potenziale. Aus diesem Ansatz der Intelligenzforschung verspricht man sich ein besseres Verständnis der Grundlagen der Intelligenz sowie eine Differenzierung kognitiver Prozesse und Dimensionen auf Grund zerebraler Aktivität. Eine weitere Forschungsperspektive richtet sich auf die Interaktion von intelligentem Verhalten mit Umgebungsvariablen und bezieht den *gesellschaftlich-kulturellen Kontext* in ihre Forschung mit ein (Berry, 1994; Sternberg, 1997; Ceci, 1996). Ausgangspunkt dieser Forschung ist, Intelligenz als ein dynamisches Konzept zu verstehen, das mit Umgebungsbedingungen kovariiert. Die Entwicklung der Intelligenz im Kindes- und Jugendalter sowie die Stabilität bzw. der Abbau von Intelligenz über die Lebensspanne ist vorrangig Gegenstand der *Entwicklungspsychologie*.

Forschungsperspektiven

In diesem Buch steht die psychometrische Intelligenzdiagnostik im Vordergrund, welche maßgeblich durch die Differenzielle Psychologie beeinflusst wurde und wird. Die Anfänge der psychometrischen Intelligenzmessung führen in das 19. Jahrhundert zurück. Sir Francis Galton (1822–1911) stellte die Hypothesen auf, dass intellektuelle Fähigkeiten normal verteilt sind und eine erbliche Grundlage haben. Er ging davon aus, dass den komplexen kognitiven Funktionen physiologische Sinnesfunktionen zu Grunde liegen. Galton war an der Erforschung interindividueller Unterschiede interessiert. In seinem „anthropometrischen Labor", das er anlässlich der Weltausstellung „International Health Exhibition" in London eröffnete, untersuchte er nahezu 10.000 Personen mit verschiedenen Sinnes- und Gedächtnisprüfungen. Zur gleichen Zeit wurde von Wilhelm Wundt (1832–1920) in Leipzig das erste psychologische Laboratorium gegründet, in dem ebenfalls Messverfahren zur Erfassung physiologischer Maße angewendet wurden. Hier arbeitete der Amerikaner James McKeen Cattell (1860–1944) einige Jahre als Assistent. Während Wundt die Erforschung allgemeiner Verhaltensgesetze in den Mittelpunkt seiner Forschung rückte, interessierte sich Cattell ebenso wie Galton für Fähigkeitsunterschiede zwischen Personen. 1890 veröffentlichte Cattell seine Arbeitsergebnisse in dem Artikel „Mental tests and measurement" und begründete damit die psychometrische Intelligenzforschung.

Begründung der psychometrischen Intelligenzforschung

Mit den damaligen Analyseverfahren kam man zu dem Ergebnis, dass die einzelnen Sinnes- und Gedächtnisleistungen untereinander kaum korrelieren und nur schwache Zusammenhänge zu Schul- oder Studienleistungen aufweisen. Der Franzose Alfred Binet (1857–1911) sprach sich, unter anderem beeinflusst von den Arbeiten des deutschen Psychologen Ebbinghaus (1850–1909), gegen die Erfassung mentaler Fähigkeiten über elementare Sinnesaufgaben aus. Binet und sein Kollege Henri waren der Überzeugung, dass für die Vorhersage des intellektuellen Leistungsvermögens komplexere Denkvorgänge wie Satzverständnis oder Aufmerksamkeit untersucht werden müssten. Im Auftrag der französischen Regierung entwickelten Binet und sein Schüler Théophile Simon ein Verfahren, das Grundschulkinder mit angeborener oder frühzeitig erworbener Intelligenzschwäche von solchen unterscheiden sollte, die auf Grund des sozialen und familiären Hintergrundes schwache Leistungen im kognitiven Bereich zeigen. So entstand zu Anfang des 20. Jahrhunderts der erste Intelligenztest, dessen Aufgaben beispielsweise verlangten, Sinnwidrigkeiten und Unterschiede zu erkennen, Lückentexte zu bearbeiten oder Sätze zu verstehen und nachzusprechen.

Der erste Intelligenztest

Um zu Aussagen über die individuelle Leistungsfähigkeit kommen zu können, waren die Aufgaben entsprechend der Lösungshäufigkeiten in eine Schwierigkeitsrangreihe gebracht worden. Die Aufgaben, welche von etwa 75 % der Kinder eines Altersjahrgangs gelöst wurden, wurden als eine „Altersreihe" zusammengefasst (z. B. die Aufgabenreihe, die Vierjährige in der

Regel lösen). Die Aufgabenreihe, die ein Kind mit höchstens einer Ausnahme lösen konnte, markierte das Intelligenzgrundalter des Kindes, das durch weitere gelöste Aufgaben höherer Altersgruppen gesteigert wurde. Mit diesem einfachen Vorgehen legte Binet den Grundstein dafür, Intelligenz messbar zu machen. Allerdings wurde bald erkannt, dass das Wachstum der Intelligenz nicht kontinuierlich verläuft und dass ein Rückstand von zwei Jahren zwischen Intelligenz- und Lebensalter für einen Vierjährigen sehr viel gravierender ist als für einen Zwölfjährigen. Dieses Problem löste 1912 der deutsche Psychologe William Stern mit der Entwicklung des Intelligenzquotienten (IQ). Stern schlug vor, das Intelligenzalter durch das Lebensalter zu dividieren und – um ganzzahlige Werte zu erhalten – das Ergebnis mit 100 zu multiplizieren. Problematisch an dieser Berechnung des IQ ist jedoch, dass die Leistung in Intelligenztests mit wachsendem Alter nicht linear zunimmt. Während das Lebensalter ständig weiter ansteigt, bleibt das Intelligenzniveau ab dem Erwachsenenalter relativ konstant. In der Konsequenz würde so mit steigendem Alter der IQ immer geringer. Daher wird heute – nach einem Vorschlag, den der Amerikaner David Wechsler 1939 machte – ein individueller Testwert immer an dem Mittelwert und der Streuung einer für die Testperson repräsentativen Altersgruppe standardisiert. Man spricht auch vom Abweichungs-IQ, da er die Lage eines individuellen Testwertes im Verhältnis zum Mittelwert der Vergleichsgruppe unter Berücksichtigung der Streuungsverhältnisse beschreibt. Die IQ-Werte der meisten Intelligenztests sind normal verteilt und werden auf einen Mittelwert von 100 und eine Standardabweichung von 15 normiert.

Entwicklung des IQ

$$IQ = 100 + 15 \cdot \frac{\text{Testwert-Mittelwert}}{\text{Standardabweichung}}$$

Jedoch sind auch andere Standardisierungen, z. B. in z-Werte (Mittelwert = 0, Standardabweichung = 1) oder Prozentränge, möglich (s. Abb. 1). Ein IQ von 117 entspricht zum Beispiel einem Prozentrang von 86, der besagt, dass 86 Prozent der Vergleichsgruppe schlechtere Ergebnisse und 14 Prozent der Vergleichsgruppe bessere Ergebnisse erzielten. Üblich ist auch eine Normierung in so genannten Standardwerten (Z), bei denen der Mittelwert 100 und die Standardabweichung 10 beträgt.

Kommen wir nun zu der Frage, was man sich unter Intelligenz vorstellen kann. Binet und Simon (1905) verstanden unter Intelligenz die Fähigkeit, „gut urteilen, gut verstehen und gut denken" zu können (S. 197). Wechsler definierte 1956 Intelligenz folgendermaßen: „Intelligenz ist die zusammengesetzte oder globale Fähigkeit des Individuums, zweckvoll zu handeln, vernünftig zu denken und sich mit seiner Umgebung wirkungsvoll auseinander zu setzen" (S. 13). In anderen Definitionen wird die Fähigkeit, mit Mitteln des Denkens *neue* Situationen und Anforderungen erfolgreich zu bewältigen, in den Vordergrund gestellt, so zum Beispiel bei Rohracher

Intelligenzdefinitionen

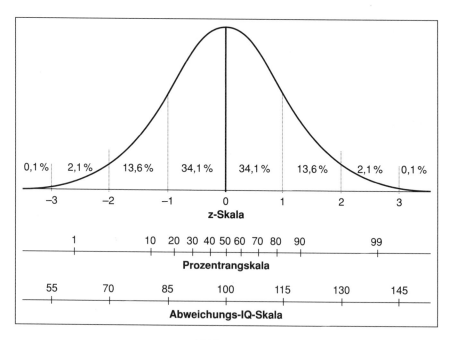

Abbildung 1:
Normalverteilung und verschiedene Standardisierungen

(1965): „Intelligenz ist der Leistungsgrad der psychischen Funktionen bei ihrem Zusammenwirken in der Bewältigung neuer Situationen" (S. 352). Für das Verständnis des Konstrukts „Intelligenz" aufschlussreicher als diese verbalen Definitionen war die Analyse der messbaren Leistung, die unter festgelegten Bedingungen in Intelligenztests erbracht wurden. Spearman (1904) beobachtete, dass die Leistungen in verschiedenen Tests zur Erfassung geistiger Fähigkeiten positiv korreliert sind. Dies veranlasste ihn zur Formulierung eines Generalfaktors der Intelligenz, der nach Spearman allen intelligenten Leistungen mehr oder weniger stark zu Grunde liegt.

Statistische Neuentwicklungen, insbesondere zur Faktorenanalyse, in der viele einzelne Variablen auf zu Grunde liegende Faktoren reduziert werden, ermöglichten die Identifizierung von Intelligenzdimensionen und von Hierarchien in der Intelligenzstruktur. Das bedeutet, dass sich die allgemeine Intelligenz hierarchisch aus mehreren untergeordneten intellektuellen Fähigkeiten zusammensetzt. Intelligenzleistungen sind sehr vielfältig und ermöglichen sehr unterschiedliche theoretische Strukturierungen. In Abhängigkeit vom verwendeten Aufgabenmaterial und von den herangezogenen statistischen Analyseverfahren entstanden daher unterschiedliche Modellvorstellungen von Intelligenz. Die Validität oder Gültigkeit des verwendeten Aufgabenmaterials bzw. der daraus extrahierten Intelligenzfaktoren wurde dabei über den Zusammenhang zu externen Kriterien wie schulischen oder beruflichen Leistungen überprüft. Allgemein besteht heute Einigkeit darüber, den Bereich intellektueller Fähigkeiten als Eigenschaftshierarchie aufzufassen. Je nach gewählter Hierarchieebene werden Intelligenzdimensionen unterschiedlicher Generalität für intellektuelle Leistungen in den Vordergrund gestellt. Im Kapitel 2 wird nun eine Auswahl der wichtigsten Intelligenzmodelle präsentiert.

Intelligenz als Eigenschaftshierarchie

2 Intelligenztheorien und -modelle

Für die Praxis der Intelligenzdiagnostik, insbesondere im Rahmen der Auswahl bestimmter Intelligenztests für konkrete diagnostische Fragestellungen und für die Interpretation der Testergebnisse, ist die Kenntnis des Intelligenzmodells, auf dem ein Test aufbaut, unerlässlich. Beispielsweise ergibt sich bei der Intelligenzdiagnostik mit verschiedenen Testverfahren nicht selten der Befund, dass eine Person in verschiedenen Tests unterschiedliche Ergebnisse erhält. Diese werden in der Regel als IQ ausgedrückt, was bei oberflächlicher Betrachtung nahe legt, es handle sich um die gleichen erfassten Fähigkeiten. Intelligenztests bauen jedoch auf verschiedenen theoretischen Konzepten auf und verwenden unterschiedliches Aufgabenmaterial. So ist es nicht verwunderlich, dass die meisten Intelligenztests nur moderat miteinander korrelieren (s. u.). Um die mit Intelligenztests erhaltenen Messwerte inhaltlich füllen zu können, muss man demnach das zu Grunde gelegte Intelligenzmodell und seine Operationalisierung durch die Testaufgaben kennen. Zwar geben viele Testhandbücher dazu explizite Informationen, jedoch gibt es bedauerlicherweise auch etliche Verfahren, die entsprechende Informationen schuldig bleiben. Zudem erfasst kein Test alle Teilbereiche der Intelligenz. Jeder Test erlaubt also nur Aussagen über einzelne oder mehrere Fähigkeiten, was bei der Ergebnisinterpretation und -rückmeldung zu beachten ist.

Unterschiedliche Intelligenzmodelle der Tests

Wir können hier keinen Überblick über alle existierenden Modelle der Intelligenz geben. Stattdessen werden wir einige der einflussreichsten Intelligenzmodelle beschreiben und zudem mit den Modellen von Carroll und Jäger (s. u.) zwei integrative Modelle vorstellen, in die sich die meisten der bestehenden Modelle einordnen lassen. Abschließend wird mit Sternbergs Triarchischer Theorie eine neuere Konzeption von Intelligenz vorgestellt, die davon ausgeht, dass Intelligenz nicht nur durch kognitive Fähigkeiten beschreibbar ist, sondern aus der Interaktion von Personen- und Umweltmerkmalen entsteht. Wir stellen diesen systemischen Ansatz der Intelligenz vor, da er über die reine Anwendung von Intelligenztests hinausgeht und mit Intelligenztests gewonnene Ergebnisse in das Umfeld einer Person einordnet.

2.1 Zwei-Faktoren- bzw. Generalfaktoren-Theorie von Spearman

Die erste explizite Modellvorstellung von Intelligenz formulierte 1904 der britische Forscher Spearman in seiner Generalfaktoren-Theorie: Aus der Beobachtung, dass die Leistungen in verschiedenen kognitiven Tests bei einer Gruppe von Probanden in der Regel positiv miteinander korrelieren, schloss er, dass kognitiven Leistungen ein gemeinsamer Faktor zu Grunde liegt. Mit anderen Worten: Die Leistungen, die Menschen bei unterschiedlichen kognitiven Aufgaben zeigen, sollten daher auf irgendeine gemeinsame Quelle zurückzuführen sein. Diese interpretierte Spearman als die „allgemeine Intelligenz" und bezeichnete diesen gemeinsamen Faktor als *general factor* (abgekürzt: g). Da die Zusammenhänge zwischen den einzelnen kognitiven Tests jedoch nie perfekt waren, beschrieb er die verbleibende, nicht durch g erklärbare Varianz der Tests durch zusätzliche spezifische Faktoren (abgekürzt: s). Das bedeutet, dass für jede einzelne Aufgabenart ein spezifischer Faktor angenommen wird. Jede Testleistung geht somit auf zwei Faktoren zurück: die allgemeine Intelligenz (g-Faktor) und eine spezifische, für die jeweilige Aufgabe erforderliche Fähigkeit (daher auch die Bezeichnung als Zwei-Faktoren-Theorie). Insgesamt gibt es nach Spearman also so viele spezifische Faktoren, wie es Tests bzw. Aufgabentypen zur Messung kognitiver Fähigkeiten gibt. Die einzelnen Aufgabentypen erfordern zu ihrer Lösung unterschiedlich hohe g-Anteile (faktorenanalytisch ausgedrückt: die Aufgaben laden unterschiedlich hoch auf dem g-Faktor), ihr spezifischer Anteil variiert dann entsprechend. Spearman nahm an, dass die Korrelation zwischen zwei Tests ausschließlich durch ihre jeweiligen Zusammenhänge mit g bestimmt sei, denn die spezifischen Anteile seien für jeden Aufgabentyp verschieden. Empirisch zeigte sich jedoch, dass bestimmte Aufgabentypen stärker miteinander korrelieren als durch ihre jeweiligen Ladungen auf g zu erwarten wäre. Die Erklärung der Leistungsvarianz durch nur zwei Faktoren (g und s) scheint daher nicht ausreichend.

Der bis heute zentrale Punkt in Spearmans Modell ist die Entdeckung des g-Faktors. Der positive Zusammenhang verschiedener kognitiver Leistungen erlaubt die Annahme einer gemeinsamen Quelle für intelligente Leistungen. Diese Erkenntnis war durch die damals gerade – auch durch Spearman selbst – entwickelte Korrelationsrechnung und die Methode der Faktorenanalyse möglich geworden. Etwas unbefriedigend blieb in Spearmans Modell die Rolle der spezifischen Faktoren: Rein aufgabenspezifische Varianzen sind wenig dazu geeignet, unterschiedliche Fähigkeiten bei Menschen zu diagnostizieren. Auch fanden sich zwischen einzelnen spezifischen Faktoren noch (Rest-)Korrelationen, die Spearman dann als „spezielle Generalfaktoren" bezeichnete.

Der g-Faktor

Aufgabentypen mit hohem *g*-Gehalt – im Sinne Spearmans – sind beispielsweise figurale Matrizenaufgaben. Bereits Spearman selbst konstruierte entsprechende Aufgaben. Einer seiner Schüler, John Raven, entwickelte gemeinsam mit dem Genetiker Lionel Penrose 1938 den ersten Matrizentest, dessen Nachfolgeversionen noch heute weit verbreitet sind (in den Varianten CPM, SPM und APM, s. Kap. 5.1.2). Auch Wechsler konstruierte seine Tests (aktuelle deutsche Versionen: HAWIK-III und HAWIE-R, s. Kap. 5.2.2) explizit mit dem Ziel, den *g*-Faktor im Sinne Spearmans zu erfassen.

Matrizenaufgaben – typische Indikatoren für „*g*"

2.2 Modell mehrerer gemeinsamer Faktoren von Thurstone

Mehrere Forscher, u. a. der Amerikaner Louis Thurstone, beschäftigten sich mit den Zusammenhängen verschiedener kognitiver Leistungen nach Extraktion eines *g*-Faktors. Thurstone vertrat dabei die Position, dass sich Denkleistungen nicht ausreichend durch einen *g*- und jeweils einen spezifischen Faktor erklären lassen, sondern dass sie stets durch *mehrere* nebeneinander stehende generelle Faktoren erklärt werden können. Diese generellen Faktoren bezeichnete er als „Gruppenfaktoren", die jeweils eine „primäre" oder grundlegende Fähigkeit widerspiegeln. Die Berechnung *eines* Wertes für die Intelligenz (im Sinne eines *g*-Faktors) verbot sich daher nach Thurstones Auffassung. Stattdessen kann die Intelligenz einer Person nach Thurstone als Profil der Ausprägungsgrade einzelner Primärfaktoren dargestellt werden. In seinen Analysen fand er mehrere so genannte primäre Fähigkeiten, von denen sich sieben wiederholt belegen ließen:

Thurstones Primärfaktoren

1. verbales Verständnis,
2. Wortflüssigkeit,
3. schlussfolgerndes Denken, Erkennen von Regelhaftigkeiten,
4. räumliches Vorstellungsvermögen,
5. Merkfähigkeit, Kurzzeitgedächtnis,
6. Rechenfähigkeit,
7. Wahrnehmungsgeschwindigkeit.

Thurstone nahm an, dass die Primärfaktoren wesentlich allgemeiner sind als Spearmans spezifische Faktoren; das heißt es gibt stets weniger Primärfaktoren als verwendete Testverfahren. Sein Modell stellt somit ein ausdrückliches Gegenmodell zu Spearmans Generalfaktoren-Modell dar.

Das Modell mehrerer gemeinsamer Faktoren wurde verschiedenen Intelligenztests zu Grunde gelegt, bekannteste Beispiele in Deutschland sind die älteren Versionen des Intelligenz-Struktur-Tests von Amthauer (I-S-T, Amthauer, 1955 und I-S-T 70, Amthauer, 1973; der I-S-T 2000 von Amthauer et al., 1999 und seine Revision zum I-S-T 2000 R, basieren auf einem erweiterten Modell, vgl. Kap. 5.2.3). Abweichend von Thurstones ursprünglichem Modell erlauben die I-S-T-Tests jedoch die Berechnung eines Kennwertes für die allgemeine Intelligenz.

Methodische Ursachen unterschiedlicher Modellvorstellungen

Dass Spearman und Thurstone anhand ihrer Studien zu so unterschiedlichen Modellvorstellungen von Intelligenz kamen, hat vor allem methodische Ursachen. Verschiedene Umstände bei Thurstones Vorgehen führten dazu, dass die einzelnen Tests weniger stark miteinander korrelierten als in Spearmans Untersuchungen und daher die Extraktion eines einzigen gemeinsamen Faktors verhinderten. Zum einen verwendete er heterogenere Aufgaben als Spearman, so dass geringere Zusammenhänge zwischen den Leistungen in den Aufgaben nicht verwunderlich sind. Zum anderen testete er vor allem Studierende, was dazu führte, dass seine Personenstichproben eine eingeschränkte Leistungsvarianz aufwiesen, deutlich unterdurchschnittlich begabte Personen fehlten. Diese Varianzeinschränkung verminderte zusätzlich die Höhe der Korrelationen.

Thurstone nahm an, dass es sich bei den Primärfähigkeiten um zwar verschiedene, nicht aber völlig unabhängige Fähigkeiten handelt. Daher wählte er für seine Berechnungen eine Variante der Faktorenanalyse, die Interkorrelationen zwischen den Faktoren erlaubt. Die einzelnen Primärfähigkeiten korrelieren auch tatsächlich positiv miteinander (mit etwa $r = .35$; Amelang & Bartussek, 1997, S. 212). Sobald jedoch Korrelationen zwischen Faktoren bestehen, können weitere Faktoren höherer Ordnung extrahiert werden. Dies wurde von anderen Forschern so interpretiert, dass auch Thurstones Daten letztlich einen *g*-Faktor belegen (z. B. Eysenck, 1979).

Integration von „g" und Gruppenfaktoren in hierarchischen Modellen

Durch die Analysen von Thurstone und anderen Verfechtern von Gruppenfaktoren-Modellen wurden neben der übergeordneten allgemeinen Intelligenz *g* weitere allgemeine kognitive Fähigkeiten expliziert. Der zunächst klare Gegensatz der Modellvorstellungen von Spearman und Thurstone löst sich bei genauerer Analyse auf. Modernere Intelligenzmodelle unterscheiden inzwischen mehrere Intelligenzbereiche, die in einer Hierarchie unterschiedlich breiter bzw. spezifischer Fähigkeiten angeordnet sind. Während sich auf der höchsten Hierarchieebene der *g*-Faktor befindet, sind auf einer untergeordneten Ebene spezifischere Faktoren angesiedelt. Die Modelle unterscheiden sich dabei in der Anzahl weiterer Hierarchieebenen und der dort jeweils angesiedelten Intelligenzfaktoren.

2.3 Theorie der fluiden und kristallinen Intelligenz von Cattell

Eine weitere bis heute einflussreiche Modellvorstellung von Intelligenz stammt von einem Schüler Spearmans, Raymond B. Cattell, der seine Theorie 1957 veröffentlichte. Cattell nahm an, dass sich der g-Faktor aus zwei voneinander unabhängigen Komponenten zusammensetzt, es sich also eigentlich um zwei generelle Faktoren handelt, die Spearmans g vollständig ersetzen. Auf einer ersten Ebene siedelte Cattell – vergleichbar mit Thurstones Modell – verschiedene miteinander korrelierte Primärfaktoren an, die auf Testleistungen in verschiedenen Aufgaben basieren. Die beiden generellen Faktoren befinden sich hingegen auf der zweiten übergeordneten Ebene. Sein Modell kann somit als eine Synthese aus der Zwei-Faktoren-Theorie und dem Modell mehrerer gemeinsamer Faktoren angesehen werden.

Den einen generellen Faktor bezeichnete Cattell als „fluide" allgemeine Intelligenz (abgekürzt: g_f). Die fluide Intelligenz ist die Fähigkeit, sich neuen Situationen anzupassen und neuartige Probleme zu lösen, ohne dass gelerntes Wissen eine bedeutsame Rolle spielt. Es wird angenommen, dass die fluide Intelligenz weit gehend von Geburt an angelegt und von kulturellen und gesellschaftlichen Einflüssen unabhängig ist. Den zweiten Faktor nannte er „kristalline" allgemeine Intelligenz (abgekürzt: g_c). Die kristalline Intelligenz bezeichnet kognitive Fertigkeiten, die durch die Kumulierung (oder „Kristallisierung") von Lernerfahrungen seit der Geburt entwickelt wurden. Während die fluide Intelligenz also neuartige Informationen verarbeitet, beschäftigt sich die kristalline Intelligenz mit der Verarbeitung vertrauter Informationen und der Anwendung von Wissen (Berg, 2000). Es handelt sich bei g_f und g_c um Faktoren zweiter Ordnung, die durch mehrere untergeordnete Primärfaktoren determiniert werden. Die fluide Intelligenz wird vor allem über Fähigkeiten wie „Induktives Schließen", „Figurale Beziehungen" und „Intellektuelle Geschwindigkeit" gemessen, die kristalline Intelligenz hingegen stärker über Fähigkeiten wie „Verbales Verständnis" oder „Mechanische Kenntnisse" (Horn, 1968).

Fluide und kristalline Intelligenz – Faktoren 2. Ordnung

Cattell nahm im Rahmen seiner so genannten Investment-Theorie an, dass die fluide Intelligenz die Voraussetzung für die kristalline Intelligenz ist. Eine Person investiert ihre fluide Intelligenz über die gesamte Lebensspanne in Lernen. Individuelle Unterschiede in der fluiden Intelligenz bestimmen somit mehr oder weniger die Ausprägung der kristallinen Intelligenz (bei vergleichbaren kulturellen und Lernumgebungen). Diese Annahme konnte jedoch noch nicht ausreichend empirisch abgesichert werden.

Investment-Theorie

Kulturfreie Intelligenzmessung

Um die fluide Intelligenz möglichst rein erfassen zu können, entwickelte Cattell so genannte kulturfaire Intelligenztests. Diese sollten mit sprachfreiem Material die intellektuelle Begabung erfassen, ohne dass kulturelle Unterschiede oder Lernerfahrungen mit einfließen (s. Beschreibung der CFT-Reihe in Kap. 5.1.1). Dennoch sind auch diese Tests in gewissem Maße kulturabhängig, eine völlig kulturfreie Intelligenzmessung ist bisher nicht möglich, beispielsweise spielen sprachliche Prozesse beim Lösen auch sprachfreier, figuraler Aufgaben eine Rolle (z. B. DeShon, Chan & Weissbein, 1995).

Die beiden allgemeinen Faktoren g_f und g_c erwiesen sich in verschiedenen Studien nicht als unabhängig voneinander. Mehrere Primärfaktoren laden auf beiden Sekundärfaktoren, so dass g_f und g_c zu etwa $r = .50$ miteinander korrelieren. Cattell (1971) erweiterte daher sein Modell um einen zusätzlichen – g_f und g_c übergeordneten – Faktor: $g_{f(h)}$. Dieser weist einen engeren Zusammenhang mit g_f als mit g_c auf. $g_{f(h)}$ als Faktor dritter Ordnung interpretierte Cattell jedoch explizit nicht als Spearmans g. Ein solches Modell ist aber faktorenanalytisch nicht überprüfbar, da die Extraktion eines Faktors dritter Ordnung aus rein mathematischen Gründen nicht möglich ist. Dieser übergeordnete Faktor würde dann nur auf einer einzigen Korrelation (zwischen g_f und g_c) beruhen, die Ladungen der beiden Faktoren auf $g_{f(h)}$ können daher nicht berechnet werden (Jensen, 1998).

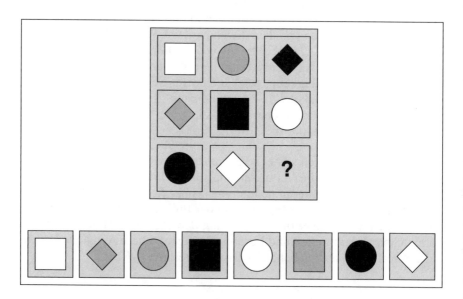

Abbildung 2:
Beispielaufgabe zur Erfassung von g_f (nach Penrose & Raven, 1936)

Kasten 1:
Beispielaufgaben zur Erfassung von g_c
(Die richtige Antwort ist unterstrichen)

Wortschatztest

Welches der Wörter passt in seiner Bedeutung nicht zu den anderen?

Hose	<u>Wolle</u>	Kleid	Jacke
Vogel	Wolke	Ballon	<u>Ball</u>

Verbale Analogien

Blatt zu *Baum* wie *Haar* zu ?

Wurzel	<u>Kopf</u>	Fell	Haut

Saft zu *Milch* wie *Apfel* zu ?

Frucht	Obst	<u>Banane</u>	Boskop

2.4 Berliner Intelligenzstrukturmodell (BIS) von Jäger

Die existierenden Intelligenzmodelle wurden auf der Grundlage von zum Teil sehr verschiedenen Aufgaben bzw. Leistungen entwickelt. Bei der Entwicklung von Intelligenz(struktur)modellen anhand von Daten, die mit kognitiven Tests gewonnen wurden, ist jedoch grundsätzlich zu berücksichtigen, dass die Analysen nur die Intelligenzdimensionen oder -faktoren aufdecken können, die auch mit dem verwendeten Testmaterial angesprochen werden. Dies bringt den Nachteil mit sich, dass aufgefundene Unterschiede zwischen Intelligenzstrukturen nicht unbedingt inhaltlich zu erklären sind. Möglicherweise resultieren sie einfach aus unterschiedlichen spezifischen Aufgabenauswahlen. Jäger legte daher seiner Modellentwicklung in den 70er Jahren ein sehr umfassendes Inventar der Typen von Intelligenz- und Kreativitätsaufgaben, die bis dahin in der Forschung und Testpraxis verwendet worden waren, zu Grunde (Jäger, 1967, 1982). Das BIS wurde somit als *integratives* Modell konzipiert, das ein möglichst breites Spektrum intellektueller Fähigkeitskonstrukte abdeckt.

Aufgabenabhängigkeit von Intelligenzmodellen

Das BIS als integratives Modell

Das BIS-Modell (s. Abb. 3) hat die Form einer Raute und strukturiert Intelligenz hierarchisch. Genauer ausgedrückt wird angenommen, dass sich

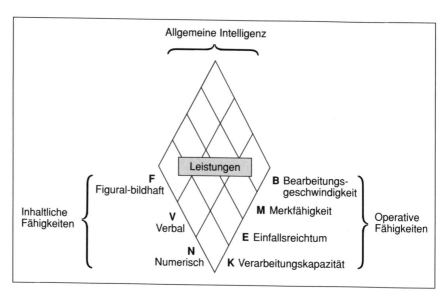

Abbildung 3:
Berliner Intelligenzstrukturmodell nach Jäger (1982, 1984)

die allgemeine Intelligenz aus sieben verschiedenen Fähigkeiten zusammensetzt. Unter allgemeiner Intelligenz wird hier eine sehr allgemeine Fähigkeit verstanden, die allen intelligenten Leistungen zu Grunde liegt. Sie fließt in viele verschiedene Leistungsbereiche ein, erklärt dort jedoch jeweils nur einen relativ geringen Teil der Leistungsvariabilität. Nach dem BIS-Modell ist die allgemeine Intelligenz am besten durch eine möglichst breite Stichprobe aus der Vielfalt kognitiver Prozesse erfassbar. Die sieben spezielleren Fähigkeiten hingegen beeinflussen eher Leistungen in wenigeren und enger begrenzten Bereichen als die allgemeine Intelligenz, klären hier jedoch relativ große Varianzanteile auf. Sie werden unterteilt in so genannte „Operative Fähigkeiten" und in „Inhaltliche Fähigkeiten". Es handelt sich bei diesen beiden Arten von Fähigkeiten um zwei Modalitäten, unter denen Leistungen und Fähigkeiten klassifiziert werden können (vergleichbar mit Form, Farbe oder Gewicht, als unterschiedlichen Qualitäten von Gegenständen).

Operative Fähigkeiten im BIS

Die operativen Fähigkeiten beschreiben verschiedene Denkoperationen:

B *Bearbeitungsgeschwindigkeit:* Arbeitstempo, Auffassungsleichtigkeit und Konzentrationskraft beim Lösen einfach strukturierter Aufgaben von geringem Schwierigkeitsniveau.

M *Merkfähigkeit*: Aktives Einprägen und kurzfristiges Wiedererkennen oder Reproduzieren von Informationen.

E *Einfallsreichtum:* Flexible Produktion von vielfältigen Ideen und Lösungen für eine vorgegebene Problemstellung; erforderlich ist hierfür die Verfügbarkeit vielfältiger Informationen, ein Reichtum an Vorstellungen und das Sehen vieler verschiedener Seiten, Varianten, Gründe und Möglichkeiten von Gegenständen und Problemen.

K *Verarbeitungskapazität:* Verarbeitung komplexer Informationen bei Aufgaben, die nicht auf Anhieb zu lösen sind, sondern Heranziehen, vielfältiges Beziehungsstiften, formallogisch exaktes Denken und sachgerechtes Beurteilen von Informationen erfordern.

Inhaltsgebundene Fähigkeiten im BIS

Neben den operativen Fähigkeiten werden drei inhaltsgebundene Fähigkeiten unterschieden:

F *Anschauungsgebundenes, figural-bildhaftes Denken:* Fähigkeit zum Umgang mit Aufgabenmaterial, dessen Bearbeitung figural-bildhaftes und/oder räumliches Vorstellen erfordert.

V *Sprachgebundenes Denken:* Grad der Aneignung und der Verfügbarkeit des Symbolsystems Sprache.

N *Zahlengebundenes Denken:* Grad der Aneignung und der Verfügbarkeit des Symbolsystems Zahlen.

Mehrmodale Klassifikation von Intelligenzleistungen

Prinzipiell wird angenommen, dass jede intelligente Leistung durch alle diese Fähigkeiten bestimmt wird, jedoch zu deutlich unterschiedlichen Anteilen. Bei vielen Leistungen dominiert je eine operative und eine inhaltliche Fähigkeit. Zum Beispiel erfordert das Lösen von Kopfrechenaufgaben vor allem die Fähigkeiten K und N, obwohl z. B. die Fähigkeit M auch in einem geringen Ausmaß relevant ist, etwa wenn Zwischenergebnisse im Kopf behalten werden müssen. Entsprechend ist das Modell so konzipiert, dass jeweils eine operative und eine inhaltliche Fähigkeit miteinander kombiniert werden, um verschiedene spezifische Leistungen zu erklären. Die Kombination der vier operativen und der drei inhaltsgebundenen Fähigkeiten in Rautenform ergibt zwölf Zellen. Diese entsprechen zwölf Arten von kognitiven Leistungen, die mit den sieben Fähigkeiten erklärt werden.

Beispielsweise wird die Leistung beim Lösen verbaler Analogieaufgaben (s. Kasten 1, S. 23) in der Zelle „Verarbeitungskapazität verbal“ platziert. Das bedeutet, dass diese Leistung zum einen durch die Fähigkeit eines Individuums bestimmt wird, mit dem Symbolsystem Sprache umzugehen (inhaltliche Fähigkeit V) und zum anderen durch die Fähigkeit zu formallogischem exakten Denken (operative Fähigkeit K). Gleichzeitig wird die Leistung, Analogieaufgaben zu lösen, auch durch die allgemeine Intelligenz der Person bestimmt. Ebenso verhält es sich z. B. bei der Leistung, viele unterschiedliche Bilder zu einem Thema zu zeichnen. Diese Leistung wird im BIS-Modell in der Zelle „Einfallsreichtum figural“ platziert, da angenommen wird, dass hier – neben dem Einfluss der allgemeinen Intelligenz – sowohl die Operation „Einfallsreichtum“ relevant ist als auch die Fähigkeit zum Umgang mit figural-bildhaftem Material. In diesen Beispielen wird bereits deutlich, dass das BIS-Modell nicht alle vorstellbaren unterscheidbaren Intelligenzkomponenten enthält, die dazu nötig sind, um intelligente Leistungen vollständig zu erklären. Für die Erklärung von Leistungen im Kopfrechnen könnte beispielsweise das Wissen eines Menschen, hier z. B. die Kenntnis von Rechenregeln, ergänzt werden. Visuelle und psychomotorische Fähigkeiten könnten z. B. zusätzlich für die Erklärung der Leistung beim Zeichnen von Bildern herangezogen werden. Das BIS-Modell wurde daher von Jäger ausdrücklich als ein Modell verstanden, das für zukünftige Erweiterungen offen ist.

Kasten 2:
Beispielaufgaben zur Erfassung der Zellen KF, MN und EV

Beispielaufgabe für KF (Verarbeitungskapazität figural)

Welche der Figuren A bis E kann man aus den Teilen im umrandeten Kasten genau zusammensetzen? Nur eine Lösung ist richtig. Streichen Sie den Buchstaben unter der richtigen Lösung durch!

Beispielaufgabe für MN (Merkfähigkeit numerisch)

Sie sehen gleich eine Liste mit **zweistelligen Zahlen** vor sich. Ihre Aufgabe wird sein, sich diese Zahlen gut einzuprägen. Dafür haben Sie 1 Minute Zeit!
Später sollen Sie alle Zahlen, die Sie sich merken konnten, aufschreiben.
    12   44   56   82   34   25   17

Beispielaufgabe für EV (Einfallsreichtum verbal)

Für viele Berufe braucht man bestimmte Eigenschaften und Fähigkeiten. Es gibt aber auch Eigenschaften und Fähigkeiten, die für einen bestimmten Beruf ungünstig sind.
Sie sollen nun möglichst viele und **sehr verschiedene** Eigenschaften und Fähigkeiten nennen, die ein Vertreter eines bestimmten Berufes **nicht** haben sollte. Stichworte genügen!

Beispielsweise sind für den Beruf des Richters mögliche Lösungen: parteiisch, bestechlich, oberflächlich (etc.)

Die Validität der bisherigen Form des BIS-Modells konnte inzwischen in verschiedenen Untersuchungen mit unterschiedlichem Aufgabenmaterial und auch mit Personengruppen unterschiedlichen Alters, unterschiedlicher Begabung und unterschiedlicher Bildung nachgewiesen werden (z. B. Jäger et al., 2004; Süß, Oberauer, Wittmann, Wilhelm & Schulze, 2002). Das BIS ist ein integratives Modell und eignet sich damit für die Einordnung von verschiedenen Intelligenztests. Beispielsweise lassen sich die in Kapitel 4 angeführten figuralen Matrizentests von Raven und der CFT 20 in die Zelle KF des Modells einordnen. Der Untertest „Zahlennachsprechen" des HAWIK-III beispielsweise kann der Zelle MN zugeordnet werden. Derzeit existieren zwei Testverfahren, die auf dem BIS-Modell aufbauen und mit denen alle im Modell spezifizierten Fähigkeiten erfasst werden können: Der BIS-4 von Jäger, Süß und Beauducel (1997) sowie der BIS-HB von Jäger et al. (2004; beide siehe Kap. 5.2.4). Beispielaufgaben, die denen im BIS-4 bzw. BIS-HB ähneln, finden sich in Kasten 2.

Einordnung verschiedener Tests in das BIS

2.5 Carrolls Three-Stratum-Theorie

Wie bereits bei der Vorstellung des BIS erwähnt, ist für die Entwicklung von Modellen der Intelligenz die Verwendung eines möglichst breiten Spektrums unterschiedlicher kognitiver Aufgaben erforderlich. Sonst besteht die Gefahr, dass Modellunterschiede nicht inhaltlich, sondern durch Besonderheiten der verwendeten Aufgaben zu Stande kommen. Eine weitere in diesem Sinne beispielhafte Intelligenzmodellentwicklung führte Carroll (1993) durch. Er reanalysierte insgesamt 461 Datensätze aus der Intelligenzforschung, die mit sehr unterschiedlichen Tests und Aufgabentypen gewonnen worden waren. Mittels Faktorenanalysen entwickelte er ein Strukturmodell der Intelligenz, das insgesamt drei Hierarchieebenen aufweist. Daher wird dieses Modell auch als Three-Stratum-Theorie bezeichnet.

Auf der Ebene höchster Generalität, dem Stratum III, befindet sich die allgemeine Intelligenz, die durch komplexe kognitive Prozesse höherer Ordnung bestimmt wird. Diese weisen eine hohe Generalität für den gesamten Bereich kognitiver Fähigkeiten auf und liegen damit allen intellektuellen Aktivitäten zu Grunde. Nach Carroll (1991) kann davon ausgegangen werden, dass die allgemeine Intelligenz eine Konstellation in der Fähigkeitsstruktur einer Person darstellt, die eine große Bandbreite von Verhaltensweisen und Leistungen beeinflusst. In der Three-Stratum-Theorie ist die allgemeine Intelligenz acht Fähigkeiten mittlerer Generalität übergeordnet, die wiederum spezifische Fähigkeiten beeinflussen. Die Fähigkeiten mittlerer Generalität sind auf der zweiten Ebene angesiedelt (Stratum II) und lassen sich wie folgt beschreiben:

Struktur der Three-Stratum-Theorie

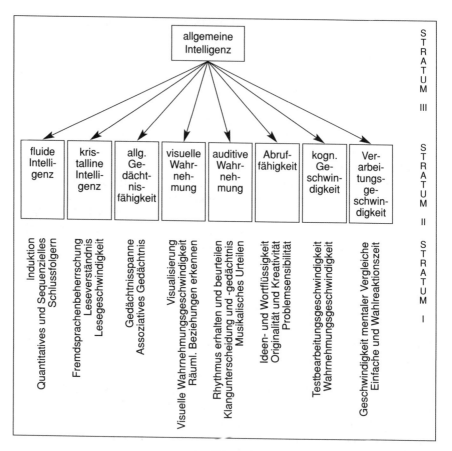

Abbildung 4:
Three-Stratum-Theorie nach Carroll (1993)

1. *Fluide Intelligenz:* Basale Prozesse des schlussfolgernden, logischen Denkens und andere mentale Aktivitäten, die nur minimal durch Lernen und Akkulturation beeinflusst werden.
2. *Kristalline Intelligenz:* Mentale Prozesse, die nicht nur von der fluiden Intelligenz, sondern auch von Erfahrung, Lernen und Akkulturation abhängen.
3. *Allgemeine Gedächtnisfähigkeit:* Fähigkeit zum Lernen und Behalten neuer Inhalte oder neuen Verhaltens.
4. *Visuelle Wahrnehmung:* Fähigkeit, die bei allen Aufgaben eine Rolle spielt, die die Wahrnehmung visueller Formen erfordern.
5. *Auditive Wahrnehmung:* Fähigkeit zur Wahrnehmung oder Unterscheidung auditiver Klangmuster oder gesprochener Sprache.
6. *Abruffähigkeit:* Fähigkeit, Konzepte, Inhalte oder Ideen aus dem Langzeitgedächtnis abzurufen.

7. *Kognitive (Verarbeitungs-)Geschwindigkeit:* Geschwindigkeit der kognitiven Verarbeitung von Informationen.
8. *Entscheidungsgeschwindigkeit:* Entscheidungsgeschwindigkeit in verschiedenen Reaktionszeitaufgaben.

Den acht Fähigkeiten mittlerer Generalität sind 69 relativ spezifische Fähigkeiten auf Stratum I zugeordnet, von denen in Abbildung 4 aus Platzgründen nur einige exemplarisch dargestellt sind. Die jeweilige Zuordnung bedeutet nicht, dass die spezifische Fähigkeit nur von der ihr übergeordneten abhängt. Vielmehr werden die auf Stratum I benannten Fähigkeiten häufig von mehreren Stratum II-Fähigkeiten beeinflusst, sie stellen also Mischformen aus den übergeordneten Fähigkeiten dar. Als Beispiel sei hier die Wahrnehmungsgeschwindigkeit angeführt, die sowohl von allgemeinen visuellen Fähigkeiten als auch von der kognitiven Geschwindigkeit abhängt. Die Zuordnungen der spezifischen Fähigkeiten erfolgten danach, welche Fähigkeit von Stratum II die spezifische Fähigkeit (Stratum I) anteilmäßig am meisten bestimmt. Diese Ausführungen verdeutlichen, dass intellektuelle Fähigkeiten komplex und nicht unabhängig voneinander sind. Carrolls Modell erweitert bestehende Strukturmodelle der Intelligenz (z. B. die Modelle von Thurstone und Cattell) und bietet einen Rahmen für die Anordnung der Mehrheit aller bislang erforschten kognitiven Fähigkeiten.

Keine Unabhängigkeit der Fähigkeiten

2.6 Sternbergs Triarchische Theorie der Intelligenz

Alle weiter oben vorgestellten Intelligenztheorien und -modelle entstammen der Forschungstradition der Differenziellen Psychologie, die sich mit interindividuellen Unterschieden befasst. Sternbergs Triarchische Theorie der Intelligenz berücksichtigt darüber hinaus die Interaktion von intelligentem Verhalten mit Umgebungsvariablen. Intelligenz wird als dynamisches Konzept verstanden, das nicht unabhängig von Umgebungsbedingungen erforscht und verstanden werden kann. Als weiteren Unterschied zu den bislang vorgestellten Modellen weist Sternbergs Theorie eher einen kognitionspsychologischen als einen differenziellen Hintergrund auf. Daher werden vorwiegend mentale Prozesse, die bei Aufgabenlösungen bedeutsam sind, und deren Prozesskomponenten betrachtet. Diese liegen der Bearbeitung von Intelligenztestaufgaben zu Grunde, werden also indirekt mit Intelligenztests erfasst. Um die Prozesse jedoch im Einzelnen abbilden und untersuchen zu können, sind sehr viel aufwändigere Erfassungsmethoden als Intelligenztests erforderlich.

Dynamische Konzeption von Intelligenz

Nach Sternberg (1997) setzt sich Intelligenz aus drei interagierenden Aspekten zusammen. Der erste beschreibt die Informationsverarbeitungsfähigkeiten einer Person, die intelligentem Verhalten zu Grunde liegen (interner

Aspekt). Der zweite Aspekt bezieht sich auf das Verhältnis von Intelligenz und Erfahrung (Erfahrungsaspekt). Der dritte Aspekt richtet sich auf die praktische Anwendung der Intelligenz in der externen Welt (externer Aspekt). Im Fokus des *internen Aspekts* der Intelligenz stehen verschiedene kognitive Komponenten, die für die Informationsverarbeitung und Problemlösung relevant sind. Hier unterscheidet Sternberg die folgenden Komponenten:

Interner Intelligenzaspekt

- *Metakomponenten:* Mentale Prozesse höherer Ordnung, die in allen Aufgabenstellungen zur Planung, Überwachung und Bewertung von Problemlösungen erforderlich sind.
- *Performanz-Komponenten:* Mentale Prozesse niedrigerer Ordnung, die in der Regel aufgabenspezifisch zur Ausführung der Anweisungen der Metakomponenten benötigt werden.
- *Wissenserwerbskomponenten:* Mentale Prozesse niedrigerer Ordnung, die Lernen und Wissenserwerb steuern (z. B. selektives Enkodieren oder Vergleichen von Informationen).

Erfahrungsaspekt der Intelligenz

Der *Erfahrungsaspekt* der Intelligenz beschäftigt sich mit der Fähigkeit, neuartige Probleme zu lösen und die dazu notwendige Informationsverarbeitung zu automatisieren. Neuartigkeit und Automatisierung sind dabei die Endpunkte eines Kontinuums. Sternberg konnte in verschiedenen Untersuchungen zeigen, dass intelligentere Personen schneller und effizienter bei der Lösung neuartiger Probleme sind. Hierdurch gewinnen sie im Vergleich zu weniger intelligenten Personen Zeit und Kapazität, Neues zu automatisieren, was Platz für die Verarbeitung weiterer neuer Informationen schafft (z. B. Davidson & Sternberg, 1984).

Externer Intelligenzaspekt

Der *externe Aspekt* der Intelligenz beschäftigt sich mit der praktischen Anwendung der Metakomponenten, der Performanz- und der Wissenserwerbskomponenten im Umfeld einer Person. Intelligente Personen wissen demnach, auf welche Weise und zu welchem Zeitpunkt sie sich an eine bestimmte Umgebung anpassen können. Falls eine Anpassung nicht gelingt, äußert sich intelligentes Verhalten entweder darin, die Umwelt zu verändern oder eine neue Umgebung aufzusuchen. Der externe Intelligenzaspekt zeigt sich also in der Aneignung von Handlungswissen, das nicht explizit vermittelt, sondern anderweitig erworben wird. Dazu zwei Beispiele: Wagner und Sternberg (1985) untersuchten erfolgreiche Unternehmensleiter und fanden, dass einige von ihnen nur durchschnittliche Werte in Intelligenztests zeigten, jedoch in Tests zu ihrem berufsbezogenen Handlungswissen sehr gut abschnitten. In einer Untersuchung mit Stipendiaten des BMBF-Programms *Begabtenförderung berufliche Bildung*, mit dem besonders erfolgreiche Auszubildende im Bereich der beruflichen Bildung gefördert werden, zeigte sich ebenfalls, dass diese in Intelligenztests nur durchschnittlich abschnitten (Holling, Wübbelmann & Geldschläger, 1996). Intelligenz im Sinne Sternbergs, der darunter die Fähigkeit versteht, aus Erfahrungen zu lernen und sich an die Umgebung anzupassen, geht demnach über die akademische Intelligenz, die mit Intelligenztests erfasst wird, hinaus. Daher gibt es auch keinen Test zur Erfassung der in Sternbergs Theorie spezifizierten Aspekte. Die Theorie stellt vielmehr eine Ergänzung zu den Intelligenz(struktur)modellen dar, die aus der Differenziellen Psychologie erwachsen sind.

3 Befunde der Intelligenzforschung

In diesem Kapitel berichten wir über Befunde der Intelligenzforschung in ausgewählten Bereichen, die auch für die aktuelle Testpraxis relevant sind. Im ersten Abschnitt (3.1) beschäftigen wir uns mit dem Entwicklungsverlauf der Intelligenz. Es wird die Entwicklung intellektueller Fähigkeiten in der Kindheit beschrieben, und mögliche Abbauprozesse im hohen Erwachsenenalter werden diskutiert. Für die praktische Intelligenzdiagnostik ist hier vor allem die Frage nach der Stabilität gemessener Intelligenz von Interesse, insbesondere ab welchem Lebensalter der IQ von Kindern weit gehend stabil ist. Der darauf folgende Abschnitt (3.2) befasst sich mit der Frage nach Geschlechterunterschieden in intellektuellen Leistungen. Dargestellt werden verschiedene Fähigkeitsbereiche, in denen Geschlechterunterschiede gefunden werden konnten (bestimmte räumliche und verbale Fähigkeiten). In Abschnitt 3.3 werden Forschungsbefunde zur Validität von Intelligenztestergebnissen zusammengefasst. Es geht hier um die Frage, für welche Leistungen Intelligenztestergebnisse eine Prognose oder einen Erklärungsbeitrag liefern können. Beispielsweise werden Intelligenztests eingesetzt, um zukünftige schulische Leistungen eines Kindes zu prognostizieren oder eine Erklärung für aktuelle auffällige Schulleistungen zu finden. Es werden daher die Zusammenhänge von Intelligenzwerten mit Schulleistungen (3.3.1) sowie mit Ausbildungs-, Trainings- und Berufsleistungen (3.3.2) betrachtet. Abschnitt 3.4 geht der Frage nach, wie gut intellektuelle Fähigkeiten durch Selbst- oder Fremdbeobachtung eingeschätzt werden können. Abschnitt 3.5 schließlich stellt das Lerntestkonzept als Ergänzung zur klassischen Intelligenzmessung vor.

3.1 Entwicklung der Intelligenz: Veränderung und Stabilität

Die Veränderung der Intelligenz über die Lebensspanne lässt sich nach Oswald (1998) aus drei Blickwinkeln betrachten: Einige Prozesse sind bei allen Menschen gleich (universelle Veränderung), z. B. die Zunahme kognitiver Leistungsfähigkeit während des Kindesalters. Andere Veränderungen sind hingegen bei verschiedenen Gruppen von Menschen unterschiedlich

Drei Perspektiven der Intelligenzentwicklung

ausgeprägt (differenzielle Veränderung), z. B. unterschiedliche Verläufe des Fähigkeitsabbaus im Alter. Schließlich verändern sich auch Komponenten der Intelligenz bei jedem einzelnen unterschiedlich (individuelle Veränderung). Im Folgenden behandeln wir kurz Aspekte der universellen Entwicklung im Kindesalter und anschließend universelle und differenzielle Prozesse im höheren Lebensalter. Danach gehen wir auf die Frage nach der Stabilität gemessener IQs über die Lebensspanne ein. Dieses Kapitel beschränkt sich auf die Darstellung der Intelligenzentwicklung aus psychometrischer Perspektive und dabei insbesondere auf mögliche Veränderungen der strukturellen Beschaffenheit der Intelligenz.

Entwicklung der Intelligenz im Kindesalter

Nicht-lineare Entwicklung der Intelligenz

Kognitive Leistungen entwickeln sich über die Lebensspanne. Ursprünglich wurde angenommen, dass die Intelligenzentwicklung linear verläuft, auf dieser Annahme fußte das IQ-Konzept als einfaches Verhältnismaß (Intelligenzalter / Lebensalter x 100). Dies trifft jedoch sowohl im Kleinkindalter als auch im Jugendalter nicht zu. Je älter Jugendliche werden, desto langsamer wächst das „Intelligenzalter", daher macht der IQ als Verhältnismaß für ältere Jugendliche und Erwachsene keinen Sinn. Der moderne Abweichungs-IQ vergleicht die individuelle Leistung mit der Leistung von Probanden desselben Alters in der Normstichprobe. An den IQ-Werten lässt sich somit keine Veränderung über das Alter erkennen, da die standardisierten Werte immer auf das Alter bezogen sind. Altersbezogene Entwick-

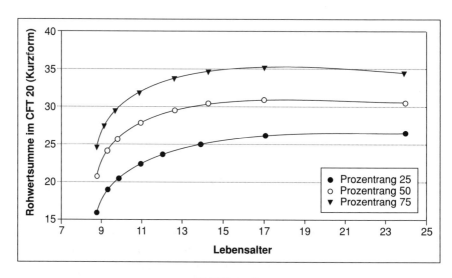

Abbildung 5:
Anstieg fluider Fähigkeiten im Jugendalter

lungen lassen sich jedoch an den Rohwerten im Test erkennen: Ein durchschnittlich begabtes elfjähriges Kind wird deutlich mehr Aufgaben richtig lösen als ein ebenso begabtes neunjähriges Kind. Abbildung 5 zeigt den Anstieg der mittleren Rohwerte im CFT 20 (Kurzform; Weiß, 1998) mit zunehmendem Lebensalter. Abgetragen sind die benötigten Rohwerte für das Erreichen eines Prozentrangs von 25, 50 und 75.

Veränderungen in der Intelligenzstruktur über das Alter?

Es ist klar belegt, dass die Intelligenz während der Kindheit und Jugend ansteigt. Relativ unklar ist bis heute jedoch, ob sich auch strukturelle Veränderungen vollziehen. In Kapitel 2 wurden verschiedene Intelligenzstrukturmodelle vorgestellt. Unter Entwicklungsgesichtspunkten ist die Frage interessant, ob sich dieselben Modelle auf allen Altersstufen finden lassen, oder ob für bestimmte Lebensabschnitte wie die Kindheit oder das hohe Alter andere Modelle gelten. In der Intelligenzstrukturforschung wurde dieser Entwicklungsaspekt bislang eher vernachlässigt. Die Differenzielle Psychologie, in der die Modellvorstellungen von Intelligenz in der Regel entwickelt wurden, beschäftigt sich mit individuellen Unterschieden unabhängig vom Alter. Faktorenanalytische Intelligenztheorien wurden entsprechend vor allem mit Blick auf Erwachsene erstellt (Gardner & Clark, 1992). In der Entwicklungspsychologie hingegen liegt der Fokus stärker auf der Beschreibung und Erklärung des Erwerbs neuer Fähigkeiten mit zunehmendem Alter. Ein Beispiel ist hier die Theorie der Entwicklung des logischen Denkens von Piaget. Die Frage nach strukturellen Veränderungen ist nicht nur von wissenschaftlichem Interesse, sondern auch für die diagnostische Praxis zentral. Wenn sich zeigt, dass ein bestimmtes Strukturmodell zwar für junge Erwachsene gilt, nicht aber für ältere Menschen, dann kann ein Test, der auf diesem Modell basiert, nicht bei Älteren verwendet werden. Das gleiche gilt für Kinder, denn die Modelle werden in der Regel an jugendlichen oder erwachsenen Probanden entwickelt.

Implikationen struktureller Veränderungen für die Praxis

Es werden in der psychologischen Forschung verschiedene Hypothesen zu strukturellen Veränderungen der Intelligenz über die Lebensspanne diskutiert. Diese Hypothesen lassen sich grob in drei Gruppen zusammenfassen (nach Sternberg & Powell, 1983): Eine erste Gruppe von Hypothesen nimmt an, dass sich mit zunehmendem Alter die die *Anzahl der Faktoren* verändert. Eine klassische Annahme zur Entwicklung der Faktorenstruktur im Kindesalter geht hier von einer zunehmenden *Differenzierung* aus: In der Kindheit findet sich zunächst nur ein genereller Intelligenzfaktor, mit zunehmendem Lebensalter sinken die Korrelationen zwischen verschiedenen Aufgabenleistungen, und mehrere relativ generelle Faktoren lassen sich nachweisen. Die Daten zu dieser immer noch zitierten Annahme (z. B. Sternberg, 1990; Gardner & Clark, 1992) stammen jedoch überwiegend

Veränderung der Faktorenanzahl über die Lebensspanne?

Vergleichbarkeit der Intelligenzstruktur bei Kindern und Erwachsenen

aus den 30er bis 40er Jahren (Garrett, 1946; Schiller, 1934; Asch, 1936). Neuere Analysen (z. B. Carroll, 1993, vgl. Kap. 2.5) deuten eher auf gleiche Intelligenzstrukturen bei Kindern (zumindest ab dem Vorschulalter) und Erwachsenen hin. Beispielsweise finden sich auch in den Wechsler-Tests für Kinder und für Erwachsene dieselben Faktoren. In Studien zum BIS-Modell (vgl. Kap. 2.4) fand man keine strukturellen Unterschiede zwischen Erwachsenen und Kindern; untersucht wurden Kinder ab zwölf Jahren (Jäger et al., 2004). Auch in Untersuchungen mit dem AID-2 zeigten sich im Alter zwischen 6 und 16 Jahren keine strukturellen Änderungen (s. Kubinger & Wurst, 2000). Diese Befunde erlauben die Verwendung desselben Modells als Grundlage für Intelligenztests bei Erwachsenen und Kindern. Im höheren Lebensalter scheint sich eine *„Dedifferenzierung"* zu vollziehen: Verschiedene Fähigkeiten korrelieren höher miteinander als bei jüngeren Menschen, so dass sich zunächst nur noch eine kristalline und eine fluide Intelligenzkomponente nachweisen lassen. Im sehr hohen Alter (über 90 Jahre) lassen sich dann selbst diese beiden Komponenten faktorenanalytisch nicht mehr trennen, und es findet sich eine eindimensionale Struktur. Dieser Befund kann zum Teil, aber nicht nur auf die höhere Varianz der Leistungen im hohen Alter zurückgeführt werden, größere Varianz führt zu höheren Korrelationen (Oswald, 1998; Fleischmann, 1989).

Veränderung der Bedeutung der Intelligenzfaktoren über die Lebensspanne?

Eine zweite Gruppe von Hypothesen beschäftigt sich mit der Frage nach möglichen Veränderungen in der *Relevanz einzelner Faktoren* mit zunehmendem Alter. Diese Fragestellung bezieht sich vor allem auf die Intelligenzentwicklung in der frühen Kindheit. Es wird angenommen, dass in der frühen Kindheit bestimmte Faktoren stärker gewichtet werden als im späteren Lebensalter. Demgemäß verschiebt sich mit zunehmendem Alter die Gewichtung und andere Faktoren bekommen einen zentralen Stellenwert. So konnte beispielsweise gezeigt werden, dass der wichtigste Faktor bei sehr kleinen Kindern (bis zum 20. Lebensmonat) die sensorisch-motorische Aufmerksamkeit ist, anschließend (bis zum 40. Lebensmonat) ist ein Persistenz-Faktor zentral. Ab dem vierten Lebensjahr verlieren diese Fähigkeiten an Bedeutung und die Fähigkeit zur Manipulation von Symbolen wird der wichtigste Intelligenzfaktor (Hofstaetter, 1954). Ein ähnlicher Ansatz wird verfolgt, wenn mögliche *inhaltliche Veränderungen der Faktoren* mit zunehmendem Alter untersucht werden. Hier wird meist die inhaltliche Verschiebung eines generellen Faktors (entsprechend Spearmans g, siehe Kap. 2.1) untersucht. Beispielsweise testeten McCall, Hogarty und Hurlburt (1972) Kinder im Alter zwischen dem sechsten Lebensmonat und dem zweiten Lebensjahr. Sie stellten fest, dass sich der erste Faktor, der sich in einer Faktorenanalyse über einen Entwicklungstest ergab, inhaltlich im Laufe der Entwicklung veränderte. Während der g-Faktor bei den ganzen jungen Kindern inhaltlich über den Umgang mit Objekten bestimmt wurde, wurde er bei den älteren Kindern zunehmend zu einem Faktor, der von verbalen Fähigkeiten abhing. Die Befundlage ist hier insgesamt jedoch eher dürftig.

Abbau der Intelligenz im Alter?

Bis vor wenigen Jahrzehnten wurde von der folgenden Entwicklung der Intelligenz im Erwachsenenalter ausgegangen: Man nahm an, dass die Intelligenz bis etwa zum 27. Lebensjahr steigt, dann stagniert und nach einer kurzen Plateauphase bereits zwischen dem 30. und 40. Lebensjahr kontinuierlich absinkt. Diese Sichtweise eines gleichförmigen Verfalls der kognitiven Fähigkeiten bereits ab dem 30. Lebensjahr wird heute als „Defizitmodell" bezeichnet (Oswald, 1998). Inzwischen weiß man, dass viele Faktoren bestimmen, ob und in welchem Maße intellektuelle Fähigkeiten im Alter nachlassen. Ebenso ist bekannt, dass unterschiedliche kognitive Fähigkeiten in unterschiedlichem Maße alterssensibel sind. Ein allgemeines Defizitmodell hatte somit nicht Bestand. Für bestimmte kognitive Fähigkeiten findet sich im Alter jedoch tatsächlich ein systematischer Rückgang (s. u.).

Kein allgemeines Defizitmodell

Bereits Wechsler stellte fest, dass die Leistungen in einigen seiner Untertests altersabhängig waren, d. h. dass die Leistungen in diesen Tests mit zunehmendem Alter geringer ausfielen (z. B. der „Zahlensymboltest" und der „Mosaiktest"). Andere Untertests erwiesen sich hingegen als relativ robust gegenüber Alterungsprozessen (z. B. die Untertests „Allgemeines Wissen" und „Wortschatz"). Schon in den 30er Jahren wurde festgestellt, dass Intelligenztestaufgaben, die geschwindigkeitsabhängige Leistungen erfassen, stärker altersabhängig sind als Aufgaben, die Wissen und Kulturtechniken prüfen (Lorge, 1936; zit. nach Oswald, 1998). Häufig wurden die Entwicklungsverläufe von fluider und kristalliner Intelligenz untersucht: Verschiedene Langzeit- und Querschnittstudien zeigen, dass die *fluide Intelligenz*, ebenso wie die Wahrnehmungsgeschwindigkeit und das Kurzzeitgedächtnis im Erwachsenenalter kontinuierlich abnehmen (Horn & Hofer, 1992). Diese Fähigkeiten scheinen somit durch den Alterungsprozess beeinträchtigt zu sein und bauen bei einigen Menschen bereits vom jungen Erwachsenenalter an nach und nach ab. Dieselben Fähigkeiten sind auch am stärksten bei Schädigungen des zentralen Nervensystems betroffen. In den Normwerttabellen von Intelligenztests spiegelt sich dieser Rückgang wider: Um im CFT 20 (Weiß, 1998) einen IQ von 101 zu erhalten, benötigt ein 20-Jähriger 31 Rohwertpunkte, ein 30-Jähriger 28 Rohwertpunkte, ein 40-Jähriger 24 und ein 60-Jähriger nur noch 22 Rohwertpunkten (vgl. Abb. 6). Die mittlere Testleistung ist somit bei älteren Probanden geringer als bei jüngeren Probanden.

Stärkerer Abbau geschwindigkeitsabhängiger Leistungen als wissensabhängiger Leistungen

Zum Ausmaß des Abbaus *fluider Fähigkeiten* war die Befundlage lange uneinheitlich. Während Querschnittstudien (Probanden verschiedenen Alters werden zu einem Testzeitpunkt untersucht) einen frühen und deutlichen Verlust der Fähigkeiten zeigen, ist der Abbau in Längsschnittstudien (Probanden desselben Alters werden über mehrere Testzeitpunkte untersucht) weniger drastisch. Aus verschiedenen Gründen ist davon auszugehen, dass Querschnittstudien den Abbau eher überschätzen. Beispielsweise sind die

Befunde durch Kohorteneffekte beeinflusst, das heißt jüngere und ältere Probanden wurden zu unterschiedlichen Zeiten geboren und sind durch ihre Zeit unterschiedlich geprägt. Die älteren Probanden haben andere Bildungsinhalte erhalten und wurden im Durchschnitt möglicherweise intellektuell weniger intensiv gefördert als die jüngeren Probanden. So sind auch die oben beschriebenen Altersunterschiede in Normentabellen sicherlich teilweise auf Kohorteneffekte zurückzuführen (und nicht nur auf einen fortschreitenden Abbau), das heißt auf die Tatsache, dass die mittlere gemessene Intelligenzleistung in jüngeren Kohorten höher ist. Es kann auch angenommen werden, dass sich in Querschnitttudien der Flynn-Effekt (Flynn, 1987; s. Kap. 4.2.6) auswirkt (Berg, 2000). Schon leicht veraltete Normen führen zu einer Überschätzung der Intelligenz der jungen Probanden, nicht jedoch der älteren Probanden (an deren Kohorte die Normen ja einmal erstellt wurden). In einem Querschnittdesign vermittelt dies den Eindruck, mit zunehmendem Alter nehme die Intelligenz ab. In Längsschnittstudien hingegen wird der Abbau tendenziell unterschätzt, da vermutlich gerade die Probanden, deren Fähigkeiten stark abgebaut haben, aus gesundheitlichen Gründen nicht mehr erfasst werden können.

Abbau fluider und geschwindigkeitsabhängiger Fähigkeiten ab dem dritten Lebensjahrzehnt

Dennoch konnte in kombinierten Längs- und Querschnittstudien (in denen versucht wird, die methodischen Schwächen beider Vorgehensweisen zu minimieren) relativ sicher gezeigt werden, dass fluide und geschwindigkeitsabhängige Fähigkeiten einem Leistungsrückgang ab dem dritten Lebensjahrzehnt unterliegen. Die benötigten Verarbeitungsprozesse werden ab diesem Alter langsamer, so dass größere Mengen an Informationen nicht mehr so schnell verarbeitet werden können. Mit reinen Geschwindigkeitsaufgaben konnte man feststellen, dass die Informationsverarbeitungsgeschwindigkeit bei alten Menschen etwa 1,5- bis 2-mal langsamer ist als bei jungen Erwachsenen. Auch für weitere basale kognitive Prozesse, die für die Bearbeitung von Intelligenztestaufgaben relevant sind, wie die Arbeitsgedächtniskapazität und die Spanne des Kurzzeitgedächtnisses, konnte in zahlreichen Studien gezeigt werden, dass ältere Menschen im Vergleich mit jungen Erwachsenen schlechter abschneiden (z. B. Salthouse, 1991). Es ist daher davon auszugehen, dass es sich um tatsächliche Abbauprozesse handelt und sich die Befunde nicht allein als Normierungsproblem erklären lassen.

Zuwachs kristalliner Intelligenz im Erwachsenenalter

Die *kristalline Intelligenz* erweist sich Alterungsprozessen gegenüber als deutlich robuster als die fluide Intelligenz, es zeigen sich im *mittleren Erwachsenenalter* im Durchschnitt über alle Probanden sogar weitere Zuwächse (Horn & Hofer, 1992). Dies ist so zu erklären, dass Aufgaben, die kristalline Intelligenz erfassen, die Anwendung erworbenen Wissens voraussetzen. Berufliche Expertise in einem Wissensgebiet etwa wird erst nach vielen Jahren Erfahrung erreicht, diese intellektuellen Fähigkeiten steigen somit im Laufe des Erwachsenenlebens. Der Beginn des Abbaus setzt hier

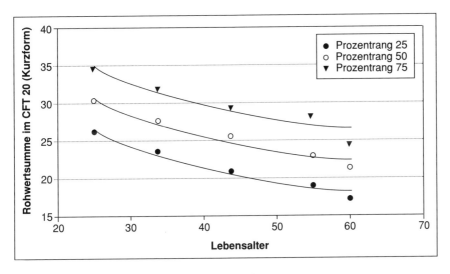

Abbildung 6:
Abbau fluider Fähigkeiten im Erwachsenenalter

– wenn es überhaupt zu einem Abbau kommt – meist erst im hohen Alter ein. In Langzeitstudien fand man, dass ein Nachlassen der kristallinen Fähigkeiten in der Regel frühestens einige Jahre nach dem 70. Geburtstag beginnt (Schaie, 1996).

Die oben berichteten Befunde basieren auf Mittelwerten großer Stichproben, individuelle Verläufe können stark davon abweichen. Während die Varianz der Leistungen im jungen und mittleren Erwachsenenalter über die Zeit ungefähr konstant ist, findet sich für die kristalline Intelligenz im Alter zwischen etwa 40 und 75 eine kontinuierliche Varianzzunahme (Horn & Hofer, 1992). Das heißt im *hohen Erwachsenenalter* sinkt die kristalline Intelligenz im Mittel etwas, die Leistungsstreuung ist jedoch beträchtlich (ein Teil der Menschen verbessert seine Leistung noch deutlich, ein anderer Teil hat starke Leistungseinbußen). In einer Langzeitstudie mit älteren Probanden (im Mittel 72 Jahre) fanden Schaie und Willis (1986), dass 47 % der Probanden in ihren Leistungen in einem räumlichen und einem Reasoning-Test stabil blieben. Nur bei 21 % der Probanden zeigte sich eine Leistungsverschlechterung in beiden Tests. Es sind also längst nicht alle Menschen von einem Abbau der intellektuellen Fähigkeiten im Alter betroffen.

Interindividuell starke Unterschiede in Entwicklungsverläufen

Als Ursachen für die interindividuell unterschiedlichen Entwicklungsverläufe werden u. a. diskutiert: genetische Veranlagung, schulische Bildung, Ausbildung, Beruf, chronische Krankheiten, Anregungsgehalt des Alltags, Lebensstil und Persönlichkeitsstile (z. B. Berg, 2000; Rott, 1994). Horn und

Hofer (1992) nehmen an, dass sich entwicklungsfördernde Faktoren (z. B. anspruchsvolle Tätigkeiten) und entwicklungshemmende Faktoren (z. B. starker Alkoholmissbrauch) jeweils über die Jahre akkumulieren: „The smart would get smarter. [...] The dumb would get dumber." (S. 81f.). Durch ein systematisches Training können die Testleistungen älterer Menschen deutlich verbessert werden. Aus Langzeitstudien ist bekannt, dass auch bei einem starken Abbau der Intelligenz bei älteren Menschen das Niveau aus jüngeren Jahren durch Training wieder erreicht werden kann (Schaie, 1991). Die Trainingseffekte erwiesen sich als überraschend stabil und ließen sich noch mehrere Jahre nach dem Training nachweisen. Noch nicht hinreichend belegt ist hingegen die Generalisierbarkeit der trainierten Fähigkeiten: Handelt es sich tatsächlich um eine Verbesserung der fluiden Intelligenz oder lediglich um eine Verbesserung in bestimmten Testleistungen?

Stabilität der Intelligenz

Stabilität der Intelligenz bedeutet, dass eine Person ihren relativen Rangplatz in einer für sie repräsentativen Gruppe über einen bestimmten Zeitraum beibehält. Dabei kann sich das Ausmaß der Fähigkeiten über die Lebensspanne durchaus verändern, relevant ist nur, ob die Person im Vergleich mit anderen Personen derselben Altersgruppe denselben Rangplatz (oder IQ) zugewiesen bekommt. Insgesamt hat sich die Intelligenz als ein erstaunlich stabiles Persönlichkeitsmerkmal erwiesen, und das bereits von einem relativ frühen Lebensalter an (Hany, 2001a). Die Stabilität von Intelligenzwerten wird über Korrelationen bestimmt: die Intelligenzquotienten (oder andere standardisierte Werte) aus zwei Messzeitpunkten werden miteinander korreliert.

Zusammenhänge zwischen frühen und späteren Leistungsmaßen

Intelligenzmessungen im Kleinkindalter (1.–30. Lebensmonat) korrelieren nur relativ gering mit dem IQ in der späteren Kindheit (McCall et al., 1972; Lipsitt, 1992). Eine wesentliche Ursache dafür dürfte darin liegen, dass bei Kleinkindern andere Fähigkeiten getestet werden als bei älteren Kindern, der Schwerpunkt liegt bei Kleinkindern auf Wahrnehmung und Motorik. Eine etwas bessere Vorhersage der späteren Intelligenz gelingt über die Messung der Informationsverarbeitung bei Kleinkindern. Diese wird z. B. über die Habituierungsrate gemessen: Je schneller ein Kind an wiederholt dargebotenen Objekten das Interesse verliert, umso schneller habituiert es. Die Habituierungsrate korreliert positiv mit dem IQ in der Kindheit, das bedeutet, je schneller das Kind habituiert, umso höher ist die Intelligenz einige Jahre später; die Werte liegen typischerweise im Bereich $r = .35$ bis $r = .50$ (Chen & Siegler, 2000). Sobald die getesteten Fähigkeiten denen ähnlicher werden, die auch in der späteren Kindheit erfasst werden, steigt die Vorhersagegüte der gemessenen Intelligenz (ab etwa dem dritten bis vierten Lebensjahr). Die Korrelationen zwischen der gemessenen Intelligenz in einem und im darauf folgenden Jahr liegen ab dem vierten Lebensjahr bereits über $r = .70$ und steigen auf ca. $r = .90$ im Jugendalter (Wilson, 1983, 1986). Bis zum sechsten Lebensjahr unterliegt die Intelligenz jedoch noch relativ starken intraindividuellen Schwankungen von einer Messung zur nächsten (Wilson, 1983). Ab dem siebten Lebensjahr erweist sich die Intelligenz als relativ stabil (Moffitt, Caspi, Harkness & Silva, 1993). In einer längsschnittlichen Studie wurden 794 Kinder insgesamt viermal mit dem Wechslertest (WISC-R) untersucht, jeweils einmal im Alter von 7, 9, 11 und 13 Jahren. Über diese Jahre fanden sich zwar Schwankungen in den Testergebnissen der einzelnen Kinder. Die Schwankungen waren jedoch für den überwiegenden Teil der Stichprobe nicht größer als durch den Messfehler des Tests zu erwarten gewesen wäre. Für Jugendliche konnte über eine Zeitspanne von fünf Jahren ein Zusammenhang zwischen der Leistung in der ersten und in der zweiten Testung von $r = .70$ gezeigt werden (Magnusson & Backteman, 1978).

Stabilität des IQ ab ca. sieben Jahren

Für das Erwachsenenalter werden Stabilitätskoeffizienten von $r = .89$ bis $r = .96$ über eine Zeitspanne von sieben Jahren berichtet (bei Erwachsenen, die zum ersten Messzeitpunkt zwischen 25 und 67 Jahre alt waren; Schaie, 1991). Auch über lange Zeitspannen erweist sich die Intelligenz bei Erwachsenen als stabil: Mortensen und Kleven (1993) fanden Korrelationen von $r = .90$ für eine Zeitspanne von 20 Jahren während des höheren Erwachsenenalters.

Für die Testpraxis bedeutet dies, dass ein IQ – wenn wir den Messfehler der Tests hier einmal außer Acht lassen und unter der Voraussetzung, dass ein psychometrisch hochwertiger Test verwendet wird – prinzipiell ein relativ stabiles Maß ist. Dies gilt zumindest für erwachsene Probanden. Bei Kindern unter etwa sieben Jahren können noch starke Schwankungen auftreten. Für diese Altersgruppe empfiehlt sich daher, für Entscheidungen (z. B. Schullaufbahnentscheidungen) in jedem Fall möglichst aktuelle Testwerte heranzuziehen. Auch bei älteren Kindern ist der IQ noch nicht so stabil wie bei Erwachsenen, für wichtige Entscheidungen sollte auch hier auf die Aktualität der Testwerte geachtet werden.

Verwendung aktueller Befunde für diagnostische Entscheidungen im Kindesalter

3.2 Geschlechterunterschiede

Wenn man feststellen will, ob sich Männer und Frauen in ihrer mittleren *allgemeinen Intelligenz* unterscheiden, scheint es nahe liegend zu sein, ihnen einen Intelligenztest vorzulegen und die Mittelwerte der Geschlechtergruppen zu vergleichen. Leider ist dieses Vorgehen nicht sehr Erfolg versprechend, da Intelligenztests in aller Regel so konstruiert werden, dass sie „geschlechterfair" sind, also nicht zwischen Männern und Frauen unterscheiden.

Geschlechterfaire Konstruktion von Tests

Aufgaben, die entsprechend differenzieren würden, sollten bei der Testentwicklung identifiziert und nicht in den Test aufgenommen werden. „Intelligenz im Sinne dieser Tests ist nur das, was beide Geschlechter gleich gut können." (Merz, 1979; S. 132). Eine generelle Aussage darüber, ob eines der beiden Geschlechter klüger ist, ist daher kaum zu treffen. Jensen (1998) versuchte dennoch, dieser Frage auf den Grund zu gehen. Er untersuchte in einer umfangreichen Studie Geschlechterunterschiede der allgemeinen Intelligenz mit verschiedenen Testbatterien, die nicht explizit auf Geschlechter-Fairness überprüft worden waren. Die Idee war, dass Geschlechterunterschiede – wenn es welche gibt – mit solchen Tests am ehesten entdeckt werden könnten. Sein Fazit aus dieser Studie war: „Es wurden keine Belege für Geschlechterunterschiede in der durchschnittlichen Höhe von g oder in der Variabilität von g gefunden. ... Männliche Probanden sind im Durchschnitt in einigen Faktoren überlegen, weibliche Probanden in anderen." (S. 531f.; Übersetzung durch die Autoren).

Keine Geschlechterunterschiede in „g"

Verschiedene *spezifische kognitive Fähigkeiten* wurden vielfach auf Geschlechterunterschiede hin untersucht, und in einzelnen Bereichen ließen sich tatsächlich Leistungsunterschiede zwischen den Geschlechtern feststellen. Jedoch sind auch hier allgemeine Aussagen schwierig, da man festgestellt hat, dass verschiedene Faktoren mit darüber bestimmen, welches der Geschlechter in Testaufgaben besser abschneidet. So hängen geschlechtsspezifische Unterschiede z. B. davon ab, welche Altersgruppen untersucht und welche Ausschnitte des Fähigkeitsspektrums betrachtet werden (z. B. hoch oder niedrig Begabte). Die Inhalte der Testaufgaben entscheiden mit darüber, ob sich Unterschiede zwischen Männern und Frauen auffinden lassen. Frauen schnitten z. B. in einer räumlichen Aufgabe besser ab, wenn sie so formuliert war, dass es um die Herstellung eines Hemdes ging. Dieselbe Aufgabe fiel Männern leichter, wenn sie als Konstruktion einer Werkbank dargestellt wurde (Crawford, Herrmann, Holdsworth, Randall & Robbins, 1989). Auch das Antwortformat von Aufgaben spielt eine Rolle: Männer tendieren zu besseren Leistungen bei Multiple-Choice-Aufgaben und Frauen zu besseren Leistungen bei freien Antwortformaten (Halpern, 2000). Das Ausbildungsniveau, der sozioökonomische Status und die Kultur sind weitere Faktoren, die das Ausmaß von Geschlechterunterschieden beeinflussen. Es gibt daher keine einfachen Antworten, die auf alle Frauen und Männer zutreffen. Im Folgenden diskutieren wir verschiedene intellektuelle Bereiche daraufhin, ob und unter welchen Bedingungen Leistungsunterschiede zwischen den Geschlechtern auftreten.

Abhängigkeit spezifischer Geschlechterunterschiede von vielen Faktoren

Verbale Fähigkeiten

In vielen Studien zeigten sich Frauen den Männern im verbalen Bereich überlegen (z. B. Loehlin, 2000). Bereits im Alter zwischen ein und fünf Jahren schneiden Mädchen bei sprachlichen Tests deutlich besser als Jungen ab, sie verfügen über einen größeren Wortschatz, erreichen früher ein höheres sprachliches Niveau (z. B. Verwendung von Passivkonstruktionen und Adverbien) und machen weniger Fehler (z. B. Huttenlocher, Haight, Bryk, Seltzer & Lyons, 1991). Der Vorsprung der Mädchen scheint sich mit zunehmendem Alter (zumindest bis etwa zur achten Klasse) noch weiter zu erhöhen, sie sind den Jungen beispielsweise in Rechtschreibung, Zeichensetzung und Leseverständnis überlegen (z. B. Willingham & Cole, 1997). Die Befunde zur Größe dieses Effekts sind jedoch widersprüchlich. In einer Studie mit dem BIS-HB mit Jugendlichen zwischen 12 und 16 Jahren fanden Jäger et al. (2004) beispielsweise zwar bessere Ergebnisse der Mädchen auf der Verbalskala des Tests, die Überlegenheit gegenüber den Jungen war jedoch nur äußerst gering.

Eine Metaanalyse[1], die 120 Studien zu verbalen Fähigkeiten bei Probanden verschiedener Altersgruppen zusammenfasste, konnte geringe Unterschiede für Vorschulkinder und Erwachsene zu Gunsten der weiblichen Probanden finden, in den anderen Altersgruppen zeigten sich jedoch keine bedeutsamen Unterschiede (Hyde & Linn, 1988). Wenn die verbale Fähigkeit in spezifische verbale Fähigkeiten wie Wortschatz, Analogien, Leseverständnis usw. aufgegliedert wurde, fanden sich für die meisten Bereiche keine Unterschiede. Jedoch schnitten weibliche Probanden etwas besser in Aufgaben zum sprachlichen Ausdruck ab, männliche hingegen etwas besser beim Lösen verbaler Analogien. Für bestimmte verbale Fähigkeiten ergaben sich in anderen Studien sehr große Unterschiede, z. B. für das Finden von Synonymen. Hier lag die mittlere Leistung der weiblichen Probanden mehr als eine Standardabweichung über der der männlichen Probanden (Hines, 1990). Bei standardisierten verbalen Tests für amerikanische Collegebewerber waren die Frauen den Männern bis zum Anfang der 70er Jahre leicht überlegen, seitdem hat sich der Trend jedoch umgekehrt, und die Männer erzielen im Mittel bessere Werte (Halpern, 2000). Möglicherweise liegt die männliche Überlegenheit in diesen Tests darin begründet, dass die Tests einen großen Anteil verbaler Analogien enthalten, in denen Männer etwas besser abschneiden als Frauen. Eine andere Erklärung ist die Zusammensetzung der Stichprobe: Verbal niedrig begabte Männer fallen eher aus dem Bildungssystem heraus und gelangen nicht erst zu einer Collegebewerbung (Halpern, 2000). Es könnte auch sein,

Keine generelle verbale Überlegenheit von Frauen gegenüber Männern

---

[1] Die *Metaanalyse* ist ein statistisches Verfahren, mit dem die Ergebnisse mehrerer bereits durchgeführter Studien zu einer Fragestellung integriert werden können (Bungard, Holling & Schultz-Gambard, 1996). Die Ergebnisse von verschiedenen Einzelstudien können so anhand eines Koeffizienten ausgedrückt werden. Der Vorteil dieses Vorgehens besteht darin, dass die zugrunde liegende Datenbasis stark vergrößert wird und systematische wie unsystematische Fehler korrigiert werden können. Die Frage nach Geschlechterunterschieden in verbalen Fähigkeiten kann somit umfassender beantwortet werden.

dass die Männer mit zunehmendem Alter aufholen und die Fähigkeitsunterschiede besonders in der Kindheit und Jugend ausgeprägt sind: In einer Metaanalyse über 25 Studien mit älteren Menschen konnten ebenfalls keine Geschlechterunterschiede in verbalen Fähigkeiten festgestellt werden (Meinz & Salthouse, 1998). Ein klarer Befund ist, dass mehr Jungen als Mädchen ernsthafte Probleme im verbalen Bereich aufweisen, z. B. starke Leseschwierigkeiten oder Legasthenie. Diese Schwierigkeiten treten bei Jungen ca. fünf- bis zehnmal häufiger auf als bei Mädchen (Halpern, 2000). Im unteren Extrembereich verbaler Fähigkeiten überwiegt somit der Anteil männlicher Probanden.

Räumliche Fähigkeiten

Räumliche Fähigkeiten setzen sich aus (mindestens) drei spezifischeren Fähigkeiten zusammen (Linn & Petersen, 1985):
- *Räumliche Wahrnehmung:* In entsprechenden Aufgaben müssen bestimmte räumliche Informationen extrahiert werden, ohne dass ablenkende Informationen berücksichtigt werden. Ein Beispiel ist die Wasserspiegelaufgabe nach Piaget und Inhelder (1971): In ein gezeichnetes leeres Trinkglas, das in einem bestimmten Winkel gekippt ist, soll der Wasserspiegel eingezeichnet werden, den das Glas z. B. bei halber Füllung hätte.
- *Mentale Rotation:* Aufgaben in diesem Bereich erfordern die Vorstellung von Objekten, die in einem zwei- oder dreidimensionalen Raum gedreht werden. Zum Beispiel sollen komplexe geometrische Figuren daraufhin verglichen werden, ob sie – in unterschiedlicher räumlicher Drehung – verschieden oder identisch sind.
- *Räumliche Visualisierung:* Bei Aufgaben zur Messung dieser Fähigkeit kommt es auf eine komplexe, analytische und mehrschrittige Verarbeitung von räumlichen Informationen an. Ein Beispiel sind Faltaufgaben, bei denen überlegt werden muss, ob eine bestimmte geometrische Figur aus einer bestimmten Faltvorlage zusammengeklebt werden könnte.

Überlegenheit der Männer in bestimmten räumlichen Fähigkeiten

Männer schneiden in allen drei Bereichen der räumlichen Fähigkeiten besser ab als Frauen. Während der Unterschied bei Aufgaben zur räumlichen Visualisierung minimal ist, ist er bei Aufgaben zur räumlichen Wahrnehmung bereits deutlich und bei Aufgaben zur mentalen Rotation groß (Linn & Petersen, 1985). Die Wasserspiegelaufgabe beispielsweise wird deutlich häufiger von weiblichen Probanden falsch gelöst – auch von Frauen mit hohem Bildungsniveau (z. B. Robert & Ohlmann, 1994; Vasta, Knott & Gaze, 1996). In Studien mit Collegestudierenden stellte sich heraus, dass 32 % der Studentinnen und 15 % der Studenten die Aufgabe falsch lösten (Robert & Chaperon, 1989). Die richtige Lösung ist immer eine Linie, die horizontal verläuft – egal, um wie viel Grad das Glas gekippt ist. Frauen tendieren eher als Männer dazu, den Wasserspiegel in Relation zum Boden des Glases einzuzeichnen und nicht in Relation zum Horizont. Geschlechterunterschiede in räumlichen Aufgaben finden sich für alle Altersgruppen. In Aufgaben zur mentalen Rotation beispielsweise schneiden bereits zehnjärige Jungen besser ab als gleichaltrige Mädchen (Linn & Petersen, 1986). Auch im hohen Lebensalter bleibt der Geschlechterunterschied bestehen (Meinz & Salthouse, 1998). Als Ursache dieser zum Teil deutlichen Geschlechterunterschiede werden unter anderem die Auswirkungen einer geschlechtsspezifischen Erziehung diskutiert. Zum Beispiel erhalten Jungen mehr Spielzeug, das die räumlichen Fähigkeiten fördert, wie etwa Baukästen. Auch wird Jungen häufig mehr Bewegungsfreiraum zugestanden, was diese Fähigkeiten ebenfalls fördern könnte (Matthews, 1987). Eine weitere mögliche Ursache sind rollenspezifische Selbstkonzepte. So schneiden Frauen, die ein weniger stereotyp weiblich ausgeprägtes Selbstkonzept haben, in räumlichen Aufgaben besser ab (Krasnoff, Walker & Howard, 1989). Für die deutlichen Geschlechterunterschiede in der Wasserspiegelaufgabe gibt es bisher noch keine stichhaltige Erklärung.

Mathematische Fähigkeiten

Auch die mathematischen Fähigkeiten wurden in zahlreichen Studien untersucht. Eine Metaanalyse, in der 100 Studien zusammengefasst wurden, konnte für unausgelesene Stichproben über alle Altersgruppen hinweg keine Unterschiede in mathematischen Fähigkeiten zwischen den Geschlechtern feststellen (Hyde, Fennema & Lamon, 1990). Auch eine Aufteilung nach spezifischen mathematischen Fähigkeiten führte – anders als bei der Untersuchung verbaler Fähigkeiten – nicht zum Auffinden von Geschlechterunterschieden.

Keine Geschlechterunterschiede in mathematischen Fähigkeiten über alle Altersgruppen hinweg

Es ergab sich jedoch ein klarer Alterstrend: Je älter die untersuchten Probanden, desto stärker zeigt sich ein Geschlechterunterschied zu Gunsten der männlichen Probanden. Während bei Kindern zwischen 8 und 14 Jahren noch kein bedeutsamer Unterschied gefunden wird bzw. sogar ein sehr geringer Vorteil der Mädchen, ist bei 15- bis 18-Jährigen ein leichter Vorteil der Jungen zu verzeichnen. Mit fortschreitendem Alter verstärkt sich dieser Vorteil, bei den über 25-Jährigen unterscheiden sich die Mittelwerte der Männer und Frauen in ihren Leistungen in mathematischen Aufgaben im Durchschnitt um ca. eine halbe Standardabweichung. Dieser Leistungsunterschied bei jungen Erwachsenen zeigt sich auch in den standardisierten Mathematiktests, an denen Studienplatzbewerber in den USA teilnehmen müssen: Hier liegt die mittlere Leistung der Männer deutlich über der der Frauen (Halpern, 2000). Am stärksten sind die Geschlechterunterschiede in den Extrembereichen mathematischer Fähigkeiten ausgeprägt: Im oberen Bereich des Fähigkeitsspektrums finden sich anteilig deutlich mehr Männer als

Überrepräsentation von Männern in den Extrembereichen mathematischer Fähigkeiten

45

Frauen. In Studien mit amerikanischen Schulleistungstests wird von einem Geschlechterverhältnis von 17 : 1 bei extrem hohen mathematischen Testleistungen berichtet (Stanley & Benbow, 1982). Auch in der Gruppe mathematisch niedrig Begabter gibt es etwas mehr Jungen als Mädchen.

Werden die Geschlechterunterschiede geringer?

Gelegentlich wird in Metaanalysen berichtet, dass die Geschlechterunterschiede hinsichtlich der intellektuellen Fähigkeiten in den letzten Jahren zurückgegangen sind (z. B. Carroll, 1993; Hyde, Fennema & Lamon, 1990). Dies liegt von daher nahe, da viele gesellschaftliche Bedingungen als Ursache für kognitive Geschlechterunterschiede angenommen werden, die sich in den letzten Jahrzehnten verändert haben (z. B. geschlechtsspezifisches Spielzeug, vorherrschende Geschlechterrollenstereotype). Auch konnte festgestellt werden, dass das Ausmaß der Unterschiede kulturspezifisch ist, in einigen anderen Gesellschaften wurden zum Teil geringere Unterschiede gefunden. Einen weiteren Beleg für die Annahme gesellschaftlich bedingter Unterschiede liefert eine Studie, in der die kognitiven Leistungen älterer Menschen in den alten und neuen Bundesländern miteinander verglichen wurden (Oswald, Rupprecht & Hagen, 1997). Hier zeigten sich die Frauen aus dem Osten den Frauen aus dem Westen in räumlichen Aufgaben deutlich überlegen. Die Autoren vermuten, dass die bessere Leistung der Frauen aus den neuen Bundesländern auf die häufigere Berufstätigkeit von Frauen (insbesondere auch in technischen Berufen) in der früheren DDR zurückgeführt werden kann.

Dennoch sind die Befunde zu dieser Frage noch nicht eindeutig, und verschiedene methodische Gründe könnten zudem für die geringeren Unterschiede in neueren Studien verantwortlich sein. Zum Beispiel werden Untersuchungen, die keinen Effekt zeigen konnten, seltener publiziert als Studien mit klaren Effekten. Durch die technischen Entwicklungen der letzten Jahre (z. B. das Internet) sind auch nicht publizierte Studien leichter verfügbar und werden eher in Metaanalysen berücksichtigt (Halpern, 2000). Weitere Studien bleiben hier abzuwarten.

Implikationen für die Praxis

Festzuhalten ist, dass es einzelne spezifische Bereiche kognitiver Fähigkeiten gibt, in denen weibliche Probanden im Mittel etwas besser abschneiden, und andere, in denen Männer etwas besser abschneiden. Die Unterschiede sind in der Regel jedoch sehr gering. Für die Praxis der Intelligenzdiagnostik ist folgendes zu beachten: Bei Tests, die Aufgaben enthalten, von denen bekannt ist, dass das Geschlecht eine Rolle spielt (z. B. verbale Synonyme oder mentale Rotationen), sollte die Geschlechterfairness des gesamten Messinstruments nachgewiesen sein. Andernfalls sollten Tests mit geschlechtsspezifischen Normen ausgewählt werden.

3.3 Validität von Intelligenztestergebnissen

Die Validität von Intelligenztests beschreibt das Ausmaß, in dem die Tests das messen, was sie messen sollen. Beispielsweise sollte der erste Intelligenztest von Binet und Simon gültige Unterscheidungen zwischen Kindern mit niedriger Intelligenz und solchen mit durchschnittlicher Intelligenz, aber ungünstigem sozialen Hintergrund erbringen. Um für diesen Zweck valide zu sein, musste der Test Intelligenz möglichst unbeeinflusst durch die soziale Herkunft der Kinder erfassen. Eine hohe Validität ist somit die Voraussetzung dafür, einen Test gezielt einsetzen und sinnvoll interpretieren zu können (s. Kap. 4.2.5).

Häufig herangezogene Kriterien für die Überprüfung der Validität von Intelligenztestergebnissen sind Schul-, Ausbildungs- oder Berufsleistungen, da angenommen werden kann, dass diese Leistungen durch die Intelligenz einer Person beeinflusst werden. Aussagen über die Eignung eines Intelligenztestergebnisses für die Vorhersage oder Erklärung von Schul-, Ausbildungs- oder Berufsleistungen sind natürlich immer an das jeweilige Verfahren und dessen psychometrische Qualität gebunden. In Kapitel 5 werden Befunde zur Validität einzelner Verfahren dargestellt. In diesem Abschnitt sollen generelle Aussagen über die Validität von Intelligenztestergebnissen berichtet werden, die sich nicht auf einzelne Verfahren stützen, sondern auf Metaanalysen über eine Vielzahl von Befunden.

3.3.1 Zusammenhänge der Intelligenz mit Schulnoten

Der in Metaanalysen gefundene mittlere Zusammenhang zwischen Intelligenz und Schulleistung liegt bei ca. $r = .50$ (Amelang & Bartussek, 1997; Jensen, 1998) und stellt damit einen der höchsten Zusammenhänge der psychologischen Diagnostik überhaupt dar. Spezifische Intelligenzdimensionen weisen zudem erwartungsgemäße Zusammenhänge zu Schulnoten in einzelnen Leistungsbereichen auf: So hängen z. B. die verbalen Denkfähigkeiten nach dem BIS enger mit der Note in sprachlichen Fächern zusammen ($r = -.52$; das negative Vorzeichen kommt auf Grund der Notenskala zu Stande, bei der die geringsten Werte die besten Leistungen anzeigen) als mit der Note in mathematisch-naturwissenschaftlichen Fächern ($r = -.38$) (Jäger et al., 2004). Bei der Verwendung von Noten in einzelnen Fächern ergeben sich in der Regel die höchsten Zusammenhänge von Intelligenztestwerten zur Mathematiknote. Dies liegt unter anderem auch daran, dass die meisten Intelligenztestverfahren schwerpunktmäßig Fähigkeiten des abstraktschlussfolgernden Denkens erfassen. Es ist zu beachten, dass Schulnoten hinsichtlich ihrer Objektivität, Reliabilität und Validität eingeschränkt sind. Zudem werden sie neben der Intelligenz eines Schülers durch weitere Va-

Intelligenz und Schulleistung: einer der höchsten Zusammenhänge der psychologischen Diagnostik

riablen wie das Interesse und die Motivation determiniert. Hinzu kommt der Einfluss von Unterrichts- und weiteren Kontextvariablen (Süß, 2001). Angesichts dieser Umstände erweist sich die Eignung von Intelligenzmaßen zur Vorhersage und Erklärung der Schulleistung als hoch, was auch eine Untersuchung im Rahmen der Berkeley Growth Study, einer Längsschnittuntersuchung, zeigt. Hier wurde aus den Schulnoten von der ersten bis zur zehnten Klasse und aus den Werten des Stanford-Binet Intelligenztests, der in dieser Zeit sechsmal bearbeitet wurde, per Faktorenanalyse jeweils ein genereller Schulnotenfaktor und ein genereller Intelligenzfaktor gebildet. Beide korrelierten mit $r=.75$ miteinander (Jensen, 1998).

Sinkender Zusammenhang mit steigendem Ausbildungsniveau

Betrachtet man den Zusammenhang von Intelligenz und Schulleistung differenziert nach Schultyp und Ausbildungsniveau, so zeigt sich, dass mit steigendem Ausbildungsniveau der Zusammenhang sinkt. In seiner Übersicht über Befunde aus dem amerikanischen Raum berichtet Jensen (1998) als Median der Zusammenhänge für die Grundschule Werte zwischen $r=.60$ und $r=.70$, für die Highschool zwischen $r=.50$ und $r=.60$, für das College zwischen $r=.40$ und $r=.50$ und für die Graduate School zwischen $r=.30$ und $r=.40$. Dieser Befund kann zum einen dadurch erklärt werden, dass mit steigendem Ausbildungsniveau vermehrt Personen mit höheren intellektuellen Fähigkeiten in schulischen Einrichtungen angetroffen werden und somit die Streuung der Fähigkeiten stärker eingeschränkt wird. Eine Einschränkung der Streuung führt rein technisch zu geringeren Korrelationen. Zum anderen scheint mit steigendem Ausbildungsniveau die Bedeutung des Vorwissens ständig zuzunehmen, was unter anderem dazu beiträgt, geringere intellektuelle Fähigkeiten durch Wissen kompensieren zu können (Weinert, 1996).

3.3.2 Zusammenhänge der Intelligenz mit Ausbildungs-, Trainings- und Berufsleistungen

Die Validität von Vorhersagen über Ausbildungs-, Trainings- und Berufsleistungen auf der Grundlage von Intelligenztestergebnissen wurde in einer Vielzahl von Studien untersucht. Zusammenfassend kann gesagt werden, dass es praktisch keinen Ausbildungsgang oder Beruf gibt, für den Intelligenztestergebnisse nicht zur Vorhersage des Ausbildungs- oder Berufserfolgs beitragen könnten (Schmidt & Hunter, 1998; Schuler, 2000). Die Leistungsvorhersage fällt umso höher aus, je komplexer und schwieriger die Ausbildung oder der Beruf ist (Hunter & Hunter, 1984; Ones, Viswesvaran & Dilchert, 2004). Untersuchungen der Intelligenz von Angehörigen verschiedener Berufssparten zeigen, dass mit der Höhe des Berufsstatus der minimal erforderliche IQ wächst, Ausnahmen finden sich in medienwirksamen Berufen. Während Menschen mit einem eher geringeren Intelligenzniveau kaum Berufe mit hohem sozialen Status ausüben, sind intelligentere Menschen in allen Berufssparten zu finden (Asendorpf, 1999). Im Folgenden werden

Bessere Vorhersagbarkeit komplexer Tätigkeiten als weniger komplexer durch Intelligenz

nacheinander die Zusammenhänge von Intelligenzmaßen zu Ausbildungsleistungen, zu Trainingsergebnissen und abschließend zu Berufsleistungen diskutiert.

Versteht man unter Ausbildungsleistungen den erreichten Bildungsabschluss, so zeigen sich sehr enge Zusammenhänge um $r = .60$ bis $r = .70$ zu Intelligenzmaßen (Jensen, 1998). Diese Zusammenhänge legen nahe, Intelligenz als Fähigkeit zu hoher Bildung zu bezeichnen (Asendorpf, 1999). Jedoch ist hier Vorsicht geboten, denn die Fähigkeit zu hoher Bildung kann selbst wiederum bildungsabhängig sein. Auf der anderen Seite kann argumentiert werden, dass mehr Bildung zu höherer Intelligenz führt. Dem ist entgegenzuhalten, dass der Zusammenhang zwischen der Intelligenz – erfasst im Alter von sieben Jahren – und absolvierter Ausbildungszeit – erfasst im Alter von 40 Jahren – immer noch zwischen $r = .40$ und $r = .50$ liegt (Ceci & Williams, 1997). Die Zusammenhänge zwischen Bildung, Intelligenz und Berufserfolg sind sehr komplex (s. z. B. Ceci & Williams, 1997) und können daher an dieser Stelle nicht erschöpfend diskutiert werden. Werden andere Kriterien für die Ausbildungsleistungen herangezogen – zum Beispiel Noten, erbrachte Zwischenleistungen oder Einschätzungen der Leistung durch Lehrende – so liegen die in etlichen Metaanalysen gefundenen mittleren Zusammenhänge bei $r = .35$ für spezifische kognitive Fähigkeiten und bei $r = .40$ für die allgemeine Intelligenz (Ones et al., 2004).

Intelligenz als Fähigkeit zu hoher Bildung?

Berufliche Trainings- und Weiterbildungsmaßnahmen sind angesichts der sich – zum Beispiel durch technologische Entwicklungen – ständig verändernden Bedingungen und Anforderungen der Arbeitswelt von zentraler Bedeutung. Die in Metaanalysen gefundenen Zusammenhänge zwischen Intelligenzmaßen und Trainingserfolg, welcher zumeist über Einschätzungen durch Trainer oder über mit Tests erfasste Wissenszuwächse gemessen wird, übersteigen die Zusammenhänge von Intelligenz und Ausbildungserfolg. Die Korrelationen liegen sowohl für spezifische kognitive Fähigkeiten als auch für die allgemeine Intelligenz zwischen $r = .40$ und $r = .70$ (Hunter & Hunter, 1984; Ones et al., 2004; Salas & Cannon-Bowers, 2001). Die Studien erfolgten dabei in sehr verschiedenen Arbeitsbereichen, Firmen und Ländern. Somit ist die Validität von Intelligenzmaßen zur Vorhersage von Trainingserfolgen über verschiedene Berufsgruppen und Kulturen durchaus verallgemeinerbar.

Intelligenz und Trainingserfolg

Berufserfolg kann beispielsweise über den beruflichen Status, das Einkommen, die Beurteilung durch Vorgesetzte und Kollegen oder durch Produktivitätsdaten operationalisiert werden. Verallgemeinert man die in Metaanalysen gefundenen Zusammenhänge von Intelligenz und Berufserfolg über diese verschiedenen Kriterien, so liegen die Korrelationen zwischen $r = .40$ und $r = .60$, sowohl für spezifische kognitive Fähigkeiten als auch für die allgemeine Intelligenz (Ones et al., 2004). Beispielsweise fanden

Intelligenz und Berufserfolg

sich Zusammenhänge von Intelligenz und Berufsleistung von $r=.51$ und von $r=.56$ für Intelligenz und arbeitsrelevantes Lernen (Hunter & Hunter, 1984; Schmidt & Hunter, 1998).

Allgemeine oder spezifische Fähigkeitstests?

Eine zentrale Frage, die sich beim Einsatz von Intelligenztests für die Vorhersage von Ausbildungs-, Trainings- oder Berufsleistungen stellt, ist, ob allgemeine Intelligenztests oder spezifische Fähigkeitstests die besseren Vorhersagen erbringen. Diese Frage ist auf Grund der Vielfalt der Bereiche und Anforderungen nicht leicht zu beantworten. Spezifische Fähigkeitstests werden häufig von den Testpersonen besser akzeptiert, insbesondere, wenn für sie ein Bezug zu den Ausbildungs- oder Berufsanforderungen erkennbar ist. Zum Beispiel dürfte ein Test zu räumlichen Wahrnehmungsfähigkeiten bei Architektenanwärtern auf gute Akzeptanz stoßen. Man muss jedoch berücksichtigen, dass beim Einsatz spezifischer Fähigkeitstests auch immer allgemeine kognitive Fähigkeiten miterfasst werden. Die Validität der allgemeinen Intelligenz zur Vorhersage von Ausbildungs-, Trainings- oder Berufsleistungen erweist sich in den meisten Metaanalysen als genauso hoch oder höher als die spezifischer Fähigkeitstests (Ones et al., 2004). Für die Personalauswahl im beruflichen Bereich kann argumentiert werden, dass die Auswahl nach der allgemeinen Intelligenz angemessener als die nach spezifischen Fähigkeiten ist, da Berufstätige selten in der Position verbleiben, in der sie angestellt werden und sich die beruflichen Anforderungen mit der Zeit ändern (können). Aus statistischen Erwägungen ergibt sich die folgende Empfehlung: „Angesichts der Ergebnisse der Validierungsstudien könnte es angemessen sein, bei geringen Stichprobengrößen auf den ‚g-Faktor' zu setzen, bei großen Stichproben dagegen stärker anforderungsspezifisch, also auch differenziert nach Einzelfähigkeiten vorzugehen." (Schuler, 2000, S. 108; vgl. hierzu auch Kap. 6.2).

Zusammenfassend kann festgehalten werden, dass sich Intelligenzmaße für die Vorhersage von Ausbildungs-, Trainings- und Berufsleistungen bewährt haben. Ausbildungs-, Trainings- und Berufsleistungen werden natürlich noch durch weitere Aspekte wie die Motivation, Persönlichkeit oder situationale Variablen beeinflusst. Von allen bislang untersuchten Fähigkeits- und Persönlichkeitsmerkmalen hat sich die Intelligenz jedoch als bester Prädiktor für die Vorhersage von Ausbildungs-, Trainings- und Berufsleistungen erwiesen.

3.4 Selbst- und Fremdeinschätzungen der Intelligenz

Im Alltag beurteilen wir unsere eigenen intellektuellen Fähigkeiten und die anderer Menschen ständig. Dies ist uns meist gar nicht bewusst. Doch wie gut können wir eigentlich unsere eigene Intelligenz einschätzen? Schätzen

Männer und Frauen ihre intellektuellen Fähigkeiten vergleichbar hoch ein? Und wie gut können wir die Intelligenz anderer Menschen beurteilen? Um solche Fragestellungen geht es in diesem Kapitel.

Selbsteinschätzungen

Selbsteinschätzungen der Intelligenz finden beispielsweise im Rahmen verschiedener Berufsberatungssysteme oder auch im Kontext von Selbstnominationen bei Förderangeboten für begabte Schülerinnen und Schüler Verwendung. Gültige Selbsteinschätzungen setzen ein realistisches Bild der eigenen Fähigkeiten und die Fähigkeit zum Vergleich mit anderen Personen voraus. Gerade bei Kindern stellt sich hier jedoch das Problem von noch nicht vollständig ausgebildeten Abstraktionsfähigkeiten und häufig wird die Einschätzung Erwachsener, meist der Eltern, einfach übernommen (Heller, 1992). Untersuchungen mit Jugendlichen und Erwachsenen zeigen, dass nur schwache bis moderate Zusammenhänge von selbsteingeschätzter und gemessener Intelligenz bestehen. In einer Metaanalyse von Mabe und West (1982) fand sich eine mittlere Korrelation von $r = .31$. In Einzelstudien zum Verhältnis von selbsteingeschätzter und gemessener Intelligenz zeigten sich Zusammenhänge von $r = .25$ (Paulus & Morgan, 1997) bis $r = .38$ (Paulhus, Lysy & Yik, 1998; Reilly & Mulhern, 1995; Rammstedt & Rammsayer, 2002). Selbsteinschätzungen intellektueller Fähigkeiten sind zudem nicht unabhängig vom Geschlecht. Einige Studien fanden, dass männliche Probanden ihre allgemeine Intelligenz deutlich höher einschätzen als weibliche Probanden (Bennett, 1996; Furnham & Rawles, 1999; Zhang & Gong, 2001). Andere Studien fanden Geschlechterunterschiede erst bei einer differenzierten Einschätzung verschiedener Intelligenzdimensionen, wonach sich die männlichen Probanden ausschließlich für den Bereich der mathematisch-logischen Intelligenz sowie der räumlichen Intelligenz höher einschätzten (Furnham, Fong & Martin, 1999; Rammstedt & Rammsayer, 2000, 2001; Bennett, 2000). Diese geschlechtsbezogenen Unterschiede in der Selbsteinschätzungen lassen sich nicht durch tatsächlich vorhandene Intelligenzunterschiede erklären (Rammstedt & Rammsayer, 2002; Holling & Preckel, im Druck), sondern sind am ehesten auf Sozialisationsprozesse zurückzuführen (Beloff, 1992).

Schwache Zusammenhänge zwischen selbst eingeschätzter und gemessener Intelligenz

Geschlechterunterschiede in der selbst eingeschätzten Intelligenz

Zusammenfassend ist festzuhalten, dass Selbsteinschätzungen keine Alternative zu Intelligenztests darstellen, wenn eine nach psychometrischen Kriterien valide Aussage über die Intelligenz einer Person getroffen werden soll. Die abgegebenen Einschätzungen korrelieren nur schwach bis mäßig mit den getesteten Werten, die prognostische Validität der Einschätzungen ist bislang ungeklärt und die Einschätzungen unterliegen differenziellen Effekten des Geschlechts und verschiedenen Urteilstendenzen (s. nachfolgender Abschnitt).

Fremdeinschätzungen

Die Güte von Fremdbeurteilungen der intellektuellen Fähigkeiten einer Person wurde in verschiedenen Studien untersucht. Für die Einschätzung der Fähigkeit von Kindern und Jugendlichen werden vorwiegend Beurteilungen durch Eltern, Lehrer oder Mitschüler betrachtet, für die Fremdeinschätzung intellektueller Fähigkeiten Erwachsener in der Regel Mitarbeiterurteile oder Beurteilungen durch Vorgesetzte. Nicht nur der Grad der Kenntnis der zu beurteilenden Person und einer geeigneten Vergleichsgruppe, sondern auch die Art und Weise, wie die Einschätzungen abgegeben werden (z. B. als freie Einschätzungen oder systematisch auf Einstufungsskalen) beeinflussen dabei die Güte der Einschätzung.

Oft höhere Einschätzung der Intelligenz männlicher Personen

Ebenso wie Selbsteinschätzungen sind Fremdeinschätzungen intellektueller Fähigkeiten nicht unabhängig vom Geschlecht mit der Tendenz, die Intelligenz männlicher Personen höher einzuschätzen. So fanden Furnham, Reeves und Budhani (2002), dass Eltern die Fähigkeit ihrer Söhne im logisch-mathematischen und räumlichen Denken höher als die der Töchter bewerteten. Zweitgeborene Töchter wurden hinsichtlich ihrer verbalen und musikalischen Fähigkeiten höher eingeschätzt, wobei verbale, mathematische und räumliche Fähigkeiten von den Eltern als beste Intelligenzindikatoren verstanden wurden. Auf der anderen Seite scheinen auch die Kinder die Intelligenz ihrer Eltern geschlechtsbezogen einzuschätzen. In einer Studie von Rammstedt und Rammsayer (2000) wurden Kinder befragt, wie sie die Fähigkeiten ihrer Eltern einschätzen. Vorgegeben waren dabei die Fähigkeitsbereiche nach dem Intelligenzmodell von Gardner (1991), dessen Theorie neben den klassischen Intelligenzbereichen sprachliche, logisch-mathematische und räumliche Intelligenz weitere Fähigkeiten annimmt. Es zeigte sich, dass – unabhängig vom Geschlecht der Kinder – die Väter hinsichtlich ihrer verbalen, mathematischen, räumlichen und schlussfolgernden Fähigkeiten höher als die Mütter eingeschätzt werden. Mütter wurden hingegen für fähiger hinsichtlich ihrer musikalischen sowie ihrer intra- und interpersonalen Intelligenz gehalten. Gardner bezeichnet mit „Intrapersonaler Intelligenz" die Sensibilität gegenüber der eigenen Empfindungswelt. Die „Interpersonale Intelligenz" bezieht sich auf eine differenzierte Wahrnehmung anderer. Diese Befunde sind nicht auf wahre Fähigkeitsunterschiede zwischen Vätern und Müttern bzw. zwischen Söhnen und Töchtern zurückzuführen (Rammstedt & Rammsayer, 2000). Damit wird deutlich, dass Fremdeinschätzungen von gesellschaftlichen Geschlechterstereotypen beeinflusst werden.

Einschätzungen durch Eltern und Lehrkräfte

Studien zur Einschätzung der Intelligenz von Kindern durch deren Eltern zeigen im Durchschnitt mittelhohe Zusammenhänge zwischen eingeschätzten und psychometrisch erfassten Fähigkeiten. Allerdings finden sich zwischen den Studien erhebliche Streuungen von $r = .20$ bis $r = .85$ (Schrader, 2001). Einschätzungen der Intelligenz von Schülern durch Lehrkräfte zeigen im Mittel höhere Zusammenhänge als Einschätzungen durch Eltern mit Korrelationen von $r = .62$ bis $r = .69$ zwischen eingeschätzter und getesteter Fähigkeit (Rost, 1993; Hoge & Coladarci, 1989). Allerdings zeigte sich auch, dass Lehrkräften die Einschätzung spezifischer Fähigkeiten schlechter gelingt als die Einschätzung der allgemeinen intellektuellen Fähigkeit (Rost, 1993). Außerdem ist es beim Lehrerurteil – wie bei anderen Fremdbeurteilungen auch – der Fall, dass bei der Einschätzung eine Reduktion auf Beobachtbares vorgenommen wird. Die Fähigkeit von Kindern, die ihre Kompetenzen nicht auch in ihrer Leistung zeigen, wird demnach häufig unterschätzt (Hanses & Rost, 1998). Fremdurteile sind immer in soziale Prozesse und Situationen eingebunden. So erfolgt die Einschätzung der Intelligenz von Schülern durch Lehrkräfte stets in Abhängigkeit vom jeweiligen Klassenkontext (Heller, 1992), der Leistungsheterogenität in der Klasse und der jeweiligen Klassengröße (Wild & Rost, 1995).

Einschätzungen durch Peers

Fremdeinschätzungen intellektueller Fähigkeiten können zudem von Peers, also durch Gleichaltrige, vorgenommen werden. Im Schulkontext weisen Peernominationen gegenüber Lehrerurteilen den Vorteil auf, dass ein Schüler durch viele Personen (z. B. alle Klassenkameraden) eingeschätzt wird, was die Wahrscheinlichkeit stabiler Befunde erhöht. Zudem haben Schüler die Gelegenheit, sich in vielen unterschiedlichen Situationen zu beobachten. Insgesamt ist die Validität von Peereinschätzungen für intellektuelle Fähigkeiten jedoch eher gering bzw. wissenschaftlich noch nicht abzuschätzen (Wild, 1991; Gagné, 1995). Peers scheinen erfolgreicher darin zu sein, alltagsnahe Fähigkeiten ihrer Mitschüler, wie z. B. Führungsqualitäten, einzuschätzen als deren Intelligenz (Richert, Alvino & McDonnel, 1982).

Einschätzungen durch Kollegen und Vorgesetzte

Fremdeinschätzungen der Fähigkeiten Erwachsener wurden über Vorgesetztenbeurteilungen in Wirtschaftorganisationen und über Kollegenbeurteilungen im akademischen, militärischen und wirtschaftlichen Bereich untersucht (Jochum, 1987, 1991). Hier stehen jedoch eher Leistungs- als Begabungseinschätzungen im Vordergrund, die sich nicht nur auf Eigenschaften der Person, sondern auch auf ihr Verhalten und die von ihr hervorgebrachten Produkte beziehen. Die Angemessenheit dieser Einschätzungen wird in der Regel nicht anhand psychometrischer Testverfahren, sondern an beruflichen Kriterien wie Statusänderung, Gehaltshöhe oder Übereinstimmung mit weiteren Fremdbeurteilungen überprüft (Schuler, 1989, 2001). Insofern können an dieser Stelle keine Aussagen über die Validität von fremdeingeschätzter Intelligenz durch Kollegen oder Vorgesetzte gemacht werden.

Allgemein ist festzuhalten, dass Fremdeinschätzungen der Intelligenz subjektive Beurteilungen der Fähigkeiten eines anderen Menschen darstellen

Fehlerquellen und damit verschiedenen Urteilstendenzen und -fehlern unterliegen. So werden Fähigkeitseinschätzungen durch das Geschlecht der einzuschätzenden Person beeinflusst (Rammstedt & Rammsayer, 2000; Furnham, Reeves & Budhani, 2002) und auch durch die Sympathie, die der Einschätzende dem Einzuschätzenden entgegenbringt (Sonnentag, 1998). Verschiedene Studien zeigen, dass subjektiv wahrgenommene Ähnlichkeit zu positiveren Leistungseinschätzungen führt (Pulakos & Wexley, 1983). Bei der Beurteilung spezifischer Fähigkeiten findet sich zudem die Tendenz zur Homogenisierung, die sich darin ausdrückt, dass die Einschätzungen unterschiedlicher Fähigkeiten hoch miteinander korrelieren. Solche Korrelationstendenzen können als „Halo-Effekt" verstanden werden, bei dem sich der Beurteiler an einem vermeintlich zentralen Merkmal der Person orientiert und seine weiteren Einschätzungen darauf abstimmt. Fremdeinschätzungen können somit ebenso wie Selbsteinschätzungen Intelligenztests nicht ersetzen. Auch wenn ihr Zusammenhang zur allgemeinen, getesteten Intelligenz in einigen Fällen höher ist als der von Selbsteinschätzungen, gelingt die Einschätzung spezifischer Fähigkeiten eher schlecht. Zudem sind Fremdbeurteilungen an Beobachtbares gebunden und unterliegen verschiedenen verzerrenden Einflüssen.

3.5 Eine Ergänzung zu klassischen Intelligenztests – das Lerntestkonzept

Wir haben im letzten Kapitel gesehen, dass Selbst- und Fremdeinschätzungen keine ernsthaften Alternativen zu Intelligenzmessungen mit standardisierten Tests sind. Intelligenztests sind Einschätzungsverfahren im Hinblick auf die klassischen Gütekriterien deutlich überlegen. Trotz der bereits guten Messeigenschaften von Intelligenztests wurden in den letzten Jahrzehnten weitere ergänzende Messmethoden entwickelt, um die Validität von Intelligenzmessungen zu erhöhen. Ein viel versprechender Ansatz in dieser Richtung, der seit Ende der 60er Jahre als Ergänzung zur klassischen Intelligenzdiagnostik diskutiert wird, ist das Lerntestkonzept (Guthke, 1972). Hier **Lernfähigkeit als** wird versucht, die Intelligenz einer Person über ihre Lernfähigkeit zu messen. Die Lerntests – auch als „dynamische Tests" bezeichnet – fokussieren **aspekt** auf die Lernfähigkeit als zentralen Aspekt der Intelligenz. Klassische Intelligenztests hingegen messen die aktuell vorhandenen Fähigkeiten und werden daher in diesem Ansatz in Abgrenzung zu Lerntests auch „Statustests" genannt. Die Testaufgaben in Lerntests sind häufig übliche Intelligenztestaufgaben, die unter besonderen Bedingungen bearbeitet werden: Beantwortet eine Testperson die Aufgabe korrekt, macht sie bei der nächsten Aufgabe weiter. Löst sie die Aufgabe allerdings falsch, so erhält die Person ein Feedback oder Lernhilfen zur Aufgabenlösung (Kurzzeitlerntests). Andere

Varianten von Lerntests beinhalten einfache oder mehrfache Testwiederholungen oder Trainingsmaßnahmen zwischen der ersten Testvorgabe und der Testwiederholung (Langzeitlerntests). Hinter allen diesen Vorgehensweisen steht die Idee, dass das Ausmaß, in dem die Testperson von den angebotenen Hilfen oder verfügbaren Informationen profitiert, Aufschluss über die Diskrepanz zwischen den Fähigkeiten der Person und ihren gezeigten Leistungen gibt (Wygotski, 1964). Diese Diskrepanz wird auch als intellektuelles Veränderungspotential bezeichnet (Beckmann, 2001). Mit der Erfassung der Diskrepanz bzw. des Veränderungspotentials wird das Ziel verfolgt, Indikatoren für die intellektuelle Entwicklung und den zukünftigen Lernerfolg zu finden, die über die Informationen hinausgehen, die mit der Statusdiagnostik durch Intelligenztests gewonnen werden. Beispiele für Lerntests sind: Adaptive Computergestützte Intelligenz-Lerntestbatterie (ACIL; Guthke, Beckmann, Stein, Vahle & Rittner, 1995), Leipziger Lerntest „Begriffsanaloges Klassifizieren" (LLT; Guthke, Wolschke, Willmes & Huber, in Vorb.), Mengenfolgentest (MFT; Guthke, 1983), Raven-Kurzzeitlerntest (RKL; Frohriep, 1978), Vorschullerntest (VLT; Roether, 1983).

Erfassung des intellektuellen Veränderungspotenzials

In welchem Verhältnis Lernfähigkeit und Statusintelligenz zueinander stehen, ist bislang nicht zufriedenstellend zu beantworten. Die Annahme einer *allgemeinen* Lernfähigkeit, die sich auf alle Bereiche bezieht, ist nicht haltbar (z. B. Klix & Pötschke, 1996). Stattdessen ist die Lernleistung vielmehr abhängig von verschiedenen Lernformen und -inhalten. Betrachtet man nur die Lernfähigkeit im intellektuellen Bereich, so korreliert diese hoch mit der allgemeinen Intelligenz (Jensen, 1979; Salas & Cannon-Bowers, 2001). Lernfähigkeit und Statusintelligenz sind demnach nicht unabhängig voneinander. In vielen Studien waren Maße des Lerngewinns den Ergebnissen aus klassischen Intelligenztests kaum überlegen (Holling & Liepmann, 2003). Guthke und Beckmann (2001) berichten über verschiedene Untersuchungen, in denen Lern- und Statustests verglichen wurden, die dasselbe Aufgabenmaterial enthielten. Hier zeigte sich, dass die diagnostischen Informationen, die mit den Statustests gewonnen wurden, auch über die Lerntests erhoben werden konnten. Letztere enthielten zudem weitere Informationen für die Vorhersage späterer Lernleistungen, die die Statustests nicht lieferten. Allerdings war der Beitrag, den Lerntests zusätzlich zu Statustests zur Erklärung des späteren Lernerfolgs lieferten, relativ gering. Für die Praxis der Intelligenzdiagnostik empfehlen Guthke und Beckmann (2001) Lerntests dort einzusetzen, „ (...) wo man den Eindruck hat, dass hier der herkömmliche Intelligenzstatustest eventuell ein negativ verzerrtes Bild von der wahren Leistungsfähigkeit des Schülers gibt, also vor allem bei Schülern, die unter „irregulären Lernbedingungen" aufgewachsen sind." (S. 156). So können beispielsweise im Kontext der Förderdiagnostik mit Intelligenzlerntests Informationen über die Arten der Fehler und über Besonderheiten des Lern- und Arbeitsverhaltens gewonnen werden. Lerntests wurden jedoch

Lernfähigkeit hängt von Lernform und -inhalt ab

Implikationen für die Praxis

auch in anderen als schulpsychologischen Anwendungsbereichen eingesetzt. Hierzu gehören zum Beispiel die klinisch-psychologische oder die berufliche Eignungsdiagnostik (s. Guthke & Wiedl, 1996; Grigorenko & Sternberg, 1998). Abschließend sei darauf hingewiesen, dass Intelligenzlerntests im Vergleich zu Intelligenzstatustests ein relativ junges diagnostisches Konzept darstellen, welches bisher für die Intelligenzdiagnostik keine Alternative, sondern eine Ergänzung zu klassischen Statustests darstellt.

4 Intelligenztests und ihre Anwendung

In diesem Kapitel geben wir zunächst allgemeine Informationen zur Anwendung von Intelligenztests. Wir stellen die psychometrischen Gütekriterien vor, denen Intelligenztests genügen müssen und diskutieren deren Bedeutung für die praktische Testanwendung.

4.1 Allgemeine Grundlagen der Intelligenzdiagnostik

Für die Erfassung intellektueller Fähigkeiten stellen Intelligenztests das Mittel der Wahl dar. Dennoch weisen natürlich auch Intelligenztests verschiedene Einschränkungen auf. Beispielsweise müssen Besonderheiten der Tests bei der Erfassung sehr niedriger und sehr hoher Begabung beachtet werden. Die Praxis der Intelligenzdiagnostik unterliegt zudem verschiedenen ausformulierten Standards psychologischen Testens, von denen einige im Abschnitt 4.1.3 dieses Kapitels aufgeführt werden.

4.1.1 Möglichkeiten und Grenzen von Intelligenztests

Intelligenztests weisen klare Vorzüge auf: Die Verfahren sind in der Regel theoretisch fundiert und ermöglichen, sofern sie den Gütekriterien der psychologischen Diagnostik entsprechen, objektive, reliable, valide und zudem zeitökonomische Messungen. Allgemein gilt, dass Intelligenztestverfahren nach wie vor die brauchbarsten und effektivsten Messverfahren für intellektuelle Fähigkeiten darstellen (Borland, 1989; Snyderman & Rothman, 1988). Intelligenztests richten sich auf die Abschätzung von Fähigkeitspotenzialen. Durch den Einsatz der Tests können demnach vorhandene Fähigkeiten entdeckt werden, auch wenn keine entsprechenden Leistungen, zum Beispiel in der Schule, gezeigt werden. Im Vergleich zu anderen Vorgehensweisen zur Entdeckung und Abschätzung intellektueller Fähigkeiten, wie zum Beispiel Selbst- oder Fremdeinschätzungen durch Eltern- oder Lehrerurteile, erbringen Intelligenztestverfahren die objektivsten, zuverlässigsten und gültigsten Informationen (Holling & Kanning, 1999). Sie ermöglichen eine genauere Unterscheidung intellektueller Dimensionen, wie zum Beispiel des schlussfolgernden Denkens oder des verbalen Gedächtnisses, als dies durch

Vorzüge von Intelligenztests

Beobachtungs- oder auch schulische Leistungsdaten möglich ist. Weiterhin erlaubt die Darstellung von kognitiven Fähigkeiten in Zahlenwerten und die Normierung der Tests den Vergleich von Ausprägungen kognitiver Fähigkeiten sowohl innerhalb einer Person als auch zwischen verschiedenen Personen.

Einschränkungen von Intelligenztests

Intelligenztests weisen im Allgemeinen jedoch auch verschiedene Einschränkungen auf: Die Intelligenzerfassung mit psychometrischen Testverfahren stellt eine Statusdiagnostik dar, die lediglich Aussagen über den aktuellen Leistungs- und Entwicklungsstand einer Person machen kann. Dabei ist die Stabilität der Ergebnisse unter anderem von der Güte des jeweils eingesetzten Verfahrens abhängig. Intelligenzmaße lassen sich zudem nicht mit 100 %-iger Sicherheit feststellen. Jedes Testergebnis ist immer mit einem bestimmten Messfehler behaftet, so dass das Testergebnis nur eine Annäherung an den wahren Wert einer Person darstellt. Der Messfehler von Intelligenztests lässt sich jedoch abschätzen und für die Bestimmung eines Wertebereichs heranziehen, in dem der wahre Wert einer Person mit einem bestimmten Vertrauensgrad liegt. Dieser Wertebereich wird somit auch als Vertrauens- oder Konfidenzintervall bezeichnet (s. Kap. 4.2.3).

Testabhängigkeit der Befunde

Intelligenztests erfassen weiterhin immer nur einen bestimmten Ausschnitt aus dem Spektrum intellektueller Fähigkeiten. Dieser Ausschnitt ergibt sich aus der Intelligenzdefinition, die dem Test jeweils zu Grunde liegt, beziehungsweise dem verwendeten Aufgabenmaterial. Unterschiede im Konzept und Aufgabenmaterial führen dazu, dass viele Intelligenztests nur moderat miteinander korrelieren. Hieraus kann für die Praxis der Intelligenzdiagnostik folgendes Problem entstehen: Aufgrund der nur moderaten Interkorrelation verschiedener Intelligenztests kann die Abschätzung der intellektuellen Fähigkeit einer Person – je nach den mit den Tests erfassten Intelligenzbereichen – durchaus unterschiedlich ausfallen. Dennoch werden die erfassten Fähigkeitsbereiche häufig gleich oder sehr ähnlich benannt (z. B. als allgemeine Intelligenz) und der Messwert wird in der Regel jeweils als IQ ausgedrückt. Bei oberflächlicher Betrachtung legt dies nahe, es handle sich um die gleichen erfassten Fähigkeiten. Wenn nun die Ergebnisse in verschiedenen Tests sehr unterschiedlich ausfallen, kann dies durchaus zu Verwirrung führen. Hier ist es hilfreich, die mit den Tests erfassten Fähigkeiten in ein integratives Intelligenzmodell wie das BIS von Jäger (1984) oder die Three-Stratum-Theorie von Carroll (1993) einzuordnen. Ein Beispiel: Bei einem Kind soll festgestellt werden, ob bei ihm eine intellektuelle Hochbegabung vorliegt. Als Kriterium für intellektuelle Hochbegabung wird ein Mindest-IQ von 130 festgesetzt. Es werden zwei Testverfahren eingesetzt: ein sprachfreier Grundintelligenztest (CFT 20; s. Kap. 5.1.1) und ein Intelligenzstrukturtest, der neben der allgemeinen Intelligenz auch spezifische Fähigkeitsbereiche erfasst (BIS-HB; s. Kap. 5.2.4). Nun erreicht das Kind im CFT 20 einen IQ von 132 und im BIS-HB einen IQ für die allgemeine

Intelligenz von 119. Ist das Kind nun hoch begabt oder nicht? Für die Beantwortung dieser Frage sind unter der Voraussetzung, dass die Gütekriterien beider Verfahren zufriedenstellend sind, verschiedene Aspekte zu berücksichtigen:
– Wie wird intellektuelle Hochbegabung inhaltlich definiert? Als sprachfrei erfasste Grundintelligenz oder als allgemeine Intelligenz, die sich aus möglichst vielen und heterogenen Begabungsbereichen zusammensetzt?
– Wie groß sind die Konfidenzintervalle beider Verfahren (s. Kap. 4.2.3)? Umfasst das Konfidenzintervall des Intelligenzstrukturtests möglicherweise auch den IQ 130?

Definiert man nun in unserem Beispiel intellektuelle Hochbegabung als allgemeine Intelligenz, der möglichst viele und heterogene intellektuelle Fähigkeiten zu Grunde liegen, und reicht das Konfidenzintervall des IQ 119 aus dem BIS-HB von 109 bis 129, so würde das Kind nicht als hoch begabt klassifiziert werden. Die Einordnung des Ergebnisses aus dem CFT 20 in das BIS-Modell macht zudem deutlich, dass der CFT 20 mit der figuralen Verarbeitungskapazität nur einen Teilbereich der Leistungen erfasst, die in das Ergebnis des BIS-HB eingehen (zur Hochbegabungsdiagnostik s. a. Kap. 4.1.2 und Kap. 6.1.4).

4.1.2 Intelligenzdiagnostik im niedrigen und hohen Begabungsbereich

Viele Intelligenztests erbringen die genauesten Messungen im mittleren Begabungsbereich, da der Anteil mittelschwerer Aufgaben im Vergleich zu sehr leichten oder sehr schweren Aufgaben vergleichsweise höher ist. Messungen im unter- oder im überdurchschnittlichen Begabungsbereich sind oftmals stärker messfehlerbehaftet. Sind die Testaufgaben zu schwer für eine Person, löst diese Person also kaum Aufgaben richtig, zeigt sich ein so genannter Bodeneffekt. Enthält ein Test für eine Person zu wenige (oder gar keine) ausreichend schwierigen Aufgaben, löst die Person also quasi alle Aufgaben, ergibt sich ein so genannter Deckeneffekt. Boden- wie Deckeneffekte verhindern die Abschätzung der wahren Fähigkeit einer Person durch den Test und bringen folgendes Problem mit sich: Die Berechnung der Reliabilität eines Tests stützt sich auf die Verteilung der Ergebnisse (Varianz). Da die Reliabilität der Berechnung des Standard-Messfehlers zu Grunde liegt, mit dessen Hilfe der wahre Wert einer Testperson abgeschätzt wird (s. u. Kap. 4.2.3), kann sich je nach Ergebnisvarianz die Genauigkeit dieser Schätzung verändern. Für Probandengruppen mit geringer Ergebnisvarianz, beispielsweise für solche, bei denen sich das Problem von Boden- oder Deckeneffekten stellt, liefert der Test weniger Informationen als für Probandengruppen mit großer Ergebnisvarianz. Der Messfehler ist im Extrembereich größer (Preckel, 2003).

Boden- und Deckeneffekte

Intelligenztests für den unterdurchschnittlichen Begabungsbereich

Soll nun eine Intelligenzdiagnostik im weit unterdurchschnittlichen oder weit überdurchschnittlichen Bereich vorgenommen werden, müssen Testverfahren ausgewählt werden, deren Eignung und Validität für Messungen in diesen Extrembereichen nachgewiesen ist. Für die Intelligenzdiagnostik im unterdurchschnittlichen Begabungsbereich werden bei Kindern und Jugendlichen derzeit zumeist die folgenden Verfahren eingesetzt (Perleth, 2000): HAWIK-R, AID, K-ABC, CFT-Tests, KFT-K und KFT 1-3 (s. Kap. 5). Die Eignung dieser Verfahren für die Begabungsdiagnostik im weit unterdurchschnittlichen Bereich ist jedoch nicht unumstritten (z. B. zum HAWIK-R: Ahrbeck, Lommatzsch & Schuck, 1984; Eggert, Liman & Schirmacher, 1984; zum AID: Conrad & Hatzipouleidis, 1997). Insbesondere, wenn sprachliches Aufgabenmaterial verwendet wird, kann argumentiert werden, dass Personen aus bildungsfernen Haushalten, Ausländer/innen oder Sprachbehinderte benachteiligt werden. Zudem zeigen verschiedene Studien, dass manche dieser Verfahren nicht genügend leichtes Aufgabenmaterial für minderbegabte oder sehr junge Kinder enthalten und daher in diesem Bereich nicht ausreichend differenzierte Messungen erlauben (Perleth, 2000). Einige Testverfahren wurden speziell für die Begabungsdiagnostik bei lernbehinderten Kindern und Jugendlichen entwickelt, so zum Beispiel die Columbia Mental Maturity Scale für Lernbehinderte (CMM-LB; Eggert & Schuck, 1973) oder das Heidelberger Kompetenz-Inventar für geistig Behinderte (HKI; Holtz, Eberle, Hillig & Marker, 1984). Ein Testhandbuch für den Bereich der sonderpädagogischen Diagnostik haben Borchert, Knopf-Jerchow und Dahbashi (1991) zusammengestellt.

Deckeneffekte bei der Hochbegabungsdiagnostik

Bei der Diagnostik hoher intellektueller Begabung besteht die Gefahr von Deckeneffekten bei praktisch allen normorientierten Tests (Heller, 2000). Selbst bei den Advanced Progressive Matrices (APM; Raven, 1962), die für die Erfassung hoher intellektueller Begabung konstruiert wurden, ergab sich in einer Untersuchung mit 60 Schülerinnen und Schülern einer Spezialschule für mathematisch-naturwissenschaftlich Begabte ein deutlicher Deckeneffekt (Preckel, 2003). Deckeneffekte im oberen Leistungsbereich werden weiterhin berichtet für den CFT 20 (Baving, 2002), den K-ABC (Van Melis-Wright & Stone, 1986) und für die Skalen der amerikanischen Versionen der Wechsler-Tests (Verbalteil: Ross-Reynolds & Reschly, 1983; Untertests: Kaplan, 1992). Auch im Handbuch des HAWIK-III wird ausdrücklich auf das Problem von Deckeneffekten hingewiesen (Tewes, Rossmann & Schallberger, 2000). Differenzierte Messungen im hohen Begabungsbereich erlaubt der BIS-HB, der auch an hoch begabten Jugendlichen normiert wurde (s. Kap. 5.2.4).

Implikationen für die Praxis

Für die Praxis der Intelligenzdiagnostik bedeutet das Vorliegen von Boden- oder Deckeneffekten, dass Unterschiede in Intelligenztestergebnissen im weit unterdurchschnittlichen bzw. weit überdurchschnittlichen Bereich kaum zu interpretieren sind. Es können also keine differenzierten Messungen vorgenommen werden, und das Ausmaß der Begabung ist durch den Test nicht mehr zuverlässig abzuschätzen. Solange Tests eingesetzt werden, die für die Personengruppe, aus der die untersuchte Person stammt, repräsentativ sind, und diese Person sehr geringe Werte aufweist, spricht dieses Ergebnis jedoch für eine intellektuelle Minderbegabung. Analog dazu weisen sehr hohe Scores auf eine hohe Begabung hin.

4.1.3 Standards für pädagogisches und psychologisches Testen

1998 erschien die deutsche Übersetzung der US-amerikanischen *Standards for Educational und Psychological Testing* (APA, 1985; vgl. Häcker, Leutner & Amelang, 1998). Die Standards enthalten fachlich-methodische und ethische Richtlinien zur Qualitätssicherung pädagogischen und psychologischen Testens. Sie sind als Grundlage für die qualitative Beurteilung von Testpraktiken zu verstehen und stellen Kriterien für die Evaluation von Tests, Testpraktiken und die Effekte der Testanwendung bereit. In vier Teilen werden abgehandelt:

Richtlinien zur Qualitätssicherung beim Testen

I. methodische Standards für die Testkonstruktion und -evaluation,
II. Standards für eine fachlich kompetente Testanwendung,
III. Standards für besondere Anwendungen und
IV. Standards für Vorgehensweisen beim Testen.

Da in diesem Buch die *Praxis* der Intelligenzdiagnostik im Vordergrund steht, sollen die Standards für eine fachlich kompetente Testanwendung (Teil II) sowie die Standards für Vorgehensweisen beim Testen (Teil IV) zitiert werden. Teil III der Standards, in dem besondere Aspekte aufgeführt werden, die bei der Testung von behinderten Personen oder Personen, die sprachlichen Minderheiten angehören, zu beachten sind, bezieht sich überwiegend auf die Testentwicklung. Die Hauptaussagen von Teil III sind, dass Testmodifikationen zur Testung sprachlicher Minderheiten oder von Personen mit Behinderungen von fachlich dafür ausgewiesenen Personen vorgenommen werden müssen und dass die Testgütekriterien der modifizierten Version überprüft sein müssen, bevor Testergebnisse interpretiert werden dürfen. Die Standards sind in der Originalausgabe jeweils mit hilfreichen Kommentaren sowie Hintergrundinformationen versehen. In Kasten 3 zitieren wir die Standards aus Teil II, der allgemeine Prinzipien auflistet, die bei jeder Testanwendung zu beachten sind. Zusätzlich werden in Teil II der Standards spezifische Richtlinien für verschiedene Anwendungsfelder wie das klinische Testen oder die Berufseignungsdiagnostik aufgeführt. Diese werden in diesem Buch in Kapitel 6 bei dem jeweiligen Praxisfeld genannt. Richtlinien für die Testdurchführung, -auswertung und die Ergebnisdarstellung werden in Teil IV der Standards gegeben. Zudem dokumentiert Teil IV Standards mit Vorgaben zum Schutz der Rechte von Testpersonen.

Kasten 3:
Standards für eine fachlich kompetente Testung (wichtige Auszüge aus den Standards für pädagogisches und psychologisches Testen)

Standards für eine fachlich kompetente Testanwendung (Teil II der Standards)

- Testanwender sollten die verfügbare schriftliche Dokumentation zur Validität und Reliabilität eines Tests für die beabsichtigte spezifische Verwendung bewerten. (Standard 6.1)
- Nimmt ein Testanwender maßgebliche Veränderungen bezüglich des Testformats, des Durchführungsmodus, der Anweisungen, der Sprache oder des Inhalts vor, sollte er die Verwendung des Tests für diese veränderten Bedingungen revalidieren oder aber differenziert begründen, weshalb eine zusätzliche Validierung als nicht notwendig oder nicht möglich erachtet wird. (Standard 6.2)
- Wenn ein Test für einen Zweck verwendet werden soll, für den er noch nicht validiert wurde oder für den kein gesicherter Anspruch auf Validität besteht, ist der Benutzer für den Nachweis der Validität verantwortlich. (Standard 6.3)
- Testanwender sollten die Bedeutsamkeit eines Tests im Beurteilungs- und Entscheidungsprozeß genau beschreiben und einen Testwert nicht als eine Begründung für eine Bewertung, Empfehlung oder Entscheidung heranziehen, die zum größten Teil auf anderer Grundlage vorgenommen worden ist. (Standard 6.4)
- Testanwender sollten aufmerksam gegenüber wahrscheinlich unbeabsichtigten Folgen des Testgebrauchs sein und Handlungen vermeiden, die unbeabsichtigt ungünstige Folgen nach sich ziehen. (z. B. unangemessene Interpretation von Testergebnissen) (Standard 6.5)
- Die Verantwortung für Testanwendungen sollte nur von Personen wahrgenommen oder an andere Personen delegiert werden, die eine ausreichende Ausbildung und Erfahrung vorweisen können, um dieser Verantwortung in fachlich und technisch angemessener Weise zu entsprechen. Alle besonderen Qualifikationen für die Testdurchführung oder -interpretation, die das Handbuch angibt, sollten erfüllt werden. (Standard 6.6)
- Testanwender sollten in regelmäßigen Abständen nachweisen, dass ihre gegenwärtig angewandten Verfahren nicht durch Veränderungen in der Probandenpopulation, der Testziele oder der verfügbaren Techniken ungeeignet geworden sind. (Standard 6.7)
- Werden Testergebnisse an die Medien weitergegeben, sollten die dafür Verantwortlichen die Informationen in einer Weise darstellen,

die die Möglichkeit einer Fehlinterpretation der Testergebnisse so gering wie möglich macht. (Standard 6.8)
- Wenn ein spezifischer kritischer Trennwert verwendet wird, um Probanden auszuwählen, zu klassifizieren oder zu zertifizieren, sollten die Methode und die theoretische Grundlage für die Festlegung dieses Trennwerts einschließlich sämtlicher verwendeter technischer Analysen im Handbuch oder der Testdarstellung aufgeführt werden. Beruhen Trennwerte vorrangig auf Expertenurteilen, sollten auch die Qualifikationen der Bewerter genannt werden. (Standard 6.9)
- Bei Anwendungen im Ausbildungs-, klinischen oder Beratungsbereich sollten Testleiter und -anwender nicht den Versuch unternehmen, solche Probanden zu bewerten, deren besondere Merkmale – Alter, Behinderungen, Sprache, Generationszugehörigkeit oder kultureller Hintergrund – über den Rahmen ihrer eigenen akademischen Ausbildung oder supervidierten Praxiserfahrung hinausgehen. Wird ein Testanwender mit der Aufgabe konfrontiert, einen Probanden zu bewerten, dessen besondere Merkmale nicht innerhalb seines eigenen fachlichen Erfahrungshintergrundes liegen, sollte er sich hinsichtlich der Testauswahl, notwendiger Modifikationen der Testverfahren und der Meßwertinterpretation von einem Experten mit entsprechender fachlicher Erfahrung beraten lassen. (Standard 6.10)
- Bei Testanwendungen in Schule, Beratung und klinischer Praxis sollte der Testwert eines Probanden nicht als direkte „Abbildung" einer geringen Fähigkeitsausprägung bezüglich des getesteten Merkmals betrachtet werden, wenn nicht auch andere Erklärungen in Erwägung gezogen wurden, die für ein schwaches Ergebnis in diesem Test zu dieser Zeit verantwortlich sein könnten. (Standard 6.11)
- Bei Testanwendungen in Schule, klinischer Praxis oder Beratung sollten für eine grobe Vorauswahl entwickelte Tests (Screening-Tests) nur für die Identifizierung solcher Probanden verwendet werden, die einem weiteren Beurteilungsprozeß unterzogen werden sollen. Die Ergebnisse solcher Tests sollten weder für die Charakterisierung einer Person noch für irgendwelche Entscheidungen über eine Person herangezogen werden, die über die Empfehlung für eine weitergehende Bewertung hinausgehen, es sei denn, für diese anderen Verwendungsformen kann in angemessener Form Reliabilität und Validität nachgewiesen werden. (Standard 6.12)
- Testanwender sollten von der Verwendung von Interpretationen (auch computergestützter Interpretationen) von Testergebnissen absehen, wenn ihnen kein Handbuch für diesen Test vorliegt, aus dem Informationen zur Validität der Interpretationen für die vorgesehenen Anwendungen sowie die zugrundeliegenden Stichproben hervorgehen. (Standard 6.13)

Richtlinien für die Testdurchführung, -auswertung und die Ergebnisdarstellung (Teil IV der Standards)

- Bei der Vorgabe gängiger Tests sollte der Testleiter den vom Testherausgeber und -verleger spezifizierten standardisierten Verfahren der Testdurchführung und -auswertung gewissenhaft Folge leisten. Die Ausführungen bezüglich der Instruktionen für die Probanden, der Bearbeitungszeiten, der Form der Itemvorgabe oder -antwort und des Testmaterials oder -zubehörs sollten genauestens beachtet werden. Ausnahmen sollten nur auf der Basis sorgfältiger fachlicher Beurteilung gemacht werden, vornehmlich im klinischen Bereich. (Standard 15.1)
- Die äußeren Testbedingungen sollten angenehm und möglichst frei von Ablenkungen sein. Das Testmaterial sollte lesbar und verständlich sein. Bei computergestützter Vorgabe sollten die auf dem Bildschirm dargebotenen Items leserlich und blendfrei sein, Bildschirm und Tastatur sollten in benutzerfreundlicher Position angeordnet sein. (Standard 15.2)
- Probanden sollten durch geeignete Maßnahmen daran gehindert werden, ihre Testwerte mit Hilfe von Betrug oder Täuschung zu erzielen. (Standard 15.3)
- Bei Tests, die im klinischen und im Beratungskontext sowie im Bildungs- und Ausbildungsbereich außerhalb von Zulassungsverfahren angewendet werden, sollten alle Abänderungen der standardisierten Vorgabe- oder Auswertungsverfahren im Testbericht beschrieben und auf die durch diese Änderungen möglicherweise beeinflusste Validität hingewiesen werden. (Standard 15.4)
- Testauswertungsdienste sollten ihre Vorgehensweise dokumentieren, um die Sorgfalt der Auswertung nachzuweisen. Die Fehlerhäufigkeit sollte erhoben und auf Anfrage mitgeteilt werden. (Standard 15.5)
- Falls eine Testauswertung möglicherweise als Grundlage für in absehbarer Zeit zu treffende Entscheidungen dient und Materialfehler im Test oder in anderen wichtigen Informationen gefunden werden, sollten die entsprechenden Korrekturen so schnell wie möglich zur Verfügung gestellt werden. (Standard 15.6)
- Testanwender sollten das Testmaterial vor unberechtigtem Zugriff schützen. (Standard 15.7)
- Bei Zulassungsuntersuchungen im Bildungs- und Ausbildungsbereich oder bei beruflichen Zulassungs- oder Zertifizierungsanwendungen, bei denen wichtige Entscheidungen von der Leistung in einem Test abhängen, sollte den Probanden die Möglichkeit gegeben werden, die Korrektheit der Auswertung nachzuprüfen. Wenn der Test selbst und der Auswertungsschlüssel nicht zugänglich gemacht

werden können, sollten andere Möglichkeiten der Überprüfung geschaffen werden. (Standard 15.8)
- Wenn Testdaten einer Person zurückbehalten werden, sollten auch das Testprotokoll und alle schriftlichen Belege aufbewahrt werden. (Standard 15.9)
- Wenn Testergebnisse Schülern, Eltern, gesetzlichen Vertretern, Lehrern oder den Medien zugänglich gemacht werden, sollten die Verantwortlichen auch entsprechende Interpretationen beifügen. Diese sollten in verständlicher Sprache den Inhalt des Tests, die Bedeutung der Testwerte und deren Verwendungszweck beschreiben sowie häufige Fehlinterpretationen von Testwerten erläutern. (Standard 15.10)
- Organisationen, die Testwertdaten von Einzelpersonen in Datenbanken oder Personalakten aufbewahren, sollten klare Richtlinien über deren Verfügbarkeit, Aufbewahrungsdauer und weitere Verwendung erarbeiten. (Standard 15.11)

Standards zum Schutz der Rechte von Testpersonen (Teil IV)

- Vor der Testvorgabe sollten Probanden oder deren gesetzliche Vertreter nach erfolgter Aufklärung ihre Zustimmung zur Testdurchführung geben, es sei denn, a) der Test wird durch gesetzliche Regelungen angeordnet (z. B. bei landes- oder bundesweiten Testprogrammen), b) der Test wird als regulärer Bestandteil schulischer Aktivitäten durchgeführt (z. B. landesweite Testprogramme und die Teilnahme der Schule an Normierungs- und Forschungsstudien) oder c) wenn von einer Einwilligung des Probanden ausgegangen werden kann (z. B. bei Berufseignungstests oder Schulzulassungstests). Auch wenn eine Einwilligung nicht erforderlich ist, sollten die Probanden über das Testverfahren informiert werden. (Standard 16.1)
- Bei Testanwendungen im schulischen, klinischen und Beratungsbereich sollte der Testanwender dem Probanden oder seinen gesetzlichen Vertretern eine angemessene und verständliche Erläuterung der Testergebnisse und der darauf basierenden Empfehlungen geben. (Standard 16.2)
- Testergebnisse, die einer Person namentlich zugeordnet werden können, sollten ohne die nach erfolgter Aufklärung eingeholte Einwilligung des Probanden oder seines gesetzlichen Vertreters weder anderen Personen noch Institutionen zugänglich gemacht werden, es sei denn aus gesetzlich vorgeschriebenen Gründen. Individuelle Testwerte, die namentlich gekennzeichnet sind, sollten nur in genau bestimmten Fällen an durch fachliche Beteiligung legitimierte Personen weitergegeben werden. (Standard 16.3)
- Werden im klinischen, Beratungs- und Bildungs- oder Ausbildungsbereich auf der Grundlage von Testwerten Entscheidungen über Personen getroffen, sollte die davon betroffene Person oder deren ge-

setzliche Vertretung die Möglichkeit haben, den Testwert sowie die entsprechenden Interpretationen mitgeteilt zu bekommen. (Standard 16.4)
- Testdaten, die in Datenbanken gespeichert werden, sollten vor unberechtigtem Zugriff hinreichend geschützt sein. Der Einsatz von Netzwerken, Datenbanken und anderen elektronischen Datenverarbeitungssystemen sollte auf Situationen beschränkt werden, in denen ausreichender Datenschutz sichergestellt ist. (Standard 16.5)
- Werden Personen auf Grund ihrer Testwerte Kategorien zugeordnet, sollten diese auf der Grundlage sorgfältig ausgewählter Kriterien bestimmt werden. In Übereinstimmung mit einer präzisen Berichterstellung sollten immer die am wenigsten stigmatisierenden Kategorien verwendet werden. (Standard 16.6)
- Unter bestimmten Bedingungen kann es wünschenswert sein, den Testwert eines Probanden auf Grund von möglichen Unregelmäßigkeiten der Testdurchführung, einschließlich vermuteter Täuschung, zurückzuhalten und für ungültig zu erklären. Den betroffenen Probanden sollte die Art des Nachweises und die Verfahren zur Feststellung, dass ein Testwert für ungültig erklärt oder zurückgehalten werden sollte, ausführlich erläutert werden. (Standard 16.7)
- Bei Anwendungen im Bereich der Bildungs- oder Ausbildungszulassung und der beruflichen Zulassung und Zertifizierung sollten die Probanden, deren Ergebnisberichte sich auf Grund von möglichen Unregelmäßigkeiten (z. B. Verdacht auf Täuschungsversuch) über einen kurzen Nachforschungszeitraum hinweg verzögern, benachrichtigt und über die Gründe informiert werden. Die Angelegenheit sollte so schnell wie möglich und unter Wahrung der Interessen der Probanden geklärt werden. (Standard 16.8)
- Bei Anwendungen im Bereich der Bildungs- und Ausbildungszulassung und der beruflichen Zulassung und Zertifizierung sollten Probanden, bevor ihre Testwerte für ungültig erklärt oder ihre Ergebnisse über einen kurzen Nachforschungszeitraum hinaus zurückgehalten werden, rechtzeitig benachrichtigt werden sowie die Gelegenheit erhalten, Beweise für die Korrektheit ihrer Testwerte zu erbringen. Den Probanden sollten auf Anfrage alle Nachweise zur Verfügung gestellt werden, die zur Entscheidung in der vorgesehenen Richtung herangezogen werden, einschließlich der Nachweise, die eine gegenteilige Entscheidung nahelegen. (Standard 16.9)
- Wenn bei Testanwendungen bei der Bildungs- oder Ausbildungszulassung sowie der beruflichen Zulassung und Zertifizierung der Verdacht auf Unregelmäßigkeiten besteht, sollten alle dafür als relevant betrachteten Daten berücksichtigt werden. (Standard 16.10)

4.2 Testgütekriterien

Die Testgütekriterien erlauben Aussagen über die Qualität eines Testverfahrens und ermöglichen so erst die Interpretation der Testergebnisse. Zum einen kann anhand der Gütekriterien die Qualität eines Verfahrens an sich beurteilt werden, zum anderen erleichtern die Gütekriterien den Vergleich verschiedener Verfahren, zum Beispiel bei der Auswahl eines Intelligenztests für einen bestimmten Anwendungszweck. Die Hauptgütekriterien sind die Objektivität, die Reliabilität und die Validität eines Tests, die wiederum in verschiedene Aspekte unterteilt werden können. Ein weiteres wichtiges Gütekriterium eines Tests ist das der Normierung. Diese Gütekriterien gelten zwar für alle psychologischen Testverfahren und sind daher prinzipiell in allen Bereichen der Diagnostik relevant. Auch gehört die Kenntnis der Hauptgütekriterien zum Grundwissen in der psychologischen Diagnostik. Wir halten einige Aspekte jedoch gerade bei der Messung von Intelligenz für besonders zentral.

Gütekriterien: Voraussetzung für die Bewertung und Auswahl von Verfahren

Bestimmte Implikationen der Gütekriterien für die Intelligenztestung werden in der Testpraxis oft zu wenig beachtet. Ein Beispiel ist die Reliabilität eines Intelligenztests: Die Messgenauigkeit eines Intelligenztests ist bekanntermaßen nicht perfekt, dennoch wird in der Testpraxis bisher noch zu häufig auf die Angabe von Konfidenzintervallen (genauere Erläuterung s. u.) verzichtet, und längst nicht alle Testmanuale empfehlen diese Angabe. Dies mag unter anderem daran liegen, dass die Größe von Konfidenzintervallen häufig unterschätzt und somit die Genauigkeit eines gemessenen Wertes überschätzt wird. Nicht selten beträgt die Länge der Konfidenzintervalle um den gemessenen IQ-Wert herum 10 bis 20 IQ-Punkte. Gerade wenn es darum geht, unterschiedliche (Unter-)Testergebnisse einer Person zu interpretieren, was in der Intelligenzdiagnostik – im Sinne eines Begabungsprofils – häufig von Interesse ist, ist die Berücksichtigung von Konfidenzintervallen wichtig. Werden die Konfidenzgrenzen ignoriert, läuft man Gefahr, rein zufällige Testwert-Schwankungen inhaltlich zu interpretieren.

Problem zu geringer Beachtung von Gütekriterien in der Testpraxis

Auch die Betrachtung der Validität von Intelligenztests ist alles andere als trivial: Es geht hier nicht einfach darum, ein gültiges Verfahren einzusetzen. Die Validitätsbelege eines Tests geben vielmehr darüber Aufschluss, welche Aspekte intelligenten Verhaltens erfasst werden und welche Prognosen mit einem gegebenen Test möglich sind. Wie bereits bei der Darstellung verschiedener Intelligenzmodelle in Kapitel 2 deutlich geworden ist, können sich hinter einem IQ inhaltlich recht verschiedene Teilfähigkeiten verbergen. Neben der theoretischen Fundierung eines Tests sind daher vor allem die Validitätsstudien Informationsquellen dafür, welche Fähigkeiten ein bestimmter Intelligenztest misst.

Die folgenden Abschnitte sollen also keinen Grundkurs in psychologischer Diagnostik darstellen, sondern vielmehr dabei unterstützen, Intelligenztestungen so genau und aussagekräftig wie möglich vornehmen zu können. Dazu gehört die Auswahl eines Testverfahrens von möglichst hoher psychometrischer Qualität. Die knappe Zusammenfassung der relevanten Angaben (z. B. Wie groß sollte die Retest-Reliabilität mindestens sein? Ab wann sind Normen veraltet?) soll eine zügige Bewertung eines Intelligenztests und die Auswahl des jeweils besten Verfahrens für einen bestimmten Zweck nach den Angaben in den Testmanualen oder einem Testhandbuch erleichtern.

4.2.1 Objektivität

Das Gütekriterium der Objektivität umfasst die Unabhängigkeit eines Testergebnisses vom Testleiter, von Situationsmerkmalen und Randbedingungen, vom Auswertenden oder weiteren Personen. Die Objektivität der Testdurchführung ist eine Voraussetzung für die Reliabilität und Validität von Testergebnissen. Bei der Objektivität werden verschiedene Aspekte berücksichtigt. Das Testergebnis soll unabhängig davon sein, wer den Test vorgibt (Durchführungsobjektivität), wer ihn auswertet (Auswertungsobjektivität) und wer die Ergebnisse interpretiert (Interpretationsobjektivität). Zudem bezieht sich die Objektivität auf die Unabhängigkeit der Folgen der Intelligenztestung für die Testperson vom Testdurchführenden.

Verschiedene Aspekte der Objektivität von Tests

Durchführungsobjektivität

Die Durchführungsobjektivität wird durch genaue Vorschriften für die Testdurchführung von Intelligenztests gesichert. Hierzu gehören exakt festgelegte Instruktionen, Testaufgaben und auch Antworten auf Rückfragen der Probanden, Angaben zum Zeitpunkt der Testdurchführung sowie zur Gestaltung der Testsituation. Die Durchführungsobjektivität ist nur dann gewährleistet, wenn sich der Testleiter an die Vorschriften für die Durchführung hält. Dabei ist es hilfreich, die Instruktion vor der ersten Testanwendung einzuüben, damit bei den Probanden nicht der Eindruck entsteht, sie würden einfach nur abgelesen.

Auswertungsobjektivität

Die Auswertungsobjektivität eines Tests wird durch den Einsatz von Auswertungsschablonen oder bei offenen Antwortformen, bei denen die Testperson freie Antworten gibt, von Kategoriensystemen, nach denen die Antworten zu bewerten sind, gewährleistet. Die Auswertung nach Kategoriensystemen ist in der Regel weniger objektiv als die durch Schablonen. Häufig empfiehlt es sich daher, offene Antworten durch mehrere unabhängige Auswerter bewerten zu lassen. In manchen Testhandbüchern sind hierzu Maße der Auswertungsobjektivität bei mehreren Auswertern dokumentiert.

Interpretationsobjektivität

Bei der Intelligenzdiagnostik geht es zumeist darum, die Fähigkeiten eines Probanden im Vergleich zu einer bestimmten Bezugsgruppe einzuordnen, zum Beispiel als über- oder unterdurchschnittlich. Diese Einordnung wird durch die Transformation des Test-Rohwerts einer Testperson in Normwerte anhand von Normtabellen ermöglicht. Die Normtabellen gewährleisten, dass die Rohwerte für alle Personen dieser Bezugsgruppe in gleicher Weise interpretiert werden. Eine hohe Interpretationsobjektivität eines Tests ist dann gegeben, wenn dieser gute Normtabellen aufweist.

Objektivität der Folgen der Intelligenztestung

Die Objektivität der diagnostischen Konsequenzen zielt darauf ab, dass verschiedene Testleiter für vergleichbare Testergebnisse ähnliche Interventionen vorschlagen oder Empfehlungen aussprechen. Diese Forderung ist sehr schwer zu erfüllen. Die Objektivität der diagnostischen Konsequenzen wird zum Beispiel durch präzise theoretische Vorgaben, auf denen der Test aufbaut, und durch die Vorstellung von Fallbeispielen im Testhandbuch unterstützt.

Objektivitätsprobleme können bei der Testanwendung mit leistungsschwachen Personen auftreten oder bei Personen, die Deutsch nicht als Muttersprache beherrschen. Bei leistungsschwachen Personen können geringe Testmotivation, Sinnesschäden oder Sprachprobleme die Testdurchführung erschweren. In diesem Fall ist es besonders wichtig darauf zu achten, dass die Testperson alle Instruktionen verstanden hat. Verständnishilfen dürfen jedoch nie zusätzliche Informationen enthalten, die in den Instruktionen nicht vorgesehen sind, sondern allenfalls in langsamem Wiederholen der Instruktion oder in Hinweisen auf in der Instruktion enthaltene Details bestehen. Bei Personen, die Deutsch nicht als Muttersprache beherrschen, kann es leicht zu Missverständnissen kommen. Falls die Testinstruktionen übersetzt werden, so ist dies von ausgebildeten Personen zu übernehmen. Zudem muss die Objektivität des Tests für Personen, die Deutsch nicht als Muttersprache beherrschen, im Handbuch belegt sein.

Objektivitätsprobleme

4.2.2 Reliabilität

Die Reliabilität eines Intelligenztests zeigt die Genauigkeit an, mit der ein Test bestimmte Intelligenzdimensionen misst. Messungen mit Intelligenztests sind nie 100 %-ig exakt, sondern weisen immer einen bestimmten

Grundgleichung der Klassischen Testtheorie

Messfehler auf. Den meisten auf dem Markt befindlichen Intelligenztests liegt die klassische Testtheorie zu Grunde, die in ihrer Grundgleichung die Fehlerbehaftetheit von Messungen folgendermaßen formalisiert:

$$X_i = T_i + E_i$$

Der Beobachtungswert oder Messwert einer Person i wird als X_i bezeichnet. Er setzt sich zusammen aus dem wahren Wert T_i der Person (T, Abk. von true = wahr), also bei Intelligenztests z. B. der wahre Intelligenzquotient einer Person, und dem Wert, um den der Beobachtungswert vom wahren Wert abweicht, also dem Messfehler E_i (E, Abk. von error = Fehler). Würde nun ein Test im optimalen Fall die wahren Werte ohne Fehler erfassen, so wäre $X = T$. Die Reliabilität wäre perfekt und erhielte den Wert 1. Falls – im anderen Extrem – allerdings der Test die wahren Werte gar nicht abbilden würde, so wäre $X = E$ und die Reliabilität = 0. Die Reliabilität, kann also Werte zwischen 0 und 1 annehmen und ist definiert als Verhältnis der Varianz der wahren Werte zur Varianz der Messwerte:

Reliabilität: Werte zwischen 0 und 1

$$r_{tt} = \frac{\sigma^2(T)}{\sigma^2(X)}$$

Verschiedene Wege der Reliabilitätsschätzung

Da die wahren Werte und die Fehlerwerte nicht direkt ermittelt werden können, wird die Reliabilität eines Tests über unterschiedliche Vorgehensweisen abgeschätzt:

Wiederholungs- bzw. Retestreliabilität

Die Retest-Reliabilität wird ermittelt, indem mit einer Gruppe von Testpersonen ein und derselbe Test nach einem gewissen zeitlichen Abstand (oftmals von wenigen Tagen bis zu einem Jahr) nochmals durchgeführt wird. Anschließend wird die Korrelation zwischen den Ergebnissen der ersten und der zweiten Testung berechnet. Diese Korrelation ist ein Schätzwert für die Reliabilität r_{tt}. Hierbei wird die zeitliche Stabilität der wahren Werte während des Zeitraums zwischen den beiden Messungen vorausgesetzt. Da jedoch von einer gewissen Instabilität wahrer Werte für intellektuelle Fähigkeiten zumindest innerhalb bestimmter Zeitintervalle auszugehen ist, wird mit dieser Methode oftmals nicht nur die „reine" Messgenauigkeit erfasst, sondern auch die Variabilität bzw. Stabilität der wahren Werte. Allerdings ist die Varianz der wahren Werte der meisten intellektuellen Fähigkeiten insbesondere für nicht allzu große Zeitspannen (zumal im Erwachsenenalter) relativ gering. Diese beiden Anteile, die Messgenauigkeit des Tests und die Stabilität der intellektuellen Fähigkeit, lassen sich mit der Methode der Retestung somit nicht trennen. Weiterhin wird die Retestreliabilität durch potenzielle Unterschiede in den inneren und äußeren Untersuchungsbedingungen beeinflusst.

Paralleltestreliabilität

Im Rahmen der Paralleltestreliabilität werden zwei Parallelformen eines Tests miteinander korreliert. Diese Korrelation dient als Schätzwert für die Messgenauigkeit des Tests. Testformen werden als parallel bezeichnet, wenn sie einander gleichwertig sind, d. h. äquivalente Aufgaben enthalten. Bei beiden parallelen Testformen sind für alle Mitglieder einer Population der wahre Wert und die Fehlervarianz identisch. Damit handelt es sich also um zwei gleichwertige Formen ein und desselben Tests. Erfolgen die Testungen mit den beiden Parallelformen unmittelbar hintereinander, spielt die Fluktuation der wahren Intelligenztestwerte bei der Paralleltestreliabilität keine Rolle. Liegt zwischen den beiden Testungen ein gewisses Zeitintervall, das beispielsweise bei umfangreichen Intelligenztests erforderlich ist, mögen veränderte innere und äußere Untersuchungsbedingungen bei den beiden Testungen die Größe des Messfehlers beeinflussen.

Konsistenzanalyse

Zur Methode der Konsistenzanalyse gehört die Bestimmung der Reliabilität als Split-Half-Reliabilität und die Berechnung der inneren bzw. internen Konsistenz (z. B. nach Kuder-Richardson-Formeln oder über Cronbachs Alpha). Alle Verfahren der Konsistenzanalyse setzen nur eine einmalige Testbearbeitung voraus. Zur Bestimmung der Split-Half-Reliabilität wird der Test nach der Bearbeitung durch eine Stichprobe in zwei Teile unterteilt (z. B. gerade versus ungerade Aufgabennummern). Bei der Bestimmung der inneren Konsistenz wird jede Testaufgabe als eigener Testteil betrachtet. Die Testteile werden jeweils anschließend korreliert. Aus diesen Korrelationen lassen sich dann unterschiedliche Formen im weitesten Sinn gemittelter Korrelationskoeffizienten ableiten. Eine prominente Rolle spielt hier Cronbachs Alpha, das u. a. den Mittelwert aller möglicher Split-Half-Reliabilitäten darstellt. Eine Fluktuation wahrer Intelligenztestwerte spielt auch bei dieser Methode zur Bestimmung der Reliabilität keine Rolle ebenso der Einfluss innerer und äußerer Untersuchungsbedingungen infolge zweier unterschiedlicher Testungen.

Auswahl und Höhe der Reliabilitätskoeffizienten

In die unterschiedlichen Reliabilitätskoeffizienten gehen jeweils unterschiedliche Fehlerarten ein. Deshalb kann man nicht ein Verfahren zur Bestimmung der Reliabilität als das Beste auszeichnen. Von Vorteil ist es, mehrere Reliabilitätskonzepte bei der Interpretation der Testergebnisse zu berücksichtigen. Weiterhin hängt es vom spezifischen Untersuchungszweck ab, welche Bedeutung welchem Reliabilitätskoeffizienten beigemessen wird. So mag es für langfristige Prognosen von Vorteil sein, der Retestreliabilität eine hohe Aufmerksamkeit zu schenken. Auf alle Fälle ist es wichtig, sich in den

Testhandbüchern genau über die Reliabilitätsstudien zu informieren, so z. B. anhand welcher Stichproben zu welchen Zeitpunkten die Untersuchungen durchgeführt wurden.

Richtwerte

Für den praktischen Einsatz von Intelligenztests sollten – als grobe Richtlinie – die Verfahren für Reliabilitätsmaße nach der Konsistenzanalyse Werte von $r_{tt} \geq .85$ und für die Retest- und Paralleltestreliabilität Werte von $r_{tt} \geq .80$ aufweisen.

4.2.3 Schätzung des wahren Werts, Vertrauensintervalle und kritische Differenzen

Das Testergebnis: Annäherung an der wahren Wert einer Person

Da jedes Testergebnis immer mit einem bestimmten Messfehler behaftet ist, stellt das Testergebnis nur eine Annäherung an den wahren Wert einer Person dar. Der wahre Wert wird über verschiedene Testungen hinweg als konstant angenommen, während der Messfehler von Testung zu Testung variiert. Da der wahre Wert nicht beobachtet werden kann, muss er geschätzt werden. Dazu bestimmt man eine (Punkt-)Schätzung des wahren Werts und ein Konfidenzintervall, das einen Bereich für den wahren Wert angibt.

Als (Punkt-)Schätzung $\hat{T}$ für den wahren Wert T wird zumeist der Messwert selbst, X, herangezogen. Erzielt man zum Beispiel in einem bestimmten Intelligenztest einen gemessenen IQ von 118, nimmt man diesen Wert als Schätzung für den wahren Wert. Diese Vorgehensweise ist in der diagnostischen Praxis üblich, jedoch gibt es eine genauere Schätzung des wahren Werts über die folgende Formel:

Formel zur verbesserten Schätzung des wahren Wertes bei extremen Messwerten

$$\hat{T} = X \cdot r_{tt} + \bar{X} \cdot (1 - r_{tt}),$$

wobei $\bar{X}$ den Mittelwert in der zugehörigen Population darstellt. Der geschätzte Wert setzt sich somit aus dem Messwert und dem Populationsmittel zusammen, wobei mit zunehmender Reliabilität der Einfluss des individuellen Messwerts steigt.

Wenn der Messwert nicht weit vom Populationsmittelwert entfernt liegt, weichen insbesondere bei einer sehr hohen Reliabilität Messwert und die Schätzung des wahren Werts über die oben genannte Formel kaum voneinander ab. Für die Messung in Extrembereichen ist es jedoch angebracht, nicht den Messwert selbst, sondern die verbesserte Schätzung anzuwenden. Betrachten wir (im Rahmen der Hochbegabungsdiagnose) einen gemessenen IQ von 145 bei einer Reliabilität von $r_{tt} = .85$, so beträgt der über $\hat{T} = X \cdot r_{tt} + \bar{X} \cdot (1 - r_{tt})$ geschätzte wahre Wert 138.5, ist also eine halbe Standardabweichung geringer als der gemessene IQ. Bei einem gemessenen IQ von 133 und einer höheren Reliabilität von $r_{tt} = .90$ resultiert ein über die verbesserte Schätzung berechneter wahrer Wert von 127. Bei der üblichen Definition von Hochbegabung von IQ > 130 wäre eine Person ausgehend vom Messwert hoch begabt, ausgehend von der alternativen Schätzung jedoch nicht. (Es sei hier darauf hingewiesen, dass in Gutachten oder Publikationen üblicherweise der Messwert berichtet wird, man daher stets angeben sollte, wenn man von dieser Praxis abweicht.)

Ausgehend vom Messwert X wird ein dazu korrespondierendes Konfidenzintervall bestimmt. Bei einem Test mit nicht perfekter Reliabilität variiert der Messwert X von Testung zu Testung. Das Konfidenzintervall variiert ebenso wie der Messwert, da die untere und obere Konfidenzgrenze vom Messwert abhängen. Die Wahrscheinlichkeit, mit der das Konfidenzintervall den wahren Wert einer Person überdeckt bzw. enthält, wird zumeist auf .95 oder .99 festgelegt. Je größer diese so genannte Konfidenzwahrscheinlichkeit ist, umso weiter liegen die Konfidenzgrenzen vom Testwert entfernt. Weiterhin hängt die Länge der Konfidenzintervalle vom Standardfehler und damit von der Reliabilität eines Tests ab. Je höher die Reliabilität eines Tests ist, umso geringer fällt der Standardfehler und damit die Länge des Konfidenzintervalls aus.

Konfidenzintervalle

Abbildung 7 zeigt beispielhaft, wie die Konfidenzintervalle für Tests unterschiedlicher Reliabilität für einen Testwert von IQ = 105 ausfallen können.

Die Konstruktion der Konfidenzintervalle für den wahren Wert wird für die beiden oben dargestellten Punktschätzungen (Verwendung des Messwerts vs. Schätzung des wahren Werts über die oben genannte Formel) in unterschiedlicher Weise vorgenommen. Betrachten wir zunächst die Erstellung von Konfidenzintervallen für den Messwert selbst.

Hier wird zur Bestimmung der Konfidenzintervalle der so genannte Standardmessfehler (*SEM*, Abk. von standard error of measurement) benötigt, der die Standardabweichung des Messfehlers darstellt. Er gibt an, wie weit die Messwerte um den wahren Wert streuen. Je geringer die Streuung des

Konfidenzintervallbestimmung für Messwerte

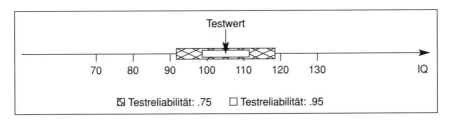

Abbildung 7:
Breite von Konfidenzintervallen in Abhängigkeit von der Testreliabilität

Messfehlers, umso näher liegt der Messwert beim wahren Wert. Der Standardfehler *SEM* berechnet sich über die Reliabilität mittels

$$SEM = SD \cdot \sqrt{1-r_{tt}}$$

wobei *SD* die Standardabweichung des Tests bezeichnet (wie oben dargestellt, liegt bei der Z-Skala eine Standardabweichung von 10, bei der IQ-Skala von 15, etc. vor).

Die untere und die obere Konfidenzgrenze KI_u bzw. KI_o der Konfidenzintervalle für den zu erzielenden Testwert werden bei einer 95 %-igen Konfidenzwahrscheinlichkeit wie folgt berechnet (Bestimmung des *KI* derart, dass es mit 95 %-iger Wahrscheinlichkeit den wahren Wert überdeckt bzw. enthält):

$$KI_u = X - 1.96 \text{ SEM}$$
$$KI_o = X + 1.96 \text{ SEM}$$

Bei einer 99 %-igen Konfidenzwahrscheinlichkeit gilt:

$$KI_u = X - 2.58 \text{ SEM}$$
$$KI_o = X + 2.58 \text{ SEM}$$

Ein Beispiel: Ein Intelligenztest habe eine Standardabweichungen von 15 und eine Reliabilität von $r_{tt} = .90$. Nun soll das Konfidenzintervall für einen bei einem Probanden gemessenen IQ von 110 bestimmt werden. Zunächst wird der Standardmessfehler (*SEM*) des Tests bestimmt:

$$SEM = 15 \cdot \sqrt{1-.90} = 4.7 \text{ IQ-Punkte}$$

Die Konfidenzgrenzen und damit das Konfidenzintervall mit einem Vertrauensgrad von 95 % errechnen sich nun folgendermaßen:

$$KI_u = 110 - 1.96 \cdot 4.7 = 100.8$$
$$KI_o = 110 + 1.96 \cdot 4.7 = 119.2$$
$$KI = [100.8, 119.2]$$

Das Konfidenzintervall umfasst also den Bereich für den wahren IQ von 100.8 bis 119.2.

Konfidenzintervallbestimmung bei verbesserter Schätzung des wahren Wertes

Die Bestimmung der Konfidenzintervalle für die Schätzung $\hat{T} = X \cdot r_{tt} + \bar{X} \cdot (1 - r_{tt})$ erfolgt analog zur Bestimmung der Konfidenzintervalle für die Messwerte, nur wird in den obigen Formeln anstelle des Standardmessfehlers der so genannte Standardschätzfehler (*SEE*, Abk. von standard error of estimation) verwendet, der wie folgt berechnet wird:

$$SEE = SD \cdot \sqrt{r_{tt}} \cdot \sqrt{1-r_{tt}}$$

Der Standardschätzfehler ist immer – falls keine perfekte Reliabilität vorliegt – geringer als der Standardmessfehler. Damit fällt das Konfidenzintervall für die Schätzung $\hat{T} = X \cdot r_{tt} + \bar{X} \cdot (1-r_{tt})$ immer geringer aus als das Konfidenzintervall für den Messwert.

Für das obige Beispiel ergibt sich: $SEE = 15 \cdot \sqrt{.90} \cdot \sqrt{1-.90} = 4.5$ IQ-Punkte.

Somit resultieren hier:

$$KI_u = 110 - 1.96 \cdot 4.5 = 101.2$$
$$KI_o = 110 + 1.96 \cdot 4.5 = 118.8$$
$$KI = [101.2, 118.8]$$

Halten wir als Fazit fest, dass der Messwert für den Bereich mittlerer Werte nicht wesentlich von der verbesserten Schätzung $\hat{T} = X \cdot r_{tt} + \bar{X} \cdot (1-r_{tt})$ abweicht. Das ist einer der Gründe dafür, dass in der Praxis fast immer der Messwert berichtet wird. Jedoch sollte gerade bei Messungen im unteren und oberen Begabungsbereich die verbesserte Schätzung berücksichtigt werden. Weiterhin sollten immer Konfidenzintervalle mit angegeben werden, damit der Einfluss von Messfehlern aufgezeigt wird.

Implikationen für die Praxis

In Kasten 4 gehen wir noch einmal auf die korrekte Interpretation der Konfidenzintervalle und auf ihre Darstellung in Gutachten ein. Häufig herrscht gerade zu dieser Thematik eine beträchtliche Konfusion und die Darstellung von Konfidenzintervallen in Gutachten wird oftmals nicht korrekt vorgenommen.

Interpretation und Darstellung von Konfidenzintervallen

Kasten 4:
Zur Interpretation und Darstellung von Konfidenzintervallen

Nicht selten sind in diagnostischen Gutachten Aussagen der folgenden Art zu lesen: „Der Proband erzielte einen IQ von 115. Dieser Wert liegt mit einer Wahrscheinlichkeit von 95 % in dem Intervall von 108 bis 122." Oder: „Der wahre IQ liegt mit 95 %-iger Wahrscheinlichkeit zwischen 108 und 122". Diese Äußerungen sind in mehrfacher Hinsicht nicht korrekt. Wie die obigen Ausführungen zur Bestimmung der Konfidenzintervalle verdeutlicht haben dürften, ist der wahre Intelligenzquotient einer bestimmten Person keine Zufallsvariable. Der individuelle wahre Wert ist ein fester Wert, der in einer Testsituation nicht variiert und dem keine Wahrscheinlichkeit zugeordnet wird. Einzig der in der Testung zu messende IQ (oder irgendein anderer bestimmter Testscore, z. B. für einen Subtest) stellt eine Zufallsvariable dar. Denn vor der Testung ist der IQ unbekannt, und den möglichen Testresultaten, die bei der Testung prinzipiell auftreten können, werden Wahrscheinlichkeiten zugeordnet. Da die Bestimmung des Konfidenzintervalls nicht vom wahren Wert, sondern vielmehr vom Messwert abhängt, variiert das Konfidenzintervall ebenfalls zufällig (Die untere und obere Grenze sind jeweils Funktionen des Messwerts, und mit jeder Messung, resultiert ein anderes Konfidenzintervall.). Nun werden die Konfidenzgrenzen und damit die Länge des Konfidenzintervalls so bestimmt, dass es den (festen) wahren Wert mit einer bestimmten Wahrscheinlichkeit überdeckt, d. h. ihn enthält. Diese so genannte Konfidenzwahrscheinlichkeit ist somit eine Wahrscheinlichkeit für das Ereignis „das Konfidenzintervall überdeckt bzw. enthält den wahren IQ". Somit sollte klar sein, dass dem wahren Wert keine Wahrscheinlichkeit zugeordnet wird, sondern lediglich dem Ereignis „Überdeckung des wahren Werts durch das Konfidenzintervall".

Dieses berechnete Intervall beruht auf dem konkret gemessenen Testwert von IQ = 115 in unserem Beispiel. Jedoch stellt der gemessene Testwert von 115 keine Zufallsvariable dar. Es liegt hier ein bekannter Wert vor, dem nicht mehr eine Wahrscheinlichkeit zugeordnet werden kann. Eine solche Wahrscheinlichkeit kann nur einem möglichen Testergebnis vor der Testung zugeordnet werden (Ebenso: Nachdem in einem Würfelexperiment eine „6" gewürfelt wurde, ist dieses Resultat Fakt und stellt keine Zufallsvariable dar. Dieser „6" kann höchstens die Wahrscheinlichkeit „1" zugeordnet werden.). Also kann auch dem Ereignis „das Konfidenzintervall überdeckt bzw. enthält den wahren Wert" nur vor der Testung eine Wahrscheinlichkeit zugeordnet werden, aber nicht nach der Messung. Die Überdeckungswahrscheinlichkeit, auch Konfidenzwahrscheinlichkeit genannt, ist dabei die Wahrscheinlichkeit, dass das Konfidenzintervall als Zufallsgröße den festen wahren IQ überdeckt bzw. enthält. Oder anschaulicher ausgedrückt: Eine Konfidenzwahrscheinlichkeit von .95 bzw. 95 % besagt, dass bei einer unendlich häufig erfolgenden Testung einer Person das jeweils berechnete Konfidenzintervall zu den 95 % aller Konfidenzintervalle gehört, die den wahren Wert dieser Person enthalten.

Wie geht man nun mit der nicht ganz einfachen Problematik der Kommunikation von Konfidenzintervallen um? Obwohl auch in wissenschaftlichen Publikationen nicht selten Aussagen wie „Der wahre Wert liegt mit einer Wahrscheinlichkeit von .95 bzw. 95 % zwischen 100 und 110" zu finden sind, verbieten sich hier solche Darstellungen. Wie ist aber in Gutachten für so genannte gebildete Laien, z. B. Juristen, zu verfahren? Soll man hier solche nicht korrekten Aussagen verwenden, da damit zumindest eine intuitiv eingängige Vorstellung von Konfidenzintervallen vermittelt wird? Eine solche Lösung ist sicherlich nicht zufrieden stellend.

Es erscheint uns sinnvoller zu sein, eine in formaler Hinsicht nicht fehlerhafte Darstellung von Konfidenzintervallen zu wählen, die gleichzeitig verständlich ist. Somit könnte man ein Konfidenzintervall bei der erstmaligen Darstellung in einem Gutachten in der folgenden Art erläutern: „Der gemessene IQ beträgt 105. Da solche IQ-Werte bei einer bestimmten Person z. B. aufgrund der jeweiligen Tagesform von Messung zu Messung variieren, werden Konfidenzintervalle zur Abschätzung des wahren Werts berechnet. Das 95 %-ige Konfidenzintervall für den hier gemessenen IQ von 105 reicht von 100 bis 110. Dieses Konfidenzintervall wurde nach einer Regel konstruiert, die mit einer Wahrscheinlichkeit von 95 % zu einem Intervall führt, das den wahren IQ enthält". Diese Beschreibung verstößt gegen keine wahrscheinlichkeitstheoretischen Grundlagen und dürfte gleichzeitig hinreichend verständlich sein.

Eine weitere u. E. aber suboptimale Lösung könnte darin bestehen, dass man im Falle eines .95-Konfidenzintervalls [100, 110] die Aussage wählt: „Der wahre Wert liegt mit einer Sicherheit von 95 % zwischen 100 und 110". Durch die Verwendung des Begriffes „Sicherheit" werden wahrscheinlichkeitstheoretische Annahmen nicht verletzt, dafür bleibt die Bedeutung des Begriffes „Sicherheit" recht vage. Zumindest sollten Autoren von Gutachten, die diese Formulierung wählen, die Thematik von Konfidenzintervallen kennen und auf Nachfragen kompetent erläutern können.

Mit Hilfe der Testreliabilität kann auch bestimmt werden, um wie viele Einheiten der jeweiligen Skala sich zwei Werte (z. B. die Testergebnisse von zwei Personen) unterscheiden müssen, damit von einem signifikanten Unterschied gesprochen werden kann. Dieser Unterschied wird auch als kritische Differenz bezeichnet (D_{krit}). Testwerte unterscheiden sich signifikant, wenn sie größer als die kritischen Differenzen sind. Wir betrachten hier die kritische Differenz von zwei unterschiedlichen Testwerten, die von Tests mit derselben Normierung stammen. Die Testwerte können dabei von derselben Person oder von zwei unterschiedlichen Personen stammen. Zwei Fälle werden unterschieden: Im ersten Fall stammen die Testwerte aus zwei unterschiedlichen Tests, im zweiten Fall aus demselben Test:

Kritische Differenzen

1. Die *kritische Differenz von zwei Messungen in unterschiedlichen Tests* mit derselben Normierung berechnet sich zum Signifikanzniveau von 5 % bzw. 1 % folgendermaßen:

$$D_{krit} = 1.96 \cdot SD \cdot \sqrt{2 - (r_{1_{tt}} + r_{2_{tt}})} \quad (5\%)$$

$$D_{krit} = 2.58 \cdot SD \cdot \sqrt{2 - (r_{1_{tt}} + r_{2_{tt}})} \quad (1\%)$$

Dabei steht *SD* für die Standardabweichung, $r_{1_{tt}}$ für die Reliabilität des ersten Tests und $r_{2_{tt}}$ für die Reliabilität des zweiten Tests.

2. Die *kritische Differenz von zwei Messungen in einem Test* berechnet sich zum Signifikanzniveau von 5 % bzw. 1 % folgendermaßen:

$$D_{krit} = 1.96 \cdot SD \cdot \sqrt{2(1-r_{tt})} \quad (5\%)$$

$$D_{krit} = 2.58 \cdot SD \cdot \sqrt{2(1-r_{tt})} \quad (1\%)$$

Dabei steht *SD* wieder für die Standardabweichung des Tests und r_{tt} für die Reliabilität des Tests.

Ist die (absolute) Differenz zwischen den beiden Messwerten geringer als die berechnete kritische Differenz, ist nicht von einem bedeutsamen Unterschied auszugehen.

Ein Beispiel: Ein Intelligenztest habe eine Standardabweichung von 15 und eine Reliabilität von r_{tt} = .90. Es soll untersucht werden, ob sich bei einem Signifikanzniveau von 5 % die Testwerte IQ = 108 und IQ = 118 in diesem Test bedeutsam unterscheiden. Dann resultiert für die kritische Differenz: $1.96 \cdot 15 \cdot \sqrt{2(1-.90)} = 13.15$. Beide Testwerte müssen also mindestens 13.15 Punkte auseinander liegen, damit eine bedeutsame Differenz vorliegt. Der Unterschied zwischen einem IQ von 108 und einem IQ von 118 kann also nicht als signifikant oder überzufällig interpretiert werden.

4.2.4 Profilinterpretation

Tests, die aus inhaltlich unterschiedlichen Subtests bestehen und eine graphische Profildarstellung erlauben, laden dazu ein, unterschiedliche Leistungen eines Probanden in den einzelnen Untertests zu interpretieren. Insbesondere bei den Wechsler-Tests wird dies häufig praktiziert (s. z. B. Titze & Tewes, 1994, vgl. Beschreibung der Wechsler-Reihe in Kap. 5.2.2). Im *Diagnostischen und Statistischen Manual psychischer Störungen – Textrevision* (DSM-IV-TR; Saß, Wittchen, Zaudig & Houben, 2003) beispielsweise wird eine Profilinterpretation bei der Diagnose geistiger Behinderungen explizit empfohlen. Ein augenscheinlich großer Leistungsunterschied in verschiedenen Untertests muss jedoch nicht einem tatsächlich bedeutsamen Fähigkeitsunterschied der Person entsprechen. Es muss vielmehr geprüft werden, ob das gefundene Profil echte Fähigkeitsunterschiede abbildet, oder ob es sich um ein „Scheinprofil" handelt (Lienert & Raatz, 1994). Ein Test sollte verschiedene Bedingungen erfüllen, damit Untertestdifferenzen bei einem Probanden interpretiert werden können.

Voraussetzungen der Interpretierbarkeit von Untertestdifferenzen in Profilen

Insbesondere sind bei der Profilinterpretation die folgenden drei Aspekte relevant:

1. *Statistische Signifikanz der Leistungsunterschiede:* Es muss geprüft werden, ob die gefundenen Leistungsunterschiede über einen durch den Messfehler der Skalen zu erwartenden Unterschied hinausgeht. Hierbei kommt es auf die Reliabilität der Untertests an. Je höher die Messgenauigkeit (Reliabilität) eines Untertests, desto eher können gemessene Leistungsunterschiede als bedeutsam interpretiert werden. Dies entspricht der Situation beim Vergleich zweier Testwerte aus unterschiedlichen Tests und erfordert die Berechnung der kritischen Differenz (vgl. 4.2.3). In einigen Testhandbüchern sind die kritischen Differenzen für den Vergleich von Untertests bereits angegeben (z. B. im HAWIK-III).

   Statistisch bedeutsame Unterschiede

   Die Betrachtung von Unterschieden mittels kritischer Differenzen kann als Hypothesenprüfung verstanden werden: Der Diagnostiker hat eine explizite Vermutung, dass die Leistung des Probanden in einem bestimmten Untertest signifikant von der Leistung in einem anderen bestimmten Untertest abweicht. Es mag jedoch verlockend sein – insbesondere, wenn die kritischen Differenzen einfach aus Tabellen abgelesen werden können – alle möglichen paarweisen Untertestvergleiche nach signifikanten Differenzen abzusuchen. Für ein solches multiples Vorgehen ist die Berechnung der kritischen Differenz entsprechend der Formel in Abschnitt 4.2.3 jedoch nicht ausreichend, denn bei vielen simultanen Vergleichen steigt die Wahrscheinlichkeit, dass eine einzelne Differenz signifikant ist. Die kritische Differenz ist in diesem Fall deutlich größer (s. z. B. Titze & Tewes, 1994).

2. *Interkorrelation der Untertests* (Reliabilität der Unterschiede): Wenn zwei Untertests sehr hoch miteinander korrelieren, kann man davon ausgehen, dass beide Tests etwas sehr Ähnliches messen. Individuelle Abweichungen treten zwar auf, sind jedoch nicht besonders reliabel. Je geringer zwei Untertests miteinander korrelieren, umso häufiger wird man in der Population Personen finden, deren Leistungen in den beiden Tests voneinander abweichen. Auftretende Unterschiede in Profilen sind umso reliabler, je geringer die Untertests miteinander korrelieren (Lienert & Raatz, 1994, S. 323). Um sinnvoll Untertestdifferenzen interpretieren zu können, sollten die Interkorrelationen der Subtests möglichst gering sein.

   Geringe Interkorrelation von Untertests

3. *Validität der Untertests:* Die Interpretation statistisch bedeutsamer Abweichungen von Untertests macht nur Sinn, wenn die *einzelnen* Untertests auch inhaltlich sinnvoll interpretierbar sind. Es nützt nicht viel, einen bedeutsamen Unterschied zwischen Subtest A und Subtest B zu identifizieren, wenn wir nicht wissen, welche Fähigkeiten diese spezifischen

   Inhaltliche Interpretierbarkeit

Tests messen und welche Leistungen sie prognostizieren. Für die Interpretation von Untertestdifferenzen sollten also Validitätsbelege für die einzelnen Subtests im Handbuch dokumentiert sein.

4.2.5 Validität

Verschiedene Aspekte der Testvalidität

Die Validität bzw. Gültigkeit eines Tests beschreibt das Ausmaß, in dem der Test das misst, was er messen soll. Wie bei der Reliabilität auch werden verschiedene Aspekte dieses Gütekriteriums über unterschiedliche methodische Vorgehensweisen überprüft. Beispielsweise wird untersucht, inwieweit sich der Test zu Vorhersagen eignet, ob er zu vergleichbaren Ergebnissen kommt wie andere Tests, die dasselbe Merkmal erfassen oder ob die mit dem Test gewonnenen Daten dem Intelligenzmodell, auf dem der Test aufbaut, entsprechen. Eine hohe Validität ist die Voraussetzung dafür, einen Test gezielt einsetzen und sinnvoll interpretieren zu können. Die verschiedenen Aspekte der Validität lassen sich grob differenzieren in Aspekte der internen Validität und Aspekte der externen Validität.

Interne Validität

Die interne Validität eines Tests ist dann gegeben, wenn das Antwortverhalten der Testpersonen im Test den Annahmen entspricht, die man zuvor dazu hatte. Eine solche Annahme ist zum Beispiel, dass intellektuell höher Begabte in einem Intelligenztest höhere Werte erhalten als Minderbegabte. Weitere Annahmen ergeben sich zum Beispiel aus dem zu Grunde gelegten Intelligenzmodell. Dieses spezifiziert die theoretischen Konstrukte, auf denen der Test basiert. Zur Prüfung der internen Validität wird eine Vielzahl von Methoden eingesetzt. Beispielsweise wird über Faktorenanalysen geprüft, ob sich in Daten, die mit einem Test, von dem theoretisch angenommen wird, dass er logisches Denken und Bearbeitungsgeschwindigkeit erfasst, auch diese beiden Faktoren nachweisen lassen.

Externe Validität

Alternative Bezeichnung: Kriteriumsvalidität

Für die Bestimmung der externen Validität eines Tests werden Validitätskriterien benötigt, also Kriterien, von denen angenommen werden kann, dass sie die Fähigkeiten repräsentieren, die der Test messen soll. Daher wird die externe Validität häufig auch als Kriteriumsvalidität bezeichnet. In einem pragmatischen Sinn stellen die Kriterien den Testzweck dar, da beispielsweise Intelligenztests zur Vorhersage des Schulerfolges konstruiert sind. Die berechnete Korrelation zwischen Testergebnis und Kriterium stellt die Kriteriumsvalidität dar. Wird der Zusammenhang zwischen Tests, die vergleichbare Fähigkeiten erfassen sollen, für die Validitätsprüfung herangezogen, spricht man von *interner kriterienbezogener Validität*. Werden Kriterien wie

Schulnoten, Aspekte des Berufserfolgs oder Fähigkeitseinschätzungen durch andere Personen verwendet, spricht man von *externer kriterienbezogener Validität*.

Werden Test- und Kriteriumswerte zeitgleich oder in engem zeitlichen Abstand erhoben, so wird die *Übereinstimmungsvalidität* bestimmt. Wird das Kriteriumsmerkmal später als der Messwert erhoben, wird die *Vorhersagevalidität* abgeschätzt. Eine hohe Übereinstimmungsvalidität eines Tests erlaubt Rückschlüsse auf Zusammenhänge zeitgleicher Kriterien. So kann z. B. überprüft werden, ob aktuelle Leistungsprobleme eines Schülers mit seiner Intelligenz zusammenhängen. Soll abgeschätzt werden, ob ein Schüler zukünftig gute Chancen hat, eine bestimmte Schullaufbahn erfolgreich zu bewältigen, so wird ein Test mit hoher prognostischer Validität für diese Schullaufbahn benötigt.

Übereinstimmungs- und Vorhersagevalidität

Bei der Bestimmung der externen Validität eines Tests lassen sich zudem die Aspekte der diskriminanten und der konvergenten Validität unterscheiden. Die konvergente Validität eines Tests ist dann gegeben, wenn der Test hohe Korrelationen zu anderen Methoden oder Tests aufweist, die denselben Messgegenstand abbilden (z. B. Zusammenhang von zwei Tests zur fluiden Intelligenz). Ein Test ist dann diskriminant valide, wenn er zu anderen Methoden oder Tests, die andere Konstrukte erfassen als der Test, niedrige Zusammenhänge aufweist (z. B. Zusammenhang eines Tests zur fluiden Intelligenz mit einem Wortschatztest). Bei der Beurteilung der Validität eines Intelligenztests sollten optimalerweise beide Aspekte berücksichtigt werden.

Diskriminante und konvergente Validität

Ein Rahmenkonzept für die Validität eines Tests liefert der Begriff der *Konstruktvalidität*, unter dem sowohl Aspekte der internen wie der externen Validität zusammengefasst werden. Die Konstruktvalidität bezieht sich allgemein „auf die Aussagekraft eines Testwerts als Messung des Ausprägungsgrades der interessierenden psychologischen Eigenschaft" (Standards für pädagogisches und psychologisches Testen; Häcker et al., 1998, S. 11). Somit kann die Konstruktvalidität nicht in einem Validitätskoeffizienten ausgedrückt werden. Sie beschreibt vielmehr ein Gesamtbild der Validität eines Tests, das sich zum Beispiel aus dem Nachweis des dem Test theoretisch zugrundegelegten Modells (z. B. Prüfung von Strukturannahmen) oder aus der diskriminanten und konvergenten Validität des Tests ergibt.

Konstruktvalidität

4.2.6 Normierung

Die Testnormierung ermöglicht, aus den Antworten einer Person eine Kennzahl zu errechnen (z. B. den IQ), die das Verhältnis des individuellen Ergebnisses zu den Ergebnissen einer Bezugsstichprobe zum Ausdruck bringt. Durch die Normierung eines Tests wird somit ein numerisches Bezugssys-

Kriterien qualitativ hochwertiger Normen

tem erstellt, mit dem individuelle Testwerte mit den Werten einer Referenzgruppe verglichen werden können. Die Qualität der Normen hängt dabei entscheidend von der Wahl der Bezugs- oder Normstichprobe ab, an der der Test normiert wird. Nur wenn die Normstichprobe repräsentativ für den Geltungsbereich des Tests ist, dürfen die Normen für Vergleiche herangezogen werden. Soll z. B. ein 15-jähriger Gymnasiast aus Köln hinsichtlich seiner Grundintelligenz getestet werden, werden Normen benötigt, die für 15-jährige, deutschsprachige Jungen repräsentativ sind. Die Qualität der Normen wird zudem davon beeinflusst, ob die Normdaten durch geschulte Testleiter erhoben wurden. Diese Angabe findet sich in einigen, jedoch leider nicht in allen Testhandbüchern.

Der Flynn-Effekt

Bei der Beurteilung der Qualität von Normen ist weiterhin zu beachten, dass sich die Fähigkeiten, die mit Intelligenztests erfasst werden, in der Gesellschaft mit den schulischen und anderen Bedingungen im Laufe der Zeit verändern – meist dahingehend, dass sich die durchschnittliche Leistung einer Altersgruppe verbessert. Dieser Trend wurde nach seinem Entdecker als Flynn-Effekt bezeichnet. Der Politikwissenschaftler James R. Flynn fand 1984 in Sekundäranalysen vorhandener Testdaten, dass seit dem Einsatz von Intelligenztests der IQ pro Generation, je nach betrachteter Fähigkeit, alle 10 Jahre um 3 bis 7 IQ-Punkte steigt (Flynn, 1984). Der stärkste Zuwachs zeigte sich in Tests der fluiden Intelligenz. Inzwischen ist der Flynn-Effekt mehrfach für den amerikanischen und westeuropäischen Raum empirisch belegt worden und zwar für alle Begabungsbereiche und Altersgruppen (Flynn, 1987; Neisser, 1998). Die Frage ist nun, ob wir tatsächlich immer schlauer werden oder ob wir einfach nur auf Grund einer höheren Vertrautheit mit dieser Art von Anforderung besser in Tests abschneiden. Wären wir einfach nur testvertrauter, müssten wir in allen Tests – z. B. auch Schulleistungstests – bessere Leistungen erbringen. Dies ist jedoch nicht der Fall. Zudem ist die allgemeine Intelligenz kaum trainierbar. Bislang ist nicht geklärt, welche Faktoren für den Flynn-Effekt verantwortlich gemacht werden können. Es werden soziologische und kulturelle Ursachen vermutet. Genetische Ursachen werden eher nicht angenommen, da sich das menschliche Genom nicht so schnell (mindestens 3 IQ-Punkte alle 10 Jahre) verändern kann (Neisser, 1998). Soziologische Ansätze ziehen die Modernisierung, die zunehmende Komplexität der Umwelt oder die technischen Veränderungen der visuellen Umgebung durch Fernsehen und Computer als Erklärungen heran. Eine weitere Hypothese vermutet eine verbesserte Ernährung als Erklärung für den Flynn-Effekt. Bislang sind jedoch – trotz aller Erklärungsversuche – die Ursachen des Phänomens des konstant wachsenden IQs noch eher unbekannt.

Implikationen für die Praxis

Konkret bedeutet der Flynn-Effekt, dass sich der Mittelwert einer repräsentativen Stichprobe bei einer Testung mit einem Test, dessen Normen 10 Jahre alt sind, von einem ursprünglichen IQ von 100 auf etwa 103 bis 107 verschiebt. Bei jeder einzelnen Testung besteht somit eine hohe Wahrscheinlichkeit, die Fähigkeit des Probanden zu überschätzen. Diese und andere Ursachen von Normverschiebungen machen es notwendig, in gewissen Abständen die alten Normen auf ihre Angemessenheit hin zu überprüfen bzw. neue Normen zu erstellen. Häufig wird dies vernachlässigt, was in der Regel dazu führt, dass durch die veraltete Normierung die wahre Fähigkeit einer getesteten Person überschätzt wird. Dies ist insbesondere dann problematisch, wenn auf Grund eines bestimmten, kritischen Testwerts (sog. Cut-Off) Selektions- oder Klassifikationsentscheidungen getroffen werden. Überschätzungen sind beispielsweise problematisch bei der Aufnahme von Kindern in bestimmte Förderprogramme. Überdurchschnittlich intelligente Kinder können so z. B. fälschlicherweise als hoch begabt identifiziert werden und

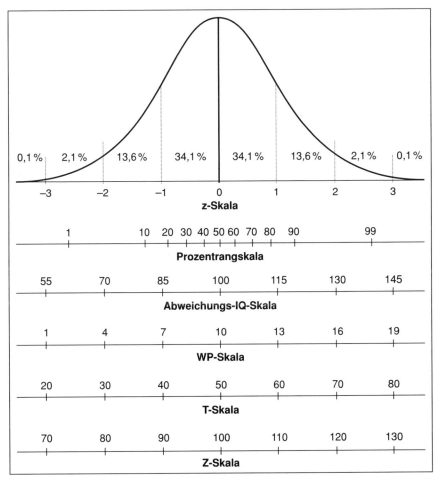

Abbildung 8:
Gängige Normskalen im Vergleich

sind dann evtl. durch ein sehr anspruchsvolles Förderprogramm überfordert. Anderseits kann die Überschätzung der Intelligenz bei entwicklungsverzögerten oder lernbehinderten Kindern dazu führen, dass ihnen Fördermaßnahmen vorenthalten werden, die ihnen zustehen und zugute kommen würden. Ein anderer Bereich, in dem eine Intelligenzüberschätzung schwerwiegende Auswirkungen haben kann, ist die Intelligenzdiagnostik im Rahmen der forensischen Psychiatrie. Die Feststellung einer intellektuellen Minderbegabung ist hier z. B. relevant bei der Bewertung der Schuldfähigkeit von Straftätern. Veraltete Normen führen dazu, dass eine Minderbegabung seltener diagnostiziert wird. Als Faustregel gilt, dass Normen, deren Erhebung mehr als zehn Jahre zurückliegt, veraltet sind. Im Bereich berufsbezogener Eignungsbeurteilungen wurde kürzlich mit der DIN 33430 ein maximales Alter von acht Jahren für Testnormen festgelegt (vgl. Kap. 6.2).

Schritte der Testnormierung

Die Normierung eines Tests erfolgt in mehreren Schritten. Zunächst wird der Test von einer Normstichprobe bearbeitet. Anschließend werden die Rohwerte und ihre Verteilung in der Normstichprobe ermittelt: Sind die Rohwerte nicht normalverteilt, werden sie im Rahmen der Normierung von Intelligenztests in der Regel so transformiert, dass sie einer Normalverteilung folgen. Es wird eine Norm-Skala als Bezugssystem für die Normerstellung ausgewählt. Gängige Norm-Skalen zeigt die Abbildung 8. Zum Schluss werden Tabellen zur Transformation der Testwerte in Normwerte erstellt.

Tabelle 1 listet gängige Norm-Skalen mit ihrem jeweiligen Mittelwert (M) und ihrer Standardabweichung (SD) auf. In den weiteren Spalten ist abzulesen, in welchen Leistungsbereich einzelne Testergebnisse fallen.

Interpretation von Intelligenzbereichen

Allgemein gilt, dass der Intelligenzbereich von jeweils einer Standardabweichung über und unter dem Mittelwert (d. h. beispielsweise auf der IQ-Skala der Bereich von 85 bis 115) als Bereich durchschnittlicher Intelligenz verstanden wird – etwa 68 % aller Menschen liegen in diesem Bereich. Werte ab einer bis zu zwei Standardabweichungen über bzw. unter dem Mittelwert (z. B. IQ 115–130 bzw. 70–85) gelten als hohe bzw. niedrige Intelli-

Tabelle 1:
Gängige Norm-Skalen und ihre Interpretation

Skala	M	SD	weit unterdurchschnittlich	unterdurchschnittlich	durchschnittlich	überdurchschnittlich	weit überdurchschnittlich
IQ	100	15	<70	70–85	85–115	115–130	>130
T	50	10	<30	30–40	40–60	60–70	>70
Z	100	10	<80	80–90	90–110	110–120	>120
WP	10	3	<4	4–7	7–13	13–16	>16
PR	50%	–	<2	2–16	16–84	84–98	>98

genz, jeweils knapp 14 % der Bevölkerung verfügen über eine entsprechende Intelligenz. Ein IQ, der mindestens zwei Standardabweichungen über bzw. unter den Mittelwert liegt, zeigt eine sehr hohe bzw. weit unterdurchschnittliche Intelligenz an, die jeweils lediglich ca. 2 % der Menschen aufweisen.

Der Prozentrang (PR) gibt an, wie viel Prozent der Vergleichsgruppe in der Normstichprobe bei dem Test schlechter oder gleich gut abgeschnitten haben wie die getestete Person. Ein PR von 70 bedeutet beispielsweise, dass 70 % der Altersgruppe ein schlechteres oder z. T. gleich gutes Ergebnis wie die getestete Person erzielt haben. Umgekehrt bedeutet dies, dass 30 % bessere Leistungen gezeigt haben. Prozentränge bilden somit die Verteilung der Werte ab. Das führt dazu, dass sie – im Vergleich zu den anderen Normen – eine verzerrte Skala darstellen: Der Begabungsunterschied zwischen einem PR von 85 und 90 ist deutlich größer als ein Begabungsunterschied zwischen einem PR von 50 und 55. In beiden Fällen haben die jeweils besseren Probanden (mit einem PR von 90 und einem PR von 55) den gleichen Anteil an Probanden mehr übertroffen als die jeweils schlechteren Probanden. Im oberen Randbereich der Normalverteilung finden sich jedoch viel weniger Menschen als im mittleren Bereich (vgl. Abb. 8). Das bedeutet, dass das Übertreffen der gleichen Anzahl von Personen im extremeren Begabungsbereich einen größeren Begabungsunterschied darstellt als im mittleren Begabungsbereich. Prozentränge werden von vielen Menschen als relativ anschauliche Maße empfunden, sie eigenen sich daher gut für die Rückmeldung von Testergebnissen an die Probanden oder an andere psychologische Laien. Es muss dann jedoch ggf. auf die Besonderheit der Skala hingewiesen werden, insbesondere, wenn Unterschiede zwischen verschiedenen Werten von Interesse sind.

Die Prozentrangskala

Bei der Interpretation von Normwerten sollte immer auch das Konfidenzintervall berücksichtigt werden (s. dazu Kap. 4.2.3). Viele Tests bieten Normen für den Vergleich mit verschiedenen Bezugsgruppen an (z. B. Alters-, Klassen- oder schultypspezifische Normen). Je nach Bezugsgruppe bzw. nach der Reliabilität, die der Test in den unterschiedlichen Bezugsgruppen zeigt, kann das Vertrauensintervall unterschiedlich breit ausfallen. Welche Bezugsgruppe im Einzelfall gewählt wird, hängt von der diagnostischen Fragestellung ab, für deren Beantwortung der Test eingesetzt wird.

Weitere Aspekte wie beispielsweise die Fairness von Tests, die Vergleichbarkeit von Tests, die ähnliche Bereiche messen, die Ökonomie des Tests (Material, Zeit der Durchführung und Auswertung) sowie die Nützlichkeit des Tests werden verschiedentlich als Nebengütekriterien aufgeführt. Ein Test erfüllt selten alle Gütekriterien gleichzeitig. Wird beispielsweise die Optimierung der Ökonomie eines Tests angestrebt, so geschieht dies in der Regel auf Kosten der Genauigkeit und Validität der Messergebnisse. Obwohl eine hohe Reliabilität eine Voraussetzung für eine hohe Validität ist,

Nebengütekriterien von Tests

kann sich eine sehr hohe Reliabilität unter bestimmten Bedingungen auch negativ auf die Validität auswirken. Die Erhöhung der inneren Konsistenz eines Tests, die häufig durch eine Testverlängerung erreicht wird, kann zu einer geringeren Validität führen: Wenn ein Test sehr homogen ist, ist er unter Umständen kein valides Maß für bestimmte Leistungen, die eher heterogene Fähigkeiten erfordern. Bei der Testkonstruktion müssen daher Kompromisse getroffen werden. Jedoch gewährleistet die Einhaltung von Mindestanforderungen an die Hauptgütekriterien die Verwendbarkeit eines Tests. Diese werden hier noch einmal zusammengefasst:

Mindestanforderung an Hauptgütekriterien von Tests

– *Objektivität:* Die Objektivität wird durch eine standardisierte Testdurchführung, eindeutige Auswertungsvorschriften sowie durch Normtabellen zur Absicherung der Interpretationsobjektivität gewährleistet.
– *Reliabilität:* Werte der inneren Konsistenz sollten mindestens zwischen $r_{tt}=.85$ und $r_{tt}=.95$ liegen, Werte der Retest- und Paralleltestreliabilität zwischen $r_{tt}=.80$ und $r_{tt}=.90$.
– *Validität:* Baut der Test auf einem theoretischen Modell auf, so sollte dieses in den Testdaten nachweisbar sein. Der Test sollte höhere Zusammenhänge zu Testverfahren zeigen, die Ähnliches messen, als zu Testverfahren, die andere Bereiche messen. Falls Erklärungen oder Vorhersagen mit den Testergebnissen gemacht werden, sollten diese bedeutsame Zusammenhänge zu den erklärten bzw. vorhergesagten Variablen aufweisen. Mindestanforderungen an die Höhe der Koeffizienten lassen sich nicht generell formulieren, da diese immer durch die Reliabilität des Tests und des Kriteriums begrenzt wird.
– *Normierung:* Das Alter der Normdatengrundlage sollte zehn Jahre (in der beruflichen Eignungsdiagnostik: acht Jahre) nicht überschreiten. Wenn die Normen auf älteren Daten beruhen, muss ihre Angemessenheit überprüft worden sein. Die Normdaten sollten an einer für die Zielgruppe des Tests repräsentativen Referenzgruppe erstellt worden sein.

5 Wichtige Diagnoseverfahren

In diesem Kapitel wird eine Auswahl von Intelligenztests vorgestellt. Eine relativ vollständige Darstellung der derzeit auf dem Markt befindlichen Intelligenztestverfahren findet sich im Brickenkamp-Testhandbuch (Brähler, Holling, Leutner & Petermann, 2002). An dieser Stelle müssen wir uns auf die Vorstellung einiger Verfahren beschränken. Bei der Auswahl haben wir uns nach verschiedenen Kriterien gerichtet. Es sollten die am häufigsten eingesetzten Verfahren berücksichtigt werden; zudem sollten nur solche Verfahren vorgestellt werden, deren Normen relativ aktuell sind. Weiterhin sollten jeweils Beispiele für Tests zur Erfassung einzelner Intelligenzdimensionen sowie Testbeispiele zur Erfassung mehrerer, verschiedener Intelligenzdimensionen vorgestellt werden. Letztere werden als differenzielle Fähigkeitstests oder auch als Intelligenzstrukturtests bezeichnet.

5.1 Tests zur Erfassung einzelner Intelligenzdimensionen

Unter den Tests zur Erfassung einzelner Intelligenzdimensionen nehmen die Tests zur Erfassung der fluiden Intelligenz eine besondere Stellung ein. Diese leisten eine Abschätzung grundlegender intellektueller Fähigkeiten, die auf sehr generellen und zentralen Prozessen der analytischen Intelligenz beruhen und einen engen Zusammenhang zum g-Faktor (Spearman, 1904) aufweisen (Marshalek, Lohman & Snow, 1983; Ackerman, Beier & Boyle, 2002; Preckel, 2003). Daher werden diese Tests häufig auch als *Allgemeine Intelligenztests* bezeichnet. Durch das zumeist sprachfreie Aufgabenmaterial sind die Tests zur Erfassung der fluiden Intelligenz in der Regel weniger abhängig von Bildung und Kultur als differenzielle Fähigkeitstests, die z. B. auch verbale Aufgaben enthalten, welche meist stärker bildungsabhängig sind.

Die besondere Rolle fluider Intelligenz

Tests zur Erfassung einzelner Intelligenzdimensionen sind in der Regel sehr ökonomisch. Sie haben zumeist eine kurze Testdauer und im Vergleich zu differenziellen Fähigkeitstests sind die Kompetenzen für die Testdurchführung häufig schneller erwerbbar, es wird weniger Testmaterial benötigt und die Tests sind zügig auszuwerten. Auf der anderen Seite erfassen diese Tests nur einen Ausschnitt aus dem Spektrum intellektueller Fähigkeiten.

Da sie in der Regel relativ homogenes Aufgabenmaterial enthalten, ist für die Testpersonen der Bezug der Tests zu ihrer Leistungsfähigkeit im Alltag, die in der Bewältigung sehr heterogener Anforderungen besteht, nicht immer sofort einsichtig. Durch seine Homogenität ist das Aufgabenmaterial zudem meist wenig abwechslungsreich, was die Motivation und Konzentration der Testpersonen bei der Aufgabenbearbeitung negativ beeinflussen kann, aber nicht muss. In den meisten Anwendungskontexten werden die Tests von den Testpersonen jedoch gut akzeptiert. In Tabelle 2 werden die Tests zur Erfassung einzelner Intelligenzdimensionen aufgeführt, die wir im Folgenden vorstellen. Die Tabelle zeigt den Altersbereich, für den die einzelnen Tests konstruiert sind sowie die mit den Tests erfasste Intelligenzdimension bzw. den Messgegenstand.

Tabelle 2:
Übersicht über die vorgestellten Tests zur Erfassung einzelner Intelligenzdimensionen

Testname	Abkürzung	Zielgruppe	Messgegenstand
Grundintelligenztests	CFT 1 CFT 20 CFT 3	5–9 Jahre 8;7–70 Jahre ab 14 Jahren	Fluide Intelligenz (Zusatzmodule CFT 20: Kristalline Intelligenz)
Raven Matrizentests	CPM SPM APM	3;9–11;8 Jahre ab 6 Jahren ab 12 Jahren	Fluide Intelligenz
Snijders-Oomen non-verbale Intelligenztests	SON-R 2^1/2–7 SON-R 5^1/2–17	2;6–7 Jahre 5;6–17 Jahre	Fluide Intelligenz
Zahlen-Verbindungstest	ZVT	8–60 Jahre	Kognitive Informations-verarbeitungs-geschwindigkeit
Mehrfachwahl-Wortschatz-Intelligenztests	MWT-A MWT-B	Erwachsene	Kristalline Intelligenz
Dreidimensionaler Würfeltest	3DW	ab 13 Jahren	Räumliches Vorstellungsvermögen

5.1.1 Grundintelligenztests CFT 1, CFT 20 und CFT 3

Testverfahren nach Cattells Intelligenz-konzept

Die Reihe der *Culture Fair Tests* (CFT, dt.: Grundintelligenztests Skala 1 von Cattell, Weiß & Osterland, 1997, Skala 20 von Weiß, 1998 und Skala 3 von Cattell & Weiß, 1971) basiert auf dem Intelligenzkonzept von Cattell (s. Kap. 2.3). Ziel der Tests ist die Erfassung der allgemeinen geistigen Leistungsfähigkeit in Form der fluiden Komponente der Intelligenz. Die Testautoren sprechen auch von der Messung der „Grundintelligenz" einer Person. Dieser Messbereich wird z. T. noch ergänzt um die Erfassung der

Wahrnehmungsgeschwindigkeit (CFT 1) oder bestimmte Aspekte der kristallinen Intelligenz (Zusatzmodule des CFT 20). Die deutschen Versionen der CFT-Reihe stellen eine teilweise Adaptation der amerikanischen Originalverfahren dar. Cattell strebte eine Messung an, die frei sein sollte von soziokulturellen, erziehungsbedingten oder ethnischen Einflüssen (daher die Bezeichnung als „kulturfaire" Tests). Dieses Ziel sollte durch die Verwendung von sprachfreiem, weitgehend kulturunabhängigem Testmaterial erreicht werden.

Die Tests der CFT-Reihe unterscheiden sich im Schwierigkeitsniveau und entsprechend in der Zielgruppe: Der CFT 1 richtet sich an Kinder bis zum Alter von neun Jahren. Für ältere Kinder und erwachsene Probanden mit einfacher Schulbildung eignet sich der CFT 20. Der CFT 3 ist die schwierigste Version und kann bei Jugendlichen ab 14 Jahren und Erwachsenen mit höherer Schulbildung eingesetzt werden (bei sehr hoher Intelligenz auch bei Probanden unter 14 Jahren zur besseren Leistungsdifferenzierung).

Verschiedene Tests der CFT-Reihe

Grundintelligenztest Skala 1 (CFT 1, 5. revidierte Auflage, Cattell, Weiß & Osterland, 1997)

Diese einfachste Version des CFT kann mit Kindern im Alter von fünf bis neun Jahren (Kindergarten und Klassen 1 bis 3, Förder-/Sonderschule bis Klasse 4) durchgeführt werden. Alle Aufgaben sind figural und basieren auf dem Prinzip, dass sie weitgehend durch die unmittelbare Wahrnehmung gelöst werden können und nur ein Minimum an reproduktiven Prozessen erfordern. Diese Art der Intelligenzmessung über einen „perceptual test" hat sich nach Cattell (1966) am stärksten als kulturunabhängig erwiesen.

Der Test besteht aus fünf Untertests:

Inhalt des CFT 1

1. *Substitutionen:* Verschiedenen figürlichen Objekten (Haus, Tasse, Schere etc.) sind verschiedene abstrakte Symbole zugeordnet. Der Proband soll unter Speed-Bedingungen die richtigen Symbole unter die entsprechenden Objekte zeichnen. Anders als bei vergleichbaren Tests (z. B. Zahlen-Symbol-Test aus dem HAWIK-III) sind die Zuordnungen hier durch die Form der abstrakten Symbole plausibel (z. B. Bild einer Uhr → Symbol: ○; Bild einer Kaffeetasse → Symbol: ∪).
2. *Labyrinthe:* Das Kind soll unter Speed-Bedingungen den richtigen Weg einer Maus durch verschiedene Labyrinthe zu einem Stück Käse einzeichnen.
3. *Klassifikationen:* Der Proband soll aus einer Reihe von fünf konkreten oder abstrakten Abbildungen das nicht passende Bild herausfinden.
4. *Ähnlichkeiten:* Aus einer Reihe von fünf einander ähnlichen Abbildungen soll dasjenige herausgesucht werden, das mit einer vorgegebenen Abbildung perfekt identisch ist.

5. *Matrizen:* Die Aufgaben bestehen aus einer 2 x 2-Anordnung von abstrakten Figuren, bei der jeweils die fehlende vierte Figur aus fünf Antwortalternativen auszuwählen ist.

Die ersten beiden Subtests sind Speed-Tests und erfassen vor allem die Wahrnehmungsgeschwindigkeit, den Wahrnehmungsumfang, die visuelle Aufmerksamkeit sowie den visomotorischen Entwicklungsstand. Die Subtests 3 bis 5 messen beziehungsstiftendes Denken sowie das Erkennen von Regelhaftigkeiten und Gesetzmäßigkeiten. Diese drei Untertests erfassen somit wesentliche Merkmale der Grundintelligenz. Es lassen sich separate Normwerte für die Summenwerte aus den Untertests 1 und 2 sowie aus den Untertests 3 bis 5 berechnen. Abweichungen zwischen den Ergebnissen in der Wahrnehmungsgeschwindigkeit und der Grundintelligenz können dann diagnostisch interpretiert werden.

Durchführung Der CFT 1 kann als Gruppen- oder Einzeltest durchgeführt werden. Es liegt eine Pseudoparallelform vor (die Testformen A und B unterscheiden sich lediglich in der Reihenfolge der Items). Die Kinder tragen ihre Lösungen direkt in das Testheft ein. Je nach Altersgruppe beträgt die Durchführungsdauer in der Gruppe zwischen 35 und 50 Minuten, im Einzeltest ca. 25 Minuten. Die Auswertung nimmt nur wenige Minuten in Anspruch.

Normierung Die aktuelle Version des CFT 1 wurde 1995 revidiert und an 1.200 Probanden neu normiert. Aus dieser Untersuchung liegen Altersnormwerte von 6;6 bis 9;5 Jahren und Klassennormen für die Grundschulklassen 1 bis 3 (IQ-, T-Werte sowie Prozentränge) vor. Für Kindergarten- und Vorschulkinder (Altersnorm 5;3 bis 6;5 Jahre sowie Kindergartennorm) und für Kinder in Förder- bzw. Sonderschulklassen (Klassen 1 bis 4) wird auf Werte aus der Normierungsstichprobe von 1976 zurückgegriffen. Diese muss inzwischen als veraltet angesehen werden. Für die Altersgruppe 5;3 bis 5;5 Jahre sowie für die Kinder in Förder-/Sonderschulklassen werden als Normen lediglich Quartile angeboten. Die Testautoren merken an, dass die Stichprobe der Altersgruppe 5;3 bis 5;5 nicht repräsentativ war, da sie in „besonderen Einrichtungen" rekrutiert wurde. Der Einsatz des Tests empfiehlt sich somit bei Kindern ab 6;6 Jahren.

Gütekriterien Der CFT 1 ist als ein objektives Verfahren anzusehen. Die Bestimmung der Reliabilität und der Validität basiert für die revidierte Fassung lediglich auf $N = 91$ Förder-/Sonderschülern. Die Split-Half-Reliabilität der drei Power-Subtests 3 bis 5 liegt zwischen $r_{tt} = .70$ und $r_{tt} = .79$, für den Summenwert über die Power-Tests bei $r_{tt} = .88$ (Berechnung für Speed-Tests nicht möglich). Tendenziell höhere Werte ergaben sich für die deutlich größeren Stichproben in der Untersuchung von 1976 (für den Summenwert der drei Powertests je nach Klassenstufe zwischen $r_{tt} = .90$ und $r_{tt} = .96$). Eine Retestung zur Prüfung der Stabilität der Ergebnisse erfolgte in der ersten Untersuchung

1976 nicht, für die revidierte Fassung anhand von insgesamt $N = 37$ Sonder- und Sprachheilschülern. Es ergab sich hier eine ausreichend hohe Retest-Reliabilität von $r_{tt} = .84$. Das Vertrauensintervall beträgt beim CFT 1 bei 5 %-iger Irrtumswahrscheinlichkeit +/– 9,3 IQ-Punkte (bei angenommener Reliabilität von $r_{tt} = .90$).

Faktorenanalysen ergeben eine Zweifaktoren-Lösung, wobei die drei Power-Tests hoch auf dem ersten und die beiden Speed-Tests hoch auf dem zweiten Faktor laden. Dieser Befund spricht dafür, dass entsprechend der Erwartung die Untertests 1 und 2 sowie die Untertests 3 bis 5 jeweils unterschiedliche Fähigkeiten erfassen. Die externe Validität des CFT 1 konnte u.a. durch eine relativ hohe Korrelation des CFT 1 mit dem Gesamtergebnis des HAWIK, jedoch einer geringeren Korrelation mit dem Verbalteil des HAWIK belegt werden. Ein weiteres Indiz für den sprachfreien Charakter des CFT 1 ist, dass Legastheniker sowie Kinder mit anderer Muttersprache nicht unterdurchschnittlich abschneiden. Die Mathematiknote ist die Note mit dem höchsten Zusammenhang mit dem Ergebnis im CFT 1.

Grundintelligenztest Skala 2
(CFT 20, 4. überarbeitete Auflage, Weiß, 1998)

Diese Version des CFT ist geeignet für Probanden von 8;7 bis 70 Jahren (3.–10. Klasse und Erwachsene mit einfacher Schulbildung). Erfasst wird die fluide Komponente der allgemeinen Intelligenz; diese kann interpretiert werden als „Fähigkeit, komplexe Beziehungen in neuartigen Situationen wahrnehmen und erfassen zu können".

Der Test besteht aus figuralen Aufgaben im Multiple-Choice-Format, die in vier Untertests zusammengefasst sind:

Inhalt des CFT 20

1. *Series* (Reihenfortsetzen): Eine Folge von drei abstrakten Figuren soll logisch richtig fortgesetzt werden.
2. *Classifications* (Klassifikationen): Aus einer Reihe von fünf Figuren soll eine nicht zu den anderen passende herausgefunden werden.
3. *Matrices* (Matrizen): In 2 x 2 bzw. 3 x 3-Matrizen mit abstrakten Abbildungen soll das jeweils fehlende Feld aus fünf Antwortalternativen ausgewählt werden.
4. *Topologies* (Topologische Schlussfolgerungen): Die Lage eines Punktes in einer Anordnung mehrerer geometrischer Figuren soll so analysiert werden, dass eine ähnliche Anordnung ausgewählt werden kann, in der der Punkt genau dieselbe Position einnehmen könnte.

Der Test gliedert sich in zwei Teile, in denen jeweils alle vier Untertests vorkommen. In der Regel sollten beide Testteile bearbeitet werden (höhere Reliabilität der Ergebnisse). Möglich ist jedoch auch die Verwendung der „Kurzform" (d.h. nur des ersten Testteils). Der Testautor empfiehlt, bei

Probanden mit hoher Intelligenz (IQ > 115) auf die Durchführung des zweiten Testteils zu verzichten. Die Erfahrung hat gezeigt, dass entsprechend hoch intelligente Probanden im zweiten Teil häufig schlechter abschneiden, was auf einen Motivationseinbruch bei Wiederholung derselben Aufgabentypen zurückgeführt wird. Für einige andere Probandengruppen (z. B. Kinder ausländischer Herkunft mit sprachlichen Defiziten) wird empfohlen, bei signifikantem Unterschied in der Leistung zwischen Teil 1 und Teil 2 (d. h. > 13 IQ-Punkte Differenz) nur das Ergebnis aus Teil 2 heranzuziehen. Es liegen jeweils separate Alters- und Klassennormen für die Kurz- und die Langform vor. Für jeden Untertest steht eine begrenzte Zeit (drei bis vier Minuten) zur Verfügung, es handelt sich somit um einen zeitbegrenzten Powertest.

Durchführung des CFT 20

Der CFT 20 kann als Gruppen- oder Einzeltest durchgeführt werden. Es liegt eine Pseudoparallelform vor, die Testformen unterscheiden sich lediglich in der Reihenfolge der Items und der Antwortalternativen. Die Lösungen werden auf einen Antwortbogen eingetragen. Inklusive der Instruktionen nimmt die Durchführung des gesamten Tests ca. eine Stunde in Anspruch (Teil 1: ca. 37 Minuten, Teil 2: ca. 25 Minuten). Die Auswertung dauert nur wenige Minuten. Neben der klassischen Papier- und Bleistift-Version ist auch eine computergestützte Version im Hogrefe Testsystem (HTS) erhältlich.

Gütekriterien des CFT 20

Der Test ist als objektives Verfahren anzusehen. Die Reliabilität des Verfahrens ist als ausreichend hoch einzuschätzen (Retest-Reliabilität nach zwei Wochen: $r_{tt} = .77$, Split-Half-Reliabilität: $r_{tt} = .95$, interne Konsistenz: $r_{tt} = .86$). Das Vertrauensintervall beträgt beim CFT 20 bei 5 %-iger Irrtumswahrscheinlichkeit +/– 6,6 IQ-Punkte (Langform, bei angenommener Reliabilität von $r_{tt} = .95$) bzw. +/– 9,3 IQ-Punkte (Kurzform; bei angenommener Reliabilität von $r_{tt} = .90$). Für den CFT 20 konnte ein beträchtlicher Übungsgewinn festgestellt werden: Wenn der Test nach 14 Tagen wiederholt wird, erreichen die Probanden im Mittel 5,4 Rohpunkte mehr als beim ersten Mal.

Die Validität des Verfahrens konnte zum einen über die Faktorstruktur und zum anderen anhand von Zusammenhängen mit anderen Kriterien ausreichend belegt werden: Die Untertests des CFT 20 laden erwartungsgemäß dominant auf dem „general fluid"-Faktor und niedrig auf einem kristallinen Faktor. Signifikante Zusammenhänge mit anderen konstruktnahen Tests konnten ebenso aufgezeigt werden wie bedeutsame Korrelationen mit Schulleistungen.

Normierung des CFT 20

Die Normen (PR, T-Werte und IQ-Werte) wurden bereits 1977 an 4.400 Schülerinnen und Schülern erhoben. Im Abstand von einigen Jahren (letztmalig 1996) wurden die Normen für Testteil 1 an sehr großen Stichproben überprüft. Da laut Testhandbuch keine Leistungsveränderungen über die

Jahre festgestellt wurden, wurde keine Neunormierung vorgenommen. Ob dies auch für Teil 2 des CFT 20 gilt, wurde nicht geprüft, scheint aber plausibel.

- *Zusatzmodule „Zahlenfolgen" und „Wortschatztest"*

Zur Erfassung kristalliner Fähigkeiten enthält der CFT 20 zusätzlich einen verbalen und einen numerischen Test. Beide können im Altersbereich von 8;7 bis 15;6 Jahren eingesetzt werden (3.–9. Schuljahr), wobei eine optimale Differenzierung für die Klassenstufen 3 bis 6 (in der Sonderschule: Klasse 5 bis 9) gegeben ist. Für ältere Schülerinnen und Schüler sind die Tests in der Regel etwas zu leicht.

Erfassung kristalliner Intelligenz über Zusatzmodule

Der *„Wortschatztest"* misst den Wortschatz des Probanden, der über den Grundwortschatz der deutschen Sprache hinausgeht. Das Ergebnis gibt einen Hinweis auf die Allgemeinbildung des Kindes. Es wird stets ein Wort vorgegeben, und der Proband soll aus einer Reihe von fünf Wörtern dasjenige mit der gleichen oder einer sehr ähnlichen Bedeutung heraussuchen. Die reine Testzeit beträgt maximal 12 Minuten, inklusive Instruktion müssen etwa 15 Minuten veranschlagt werden.

Der *„Zahlenfolgentest"* erfasst die Fähigkeit, Regeln und Gesetzmäßigkeiten bei numerischen Aufgaben unterschiedlicher Komplexität zu erkennen. Die Beherrschung der Grundrechenarten wird dabei ebenfalls geprüft. Die Aufgaben sind Zahlenfolgen aus sechs Zahlen, die jeweils um die siebte folgerichtige Zahl ergänzt werden sollen; diese wird aus fünf Antwortalternativen ausgewählt. Die reine Testzeit beträgt regulär 16 Minuten (kann ggf. auf 20 Minuten verlängert werden, separate Normtabellen). Für die gesamte Durchführung sind 20 bis 25 Minuten einzuplanen.

Die Auswertung beider Tests erfolgt mittels Schablone und erfordert jeweils nur ein bis zwei Minuten. Auch für die beiden Zusatzmodule des CFT 20 liegen Pseudoparallelformen vor.

Beide Zusatzmodule sind als objektive Verfahren einzuschätzen. Die Reliabilität und Validität der beiden Tests konnte hinreichend belegt werden. Die Normierung erfolgte 1985/86 an über 2.700 Schülerinnen und Schülern. Eine Überprüfung der Validität wurde für die aktuelle Auflage von 1998 nicht vorgenommen. Es liegen separate Alters- und Klassennormen vor (PR, T-Werte und IQ-Werte).

Grundintelligenztest Skala 3 (CFT 3, Cattell & Weiß, 1971)

Die schwierigste CFT-Version richtet sich an Jugendliche ab 14 Jahren und Erwachsene mit höherer Schulbildung. Konzept und Aufbau sind analog zum CFT 20 (ohne Zusatzmodule), die einzelnen Aufgaben sind jedoch der

Zielgruppe entsprechend schwieriger. Die Durchführung des gesamten Tests dauert inklusive der Instruktionen etwa 45 bis 50 Minuten, die Kurzform (Teil 1) dauert etwa 20 bis 25 Minuten. Für die Auswertung werden nur wenige Minuten benötigt.

Gütekriterien des CFT 3   Ebenso wie die anderen CFT-Versionen ist der CFT 3 objektiv. Die Reliabilität konnte über Testwiederholungen und die Split-Half-Methode belegt werden ($r_{tt} > .7$ bzw. $r_{tt} > .8$). Mittelhohe Zusammenhänge mit anderen Tests, Schulnoten und Lehrerurteilen zeigen die Validität des Tests. Normiert wurde der Test an 3.476 Probanden (Schülerinnen und Schüler zwischen 14 und 19 Jahren sowie erfolgreiche Studierende verschiedener Fächer). Die Normdaten wurden bereits in den Jahren 1963 bis 1970 erhoben und müssen daher als veraltet gelten. Der Einsatz des CFT 3 ist daher derzeit nur sehr eingeschränkt zu empfehlen, da mit einer deutlichen Überschätzung der Fähigkeiten zu rechnen ist.

5.1.2 Raven Matrizentests

Ravens Progressive Matrices stellen die populärsten Vertreter figuraler Matrizentests dar. Es liegen drei Versionen unterschiedlicher Schwierigkeit vor: Die einfachste Version sind die Coloured Progressive Matrices (CPM), gefolgt von den Standard Progressive Matrices (SPM), einer Version mittlerer Schwierigkeit und den Advanced Progressive Matrices (APM), die für die Testung von Personen mit überdurchschnittlichen Fähigkeiten konzipiert wurden. Handbücher mit neuen deutschen Normen wurden für die CPM von Bulheller und Häcker (2002) und für die SPM und die APM von Heller, Kratzmeier und Lengfelder veröffentlicht (1998a, 1998b, siehe auch Raven, Raven & Court, 1998, 1999).

Erfassung von Spearmans g   Die Raven-Tests sind als sprachfreie, rein figurale Verfahren zur Erfassung des g-Faktors nach Spearman konstruiert worden. Inzwischen sind die Tests als Messverfahren für die fluide Intelligenz ausgewiesen (Marshalek, Lohman & Snow, 1983; Carroll, 1993). Nach Cattell (1971) kann das Ausmaß an fluider Intelligenz einer Person als Ausdruck des Komplexitätslevels verstanden werden, das diese Personen wahrnehmen und verarbeiten kann, ohne sich dabei auf gespeichertes Vorwissen zu beziehen. Die Raven-Tests richten sich somit auf die Erfassung zentraler Prozesse der analytischen Intelligenz.

Coloured Progressive Matrices – CPM

Zielgruppe der CPM sind Kinder. Deutschsprachige Normen liegen für den Altersbereich von 3;9–11;8 Jahren vor. Die CPM werden gelegentlich auch für die Intelligenzdiagnostik bei älteren Menschen und klinischen Stich-

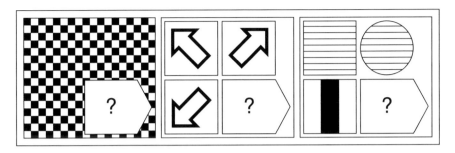

Abbildung 9:
Beispielaufgaben für die Sets A, A$_B$, B der CPM

proben eingesetzt. Jedoch gibt es für diese Gruppen weder Normen noch ausreichende Informationen über die Gütekriterien des Tests.

Die CPM bestehen aus drei Sets (A, A$_B$, B), die jeweils zwölf Aufgaben mit je sechs Antwortalternativen enthalten. Abbildung 9 gibt sinngemäße Beispiele für die Aufgaben der drei Sets.

Durchführung der CPM

Die CPM sind als Einzel- und Gruppentest durchführbar. Neben der klassischen Testheftform gibt es eine Parallelform (CPM-P) sowie die Boardform, bei der die Antwortmöglichkeiten bewegliche Teile darstellen, die von der Testperson in die Aufgaben eingefügt werden müssen. Die Dauer der Durchführung beträgt für die Heftversion maximal 90 Minuten (Gruppentest). Der Test ist in wenigen Minuten auszuwerten.

Normierung und Gütekriterien der CPM

Die deutschen Normen (Prozentränge) stützen sich auf eine deutsch-französische Stichprobe von insgesamt 1.218 Kindern. Da sich zwischen beiden Nationalitäten keine Unterschiede hinsichtlich des Mittelwerts und der Verteilung der Daten ergaben, wurden beide Gruppen bei der Normierung zusammengefasst. Die Normdaten für die Paper-Pencil-Form stammen aus dem Jahr 2001, die Normdaten für die Board-Form wurden 2002 erhoben (persönliche Mitteilung von Herrn Dr. Bulheller). Nach den Autoren des Testhandbuchs ist eine gute Differenzierung über das gesamte Leistungsspektrum bis 8;2 Jahre gewährleistet, danach nur noch im unteren Leistungsspektrum. Angaben zur Reliabilität und Validität der deutschen Normierung liegen nicht vor. Untersuchungen mit anderen Normstichproben weisen auf eine zufriedenstellende Split-Half-Reliabilität, Konsistenz und Stabilität (nach kurzen Zeitintervallen der Messwiederholung bis zu einem Monat) sowie auf eine zufrieden stellende innere Validität hin. Die Überprüfung der Konstruktvalidität der CPM mittels Faktorenanalysen ergab in verschiedenen Studien drei Faktoren. Diese wurden unterschiedlich interpretiert, einmal als drei eigenständige Faktoren (abstraktes Denken und Analogien, Mustervervollständigung durch Identität und Gestaltschließung, einfache Mustervervollständigung) und zum anderen als drei Facetten einer Fähigkeit. In der praktischen Anwendung der CPM wird die Leistung jedoch nicht in einzelne Faktoren differenziert, sondern als Indikator für die fluide Intelligenz interpretiert.

Aus dem Fehlen entsprechender Normen und Validitätsstudien ergibt sich, dass die CPM als standardisierter Intelligenztests nur in der Testheftversion mit Kindern und nicht mit älteren Menschen oder klinischen Stichproben eingesetzt werden können. Da anhand der deutschen Normen keine Gütekriterien veröffentlicht sind, sollten die CPM nicht als einziger Test zur Diagnostik der fluiden Intelligenz eingesetzt werden und die Befunde durch den Einsatz weiterer Verfahren abgesichert werden.

Standard Progressive Matrices – SPM

Die SPM sind als reiner Niveautest konzipiert, der ab einem Alter von sechs Jahren eingesetzt werden kann. Einsatzbereiche des Verfahrens sind insbesondere die Schulberatung, die klinische Diagnostik, die experimentelle Psychologie, die Eignungsdiagnostik und die Laufbahnberatung.

Die SPM bestehen aus fünf Sets A–E, die jeweils zwölf Aufgaben enthalten. Die Anforderungen steigen sowohl innerhalb als auch zwischen den Sets. Set A enthält Aufgaben, die jeweils einen mit einem Muster gefüllten Rahmen zeigen, in dem ein Stück ausgespart ist (s. Abb. 9 links). Die Items des Set B enthalten drei Figuren, zu denen die passende vierte gefunden werden muss. In Set A und B stehen jeweils sechs Antwortalternativen zur Verfügung. Die Sets C bis E bestehen aus Aufgaben in Form einer 3 x 3-Anordnung von Figuren, bei der jeweils die fehlende neunte Figur aus acht Antwortalternativen auszusuchen ist (s. Abbildung 10).

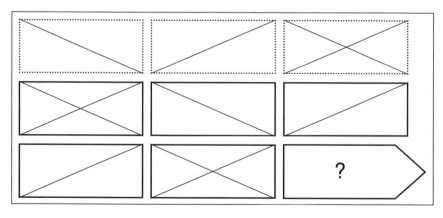

Abbildung 10:
Beispiel für eine Aufgabe aus Set C bis E der SPM

Die SPM liegen als Papier-und-Bleistift-Version und als computergestützte Version im Wiener-Testsystem (Schuhfried-Verlag) vor und können sowohl als Einzel- als auch als Gruppentest durchgeführt werden. Die Testdauer für die Papier-und-Bleistift-Version liegt bei ca. 60 Minuten (45 Minuten reine Testbearbeitungszeit). Für die computergestützte Version werden verschiedene Testformen der SPM angeboten (z. B. konventionelle Form, Kurzform, zeitbeschränkte Form). Je nach Testform und in Abhängigkeit von Alter und Leistungsfähigkeit des Probanden liegt die Durchführungszeit für die Formen der computergestützten Version bei ca. 10 bis 30 Minuten.

Durchführung der SPM

Die Objektivität der Durchführung, Auswertung und Interpretation ist durch die standardisierte, schriftliche Instruktion, durch die eindeutige Zuordnung der Lösung, die Normwerttabellen und durch fallbeispielbezogene Interpretationshilfen gegeben. Die Reliabilität der SPM ist für Schülerstichproben ausreichend bis gut. Aufgrund der nur mittleren Schwierigkeit der SPM ist die Reliabilität der Messung im oberen Fähigkeitsbereich für Studierenden-Stichproben eingeschränkt, insbesondere bei Studierenden in technisch-naturwissenschaftlichen Studiengängen. Die Stabilität der SPM ist für kurze Zeitabstände zwischen der Messwiederholung (drei Monate) hoch, bei Zweittestungen nach einem Jahr jedoch nicht ausreichend. Die innere Validität der SPM ist ausreichend belegt. Hinsichtlich des Zusammenhangs der SPM-Leistung mit Schulnoten ergaben sich schwache bis mittlere Zusammenhänge. Der höchste Zusammenhang fand sich zur Mathematiknote.

Gütekriterien der SPM

Die Erhebung der Normdaten (Prozentrang und T-Werte) für die Papier-und-Bleistift-Version erfolgte in den Jahren 1996/97. Zur Verfügung stehen alters- und klassenstufenbezogene Normen für Schüler verschiedener Schularten ($N = 2134$), Klassenstufennormen hörgeschädigter Schüler der zweiten bis neunten Klassen ($N = 141$), Altersnormen für 14- bis 16-jährige Schüler einer Förderschule für Lernbehinderte ($N = 156$), Normen für Studierende verschiedener Altersgruppen von 19 bis > 40 Jahren und Studienrichtungen ($N = 305$) sowie Normen für Personen über 60 Jahren ($N = 218$). Von einer Übertragung der Normen der Papier-und-Bleistift-Version auf die Computerversion raten die Autoren des Testmanuals ab (Heller, Kratzmeier & Lengfelder, 1998a). Für die Computerversion stehen nur für einzelne Testformen Computer-Normen zur Verfügung (diese sind: S4 – Kurzform mit 32 raschhomogenen Items, S5 – wie S4, jedoch mit Zeitbeschränkung von 15 Minuten, S6 – die leichtesten 47 Items der konventionellen Form).

Normierung der SPM

Advanced Progressive Matrices – APM

Die APM sind als Leistungstest mit Zeitbegrenzung konzipiert und können ab einem Alter von zwölf Jahren eingesetzt werden. Einsatzbereiche des Verfahrens sind vor allem Schulberatung, klinische Diagnostik, experimentelle Psychologie, Eignungsdiagnostik und Laufbahnberatung sowie die Testung überdurchschnittlich begabter Jugendlicher und Erwachsener in verschiedenen Kontexten.

Die APM bestehen aus zwei Sets: Set I fungiert als Übungsteil und enthält zwölf Aufgaben. Set II besteht aus 36 nach ihrer Schwierigkeit angeordneten Aufgaben. Die Grundstruktur der Aufgaben 1 bis 4 des Set I bildet ein mit einem Muster gefüllter Rahmen, bei dem jeweils ein Teil ausgespart ist (s. Abb. 9 links). Die restlichen Aufgaben des Set I und die Aufgaben des Set II stellen jeweils eine 3 x 3-Felder-Matrix dar, bei der das neunte Feld leer ist (vgl. Abb. 10). Alle Aufgaben haben acht Antwortmöglichkeiten zur Auswahl.

Durchführung der APM

Die APM liegen als Papier-und-Bleistift-Version und als computergestützte Version im Wiener-Testsystem (Schuhfried-Verlag) vor und können sowohl als Einzel- als auch als Gruppentest durchgeführt werden. Die Durchführung der Papier-und-Bleistift-Version dauert insgesamt 60 Minuten bei 50 Minuten reiner Testzeit (Set I 10 Minuten, Set II 40 Minuten). Die computergestützte Version der APM enthält verschiedene Testformen (Set I + II oder nur Set II mit Zeitlimit, Set I + II oder nur Set I oder Set II jeweils ohne Zeitlimit). Die Durchführungszeit variiert je nach Testform, Alter und Leistungsfähigkeit der Testperson zwischen sieben und 60 Minuten.

Gütekriterien der APM

Die Objektivität der Durchführung, Auswertung und Interpretation ist durch die standardisierte Instruktion, die eindeutige Zuordnung der Lösungen, die Normwerttabellen und durch fallbeispielbezogene Interpretationshilfen gegeben. Das Verfahren weist eine gute Split-Half-Reliabilität und für Set II eine ausreichende interne Konsistenz auf (Schüler- und Studierendenstichproben). Für über 60-jährige Testpersonen ist die interne Konsistenz eingeschränkt. Die Stabilität der APM ist für kurze Zeitabstände zwischen der Messwiederholung (drei Monate) gut. Umfangreiche theoretische und empirische Analysen zeigen, dass mit den APM vorwiegend Zielmanagementfähigkeiten und Abstraktionsfähigkeit als Komponenten der fluiden Intelligenz erfasst werden (Carpenter, Just & Shell, 1990). Die innere Validität der APM ist ausreichend belegt. Die APM-Leistung zeigt schwache bis mittlere Zusammenhänge zu Schulnoten, wobei sich der engste Zusammenhang zur Mathematiknote findet.

Normierung der APM

Die Erhebung der Normdaten erfolgte in den Jahren 1996/97. Für das Set II der APM liegen alters- und klassenstufenbezogene Normen für Schüler verschiedener Schularten ($N = 897$) sowie alters- und fachspezifische Normen für Studierende ($N = 581$) als Prozentrang-, T- und IQ-Werte vor. Für Set I sind Altersnormen für Schüler und Studierende aufgeführt. Zudem bietet das Manual statistische Kennwerte und graphische Darstellungen der Normwerte (Nomogramme) für hoch begabte Gymnasiasten ($N = 98$) und Personen über 60 Jahren ($N = 157$) an. Von einer Übertragung der Normen der Papier-und-Bleistift-Version auf die Computerversion, für die keine separaten Normen vorliegen, raten die Autoren des Testmanuals ab (Heller, Kratzmeier & Lengfelder, 1998b). Nach Angaben des Schuhfried-Verlags haben jedoch verschiedene Studien gezeigt, dass die Papier-Bleistift- und die Computerform dieselben Ergebnisse liefern (http://www.schuhfried.co.at/deu/ wts/apm.htm, 2.10.2003).

Für alle Testversionen der Raven Matrizen sind die Kompetenzen zur Testdurchführungen relativ schnell erwerbbar. Die Aufgaben werden in einer fest vorgegebenen Reihenfolge bearbeitet. Die Handbücher der SPM und der APM geben Fallbeispiele sowie Konfidenzintervalle und kritische Differenzen zum interindividuellen Ergebnisvergleich an. Die Auswertungsdauer beträgt jeweils ca. drei Minuten pro Testperson.

5.1.3 Snijders-Oomen Non-verbale Intelligenztests: SON-R 2 1/2–7 und SON-R 5 1/2–17

Dem SON-R 2 1/2–7 von Tellegen, Winkel und Laros (1998) und dem SON-R 5 1/2–17 von Snijders, Tellegen und Laros (1997) liegt kein spezifisches Intelligenzmodell zu Grunde. Ursprünglich wurde die SON-Testreihe zur Intelligenztestung bei Gehörlosen entwickelt. Daher sind beide Testversionen auf die sprachfreie Messung intellektueller Fähigkeiten bzw. des Intelligenzniveaus ausgerichtet. Eingeordnet in das Intelligenzmodell von Cattell erfassen die Tests überwiegend die fluide Intelligenz.

Der SON-R 2 1/2–7 und der SON-R 5 1/2–17 können bei hörenden und gehörlosen Kindern eingesetzt werden. Als nonverbale Tests eignen sie sich insbesondere für die Testung von Kindern mit Problemen in der verbalen Kommunikation (Ausländerkinder, gehörlose oder schwerhörige Kinder, Kinder mit Sprachstörungen oder Sprachhemmungen). Beide Testversionen sind als Niveautests mit Aufgaben ansteigender Schwierigkeit konzipiert und werden als Einzeltest vorgegeben. Der SON-R 2 1/2–7 kann bei Kindern von 2;6 bis 7 Jahren, der SON-R 5 1/2–17 bei Kindern bzw. Jugendlichen zwischen 5;6 und 17 Jahren eingesetzt werden. Beide Tests erfassen die allgemeine, nonverbale Intelligenz. Zu Explorationszwecken können beim SON-R 2 1/2–7 zudem die beiden Skalen Handlungsfähigkeit und Denkfähigkeit ausgewertet werden (s. u. zur Validität des SON-R 2 1/2–7).

Testung hörender und gehörloser Kinder

Der SON-R 5 1/2–17 enthält bei vollständiger Durchführung die folgenden Subtests:

Inhalte des SON-R 5 1/2-17

1. *Kategorien:* Es werden drei Abbildungen vorgelegt, die etwas gemeinsam haben. Die Testperson muss aus fünf weiteren Abbildungen zwei heraussuchen, die zu den ersten drei gehören.
2. *Mosaike:* Es müssen verschiedene Muster mit rot-weißen Quadraten nachgelegt werden.
3. *Suchbilder:* In Zeichnungen muss ein Objekt, das dort 15-mal verborgen ist, innerhalb einer bestimmten Zeitgrenze so oft wie möglich entdeckt werden.
4. *Zeichenmuster:* Ein unterbrochenes Linienmuster muss ergänzt werden.
5. *Situationen:* Es werden Situationszeichnungen vorgelegt, bei denen ein Teil oder mehrere Teile fehlen; die Testperson muss aus verschiedenen Alternativen die fehlenden Teile aussuchen.
6. *Analogien:* Eine geometrische Figur verändert sich nach einem bestimmten Prinzip. Dieses soll erkannt und bei einer anderen Figur angewendet werden.
7. *Bildgeschichten:* Abbildungen, die eine Geschichte erzählen, werden in falscher Reihenfolge vorgelegt und müssen von der Testperson richtig angeordnet werden.

Kurz- und Langform

Für Untersuchungen, bei denen es um mittlere Unterschiede zwischen verschiedenen Personengruppen geht, kann auch eine Kurzform des SON-R 5 1/2–17 verwendet werden. Diese umfasst die vier Subtests Kategorien, Analogien, Situationen und Mosaike. Die IQ-Werte aus der Lang- und der Kurzform korrelieren mit $r = .95$. Geht es jedoch um individuelle Entscheidungen, ist aus Gründen der Testreliabilität (s. u.) die Langform zu verwenden, da sich im Einzelfall die Schätzungen aus der Kurzform deutlich von denen aus der Langform unterscheiden können.

Der SON-R 2 1/2–7 enthält ebenfalls die Subtests Kategorien, Mosaike, Zeichenmuster, Situationen, Analogien und zusätzlich den Untertest Puzzles (Nachlegen von Puzzles mit drei bis sechs Teilen). Es gibt keine Kurzform.

SON-R 2 1/2-7

Gütekriterien des SON-R 2 1/2-7

Die Interpretations- und Auswertungsobjektivität des SON-R 2 1/2–7 sind durch Normtabellen und die eindeutige Zuweisung richtiger und falscher Antworten gewährleistet. Bei der Testdurchführung werden dem Testleiter Freiheiten bezüglich der Instruktionen gelassen, die nonverbal, verbal oder als Mischform aus beidem gegeben werden können. Schätzungen über Testleitereinflüsse liegen bei 2 bis 3 IQ-Punkten als testleiterbedingte Abweichungen des Gesamttestergebnisses.

Die interne Konsistenz des SON-R 2 1/2–7 Gesamtwertes steigt mit dem Alter der Testpersonen und liegt, gemittelt über die Altersgruppen, bei $\alpha = .78$ (Cronbachs Alpha) bzw. bei $\alpha = .90$ (stratifiziertes Alpha, d. h. Alpha-Wert berechnet nach einer Formel zur Bestimmung der Reliabilität eines Summenwertes). Für die Skala Handlungsfähigkeit liegt die interne Konsistenz im Mittel bei $\alpha = .69$ (Cronbachs Alpha) bzw. bei $\alpha = .85$ (stratifiziertes Alpha). Die Denkskala zeigt mittlere Konsistenzwerte von $\alpha = .64$ (Cronbachs Alpha) bzw. $\alpha = .84$ (stratifiziertes Alpha). Das Profil, das die Subtestergebnisse zueinander bilden, sollte nicht interpretiert werden, da sich im Retest zeigte, dass in der intraindividuellen Rangordnung der Subtestwerte beträchtliche Verschiebungen auftreten können. Faktorenanalysen erbrachten eine Zwei-Faktor-Lösung, nach der sich beim SON-R 2 1/2–7 die Dimensionen Handlungs- und Denkfähigkeit unterscheiden lassen. Weitere Validierungsstudien zeigen, dass die Handlungsskala handlungsbezogene, perzeptive Aufgaben umfasst, die sich an das räumliche Verständnis und visumotorische Fähigkeiten richten. Die Denkskala umfasst Aufgaben zur Erfassung abstrakter und konkreter Denkfähigkeiten, die engere Zusammenhänge mit der verbalen Intelligenz und Sprachfertigkeiten aufweisen. Tabelle 3 zeigt die inhaltliche und empirische Zuordnung der Subtests.

Die Handlungs- und die Denkskala korrelieren mit $r = .56$ recht hoch miteinander. Bevor eine Differenz zwischen beiden Skalen interpretiert wird, muss daher geprüft werden, ob diese signifikant ist. Das Handbuch gibt dazu spezifische Hinweise. Zur Interpretation beider Skalen macht das Handbuch den folgenden Hinweis: „Die diagnostischen Möglichkeiten der beiden Skalenwerte müssen noch näher untersucht werden. Vorläufig erscheint es sinnvoll, diese Informationen nur zu Explorationszwecken zu verwenden." (S. 141). Will man also Aussagen über den Entwicklungsstand der Handlungs- oder Denkfähigkeiten eines Kindes machen, ist es sinnvoll, weitere Tests neben dem SON-R 2 1/2–7 heranzuziehen.

Die Kriteriumsvalidität des Gesamtwerts wird durch mittlere Zusammenhänge mit Lehrerurteilen, durch mittlere bis hohe Korrelationen mit allgemeinen Intelligenz- und Entwicklungstests ($r = .54–.87$), nonverbalen Tests

Tabelle 3:
Einteilung der Subtests nach inhaltlichen Aspekten und empirischen Befunden

Subtest	Inhaltliche Einteilung*	Empirische Einteilung
Zeichenmuster	Räumliches Verständnis	Handlungstest
Mosaike	Räumliches Verständnis	Handlungstest
Puzzles	Konkretes Denken	Handlungstest
Situationen	Konkretes Denken	Denktest
Kategorien	Abstraktes Denken	Denktest
Analogien	Abstraktes Denken	Denktest

Anmerkung: * Zur Beschreibung der Fähigkeiten der inhaltlichen Einteilung s. u. zur Validität des SON-R 5 1/2–17.

($r=.45–.83$) und verbalen Tests ($r=.20–.71$) belegt. Der engere Zusammenhang zu nonverbalen als zu verbalen Tests unterstützt die konvergente und diskriminante Validität des SON-R 2 1/2–7. Untersuchungen von Kindern mit Entwicklungsrückständen, mit Sprech- und Sprachstörungen, von Schwerhörigen und Gehörlosen weisen den SON-R 2 1/2–7 als valides und reliables Messverfahren auch für diese Gruppen aus.

Durchführung des SON-R 2 1/2-7

Die Durchführung des SON-R 2 1/2–7 dauert 40 bis 60 Minuten. Zeitgrenzen für die Aufgabenbearbeitung werden nur im zweiten Teil der Handlungstests gegeben. Die Instruktionen können wahlweise verbal, nonverbal oder als Kombination aus verbaler und nonverbaler Instruktion gegeben werden. Das Handbuch enthält dazu klare Durchführungshinweise. Nach jeder Aufgabe gibt der Testleiter Feedback, das aus Bestätigungen richtiger Antworten und Hilfestellungen wie Aufzeigen des Lösungswegs und der Lösung bei falschen Antworten besteht. Es werden jedoch nur solche Antworten als richtig bewertet, die selbstständig richtig gegeben wurden. Zur Anpassung der Durchführung des SON-R 2 1/2–7 an das Leistungsniveau eines Kindes existieren Einstiegs- und Abbruchregeln für die Aufgabenvorgabe.

Die Anzahl aller richtig gelösten (und durch die Einstiegsregeln übersprungenen) Aufgaben pro Subtest bildet den Subtest-Rohwert. Die Subtest-Rohwerte werden über Tabellen in altersspezifische Standardwerte transformiert ($M=10$, $SD=3$). Aus den Subtestergebnissen werden die Werte für den Gesamtwert sowie die Handlungs- und Denkskala gebildet ($M=100$, $SD=15$). Zu den Subtests und zum Gesamtwert wird zudem ein Referenzalter angeboten (mentales Alter bzw. Alterszeitpunkt zu dem ca. 50 % der Kinder der Normierungsstichprobe die jeweiligen Rohwerte erreichen würden). Zum Gesamtwert sind zudem 80 %-Konfidenzintervalle und Prozentränge angegeben. Die Auswertung kann auch über ein beigefügtes Computerprogramm vorgenommen werden.

Normierung des SON-R 2 1/2-7

Der SON-R 2 1/2–7 bietet Normen von 2 bis 8 Jahren an. Allerdings sollte der Test von 2 bis 2;6 Jahren nicht zu diagnostischen Zwecken, sondern nur experimentell eingesetzt werden, da die Aufgaben für Kinder unter 2;6 Jahren zu schwierig sind und sich deutliche Bodeneffekte zeigen. Ab einem Alter von 6 Jahren zeigen sich geringe Deckeneffekte, die ab 7 Jahren deutlicher werden. Daher sollte der Test im Alter von 7 bis 8 Jahren nur bei schwer testbaren Kindern oder Kindern mit kognitivem Rückstand eingesetzt werden; für normal entwickelte Kinder sollte ab 7 Jahren der SON-R 5 1/2–17 verwendet werden. Die Normen wurden 1993/94 an 1.124 niederländischen Kindern erhoben. Die Übertragbarkeit auf den deutschen Sprachraum wird angenommen, ist bislang jedoch noch nicht überprüft worden. Eine deutsche Standardisierung ist jedoch in Vorbereitung.

SON-R 5 1/2–17

Die Interpretations- und Auswertungsobjektivität des SON-R 5 1/2–17 ist durch Normtabellen und die eindeutige Zuweisung richtiger und falscher Antworten gewährleistet. Die Instruktion kann nonverbal, verbal oder als Mischform aus beidem gegeben werden, was die Durchführungsobjektivität einschränken kann. Schätzungen über Testleitereinflüsse liegen bei testleiterbedingten Abweichungen des Gesamttestergebnisses von 1 bis 2 IQ-Punkten.

Gütekriterien des SON-R 5 1/2-17

Die interne Konsistenz des Gesamtwerts des SON-R 5 1/2–17 ist hinreichend gegeben, gemittelt über alle Altersgruppen des Normdatensatzes resultiert ein $\alpha = .85$ (Cronbachs Alpha) bzw. $\alpha = .93$ (stratifiziertes Alpha). Die Werte für die einzelnen Altersgruppen steigen mit zunehmendem Alter. Die interne Konsistenz der Kurzform liegt erwartungsgemäß etwas unter der der Langform, ist jedoch mit $\alpha = .77$ (Cronbachs Alpha) bzw. $\alpha = .90$ (stratifiziertes Alpha) noch ausreichend. Mit Blick auf die Validität werden die Aufgaben des SON-R 5 1/2–17 nach inhaltlich-theoretischen Überlegungen vier Gruppen zugeordnet:
- Abstraktes Denken (Subtests Kategorien und Analogien): Ableitung eines räumlich wie zeitlich ungebundenen Ordnungsprinzips aus angebotenem Material und dessen Anwendung auf neues Material
- Konkretes Denken (Subtests Situationen und Bildgeschichten): Herstellung räumlich wie zeitlich ableitbarer Bedeutungszusammenhänge aus den Verbindungen verschiedener Objekte
- Räumliches Denken (Subtests Mosaike und Zeichenmuster): Herstellung einer Beziehung innerhalb eines räumlichen Rahmens auf der Ebene von Relationen zwischen Figurteilen
- Perzeption (Subtest Suchbilder): Ganzheitliche, visuelle Wahrnehmung eines Stimulusmusters in verschiedenen situativen Kontexten

Insgesamt korrelieren die einzelnen Subtests hoch miteinander, so dass die Ergebnisse in den Subtests bzw. die Ergebnisse in den Subtests, die inhaltlich einer Gruppe zugeordnet sind, nicht als spezifische Fähigkeiten wie abstrakte oder räumliche Denkfähigkeit interpretiert werden sollten. Strukturanalysen weisen darauf hin, dass der SON-R 5 1/2–17 eine Fähigkeit erfasst, die als allgemeine nonverbale Intelligenz interpretiert werden kann.

Für Grundschüler korreliert der Gesamt-IQ des SON-R 5 1/2–17 erwartungsgemäß und bedeutsam mit schulbezogenen Indikatoren wie der durchschnittlichen Zeugnisnote ($r = .39-.45$), den Zeugnisnoten in einzelnen Fächern ($r = .34-.45$) und dem Lehrerurteil ($r = .33$). In weiterführenden Schulen fallen die Zusammenhänge deutlich geringer aus, was unter anderem darauf zurückzuführen ist, dass hier fähigkeitshomogenere Gruppen untersucht werden. Zu einem Schulleistungstest ergab sich für 49 Schüler der siebten Klasse (erste Klasse einer weiterführenden Schule) ein Zusammenhang von $r = .66$.

Durchführung des SON-R 5 1/2–17

Die Durchführung des SON-R 5 1/2–17 benötigt als Langform ca. 80 bis 120 Minuten, als Kurzform ca. 45 Minuten. Alle Instruktionen können wahlweise verbal, nonverbal oder als Kombination aus verbaler und nonverbaler Instruktion gegeben werden. Das Handbuch enthält dazu klare Durchführungshinweise. Nach jeder Aufgabe gibt der Testleiter Feedback darüber, ob die Antwort richtig oder falsch ist. Der mögliche Nachteil einer Demotivation der Testperson durch dieses Feedback wird durch ein adaptives Vorgehen bei der Aufgabenvorgabe aufgefangen: pro Subtest existieren jeweils zwei bis drei parallele Aufgabenreihen. Die erste Reihe dient der Abschätzung des Leistungsniveaus. Je nach Leistung in der ersten Reihe werden entsprechende Aufgaben aus Reihe zwei und/oder drei vorgegeben.

Auswertung und Normgrundlage des SON-R 5 1/2–17

Die Anzahl der richtig gelösten (und durch das adaptive Vorgehen übersprungenen) Aufgaben aller Reihen bildet den Subtest-Rohwert. Die Subtest-Rohwerte werden über Tabellen in altersspezifische Normwerte transformiert. Für die weitere Betrachtung der Subtest-Normwerte empfiehlt es sich, zunächst zu prüfen, ob sich die Ergebnisse in den Subtests bedeutsam unterscheiden. Hierzu werden über alle Subtests die quadrierten Differenzen zwischen dem individuellen Testwert und dem Mittelwert der Norm aufsummiert und mit vorgegebenen kritischen Werten verglichen. Das Handbuch macht dazu genaue Angaben. Falls Unterschiede vorliegen, werden Vorgaben zur Berechnung latenter Subtestwerte mit Konfidenzintervallen angeboten. (Latente Werte sind die mittels Regression geschätzten wahren Mittelwerte aller Personen gleichen Alters und gleicher Leistung; die Konfidenzintervalle werden über die Streuung der wahren Werte bestimmt.) Der Mittelwert aller Subtest-Normwerte ist die Grundlage für die Bestimmung der IQ-Werte (jeweils latenter testspezifischer und generalisierter IQ, Standard-IQ), des Referenzalters für das jeweilige mentale Alter sowie von Prozentrangangaben. Die Normen wurden 1984 an 1.350 Kindern erhoben. Es werden Altersnormen für 38 Altersgruppen sowie Prozentrangnormen zum Vergleich mit Gehörlosen, welche auf der Grundlage einer zusätzlichen Stichprobe von 768 Kindern ermittelt wurden, angeboten. Die Normdatengrundlage des SON-R 5 1/2–17 ist mit ca. 20 Jahren relativ alt.

Der SON-R 2 1/2–7 und der SON-R 5 1/2–17 erfordern auf Grund der nonverbalen Instruktionen eine sehr gründliche Einarbeitung für die Testdurchführung. Beim SON-R 5 1/2–17 ist die vollständige Ermittlung aller Informationen, die mit den Normdaten zur Verfügung stehen, relativ zeitaufwändig. Jedoch wird mit beiden Testversionen ein Computerprogramm zur Testauswertung angeboten, mit dem in kurzer Zeit alle Werte ermittelt werden können. Die Normdaten beider Testversionen stammen aus den Niederlanden.

Da derzeit keine Vergleiche mit Normdaten aus der Bundesrepublik Deutschland vorliegen, ist unklar, inwieweit die niederländischen Normen übertragbar sind, z. B. gibt es deutliche Unterschiede im Schulsystem zwischen beiden Ländern.

5.1.4 Zahlen-Verbindungstest (ZVT)

Der Zahlen-Verbindungstest (ZVT) von Oswald und Roth (1987) ist ein spezifischer Intelligenztest zur Erfassung der basalen kognitiven Verarbeitungsgeschwindigkeit. Der Test kann mit Probanden zwischen 8 und 60 Jahren als Einzeltest durchgeführt werden und für den eingeschränkten Altersbereich von 8 bis 16 Jahren als Gruppentest (für beide Testformen gibt es unterschiedliche Normen). Die Entwicklung des Tests hatte zum Ziel, eine Alternative zu gängigen Intelligenztests bereitzustellen, die weniger sprach-, motivations- und milieuabhängig als herkömmliche Tests sowie möglichst ökonomisch in der Durchführung ist. Der Test besteht aus vier Aufgabenbögen (je eine DIN-A4-Seite), die jeweils die Zahlen von 1 bis 90 in unterschiedlicher Anordnung enthalten. Aufgabe des Probanden ist es, diese Zahlen – mit der 1 beginnend – so schnell wie möglich in der richtigen Reihenfolge miteinander zu verbinden. In der Einzeltestung werden die Zeiten gemessen, die der Proband für jedes Aufgabenblatt benötigt. Bei einer Gruppentestung ist die Bearbeitungszeit pro Aufgabenseite begrenzt (achtjährige Kinder: 60 Sekunden, Probanden ab 9 Jahren: 30 Sekunden). Ausgewertet wird dann die Anzahl Zahlen, die der Proband in der vorgegebenen Zeit bearbeiten konnte. Fehler beim Verbinden der Zahlen kommen nur selten vor und werden daher bei der Auswertung ignoriert. Der ZVT ist sehr schnell durchzuführen und auszuwerten: Die Durchführung nimmt etwa fünf bis zehn Minuten in Anspruch, und die Auswertung erfordert lediglich eine bis zwei Minuten.

Kognitive Verarbeitungsgeschwindigkeit

Die Ergebnisse der Gruppentestung werden anhand einer Tabelle in Leistungsindices transformiert und über die vier Aufgaben gemittelt. Dieser Mittelwert kann nun mit Hilfe von Tabellen in Prozentrangwerte, T-Werte und C-Werte transformiert werden. Bei einer Einzeltestung werden die Bearbeitungszeiten für die vier Matrizen addiert und durch vier dividiert. Dieser Mittelwert kann dann mit Hilfe der Tabellen ebenfalls in Prozentrangwerte, T-Werte und C-Werte transformiert werden sowie in IQ- und Standard-Werte.

Die Objektivität des ZVT im Hinblick auf die Durchführung, Auswertung und Interpretation kann auf Grund der vollständigen Standardisierung als gesichert angesehen werden. Für den Gruppentest wurde für eine Studierendenstichprobe eine Retest-Reliabilität von $r_{tt} = .81$ gefunden. Die interne Konsistenz betrug bei der ersten Testung $r_{tt} = .83$ und bei der zweiten Testung $r_{tt} = .92$. Für den Einzeltest wurde für eine Schülerstichprobe nach

Gütekriterien des ZVT

sechs Wochen eine Retest-Reliabilität von $r_{tt}=.95$ und nach sechs Monaten von $r_{tt}=.97$ gefunden. Die Retest-Reliabilität nach sechs Monaten lag bei Erwachsenen bei $r_{tt}=.84$ bzw. $r_{tt}=.90$. Die interne Konsistenz lag für die Schülerstichprobe zwischen $r_{tt}=.95$ und $r_{tt}=.97$, für die Studierendenstichprobe zwischen $r_{tt}=.90$ und $r_{tt}=.89$ und für die Erwachsenenstichprobe zwischen $r_{tt}=.94$ und $r_{tt}=.93$.

Die Validität des ZVT konnte über bedeutsame Zusammenhänge mit verschiedenen anderen Intelligenztests (PSB, IST, HAWIE, RAVEN, CFT 3, FAKT, BIS) gezeigt werden. Die berichteten Korrelationen haben hier negative Vorzeichen, da eine schnelle Bearbeitung (geringe Zeiten) der ZVT-Aufgaben mit hohen Ergebnissen in den anderen Tests kovariieren. Beispielsweise ergab sich für Studierende eine Korrelation von $r=-.56$ mit dem IST. Es zeigten sich Zusammenhänge von $r=-.51$ und $r=-.46$ mit der Kurzform des HAWIE in einer Gruppe von Altenheimbewohnern. Korrelationen zwischen $r=-.40$ und $r=-.49$ fanden sich zwischen ZVT und SPM bei verschiedenen Hauptschulstichproben. Die Durchschnittsnoten von Gymnasiasten korrelierten im Mittel zu $r=.37$ mit dem ZVT (Rindermann & Neubauer, 2000). Der ZVT wird auch im Nürnberger-Alters-Inventar von Oswald und Fleischmann (1999) eingesetzt, das verschiedene altersabhängige psychische Funktionsbereiche prüft. Im Rahmen dieses Inventars wird über weitere Validierungsstudien des ZVT für verschiedene Patientengruppen (z. B. Patienten mit Hirnschädigungen oder demenziellen Entwicklungen) berichtet.

Die Normierungsstichprobe des ZVT bestand aus 2.109 Probanden. Bei der Verwendung der Normen muss beachtet werden, dass diese bereits in den 70er Jahren erhoben wurden und somit veraltet sind.

5.1.5 Mehrfachwahl-Wortschatz-Intelligenztest: MWT-A und MWT-B

Messung kristalliner Intelligenz bei Erwachsenen

Der Mehrfachwahl-Wortschatz-Intelligenztest ist ein verbaler Test zur Erfassung der kristallinen bzw. kristallisierten Intelligenz bei Erwachsenen. Der Test liegt in zwei – separat erhältlichen – Parallelformen vor: MWT-A (Lehrl, Merz, Burkard & Fischer, 1991) und MWT-B (Lehrl, 1999). Beide können entweder als Einzel- oder als Gruppentest vorgegeben werden. Das Hauptanwendungsgebiet ist die klinische Diagnostik. Hier werden die MWT-Formen insbesondere zur Abschätzung des „prämorbiden Intelligenzniveaus" (vgl. Kap. 6.3) bei vermutetem Intelligenzabbau durch Erkrankungen oder Schädigungen eingesetzt. Ziel der Testentwicklung war die Bereitstellung eines Verfahrens, dessen Messergebnisse durch aktuelle psychische Störungen und durch Alterungsprozesse kaum beeinflusst werden. Das Intelligenzniveau soll so auch bei akut vorhandenen geistigen Leistungsstörungen erfasst werden können. Lehrl (1999) beschreibt diesen Ansatz wie folgt: „Tests für flüssige Intelligenz erfordern die volle Verfügbarkeit der geistigen Funktionen, der Fähigkeit, Ganzheiten und Komplexitäten präzise zu erfassen, sich flexibel umzustellen und zu abstrahieren. Schon leichte seelisch-geistige Störungen greifen oft verhängnisvoll in dieses Funktionsgefüge ein. Anders bei Tests für kristallisierte Intelligenz: Durch sie werden eingelernte Fertigkeiten und erworbenes Wissen aktiviert [...]. Die Ergebnisse dieser Tests sind durch psychische Störungen nicht so beeinflussbar." (S. 16). Es sollen somit die „Rückstände" gemessen werden, die „Spuren der geistigen Auseinandersetzung eines Menschen mit seiner Umwelt, die sich als Fertigkeiten und Wissen niedergeschlagen, kristallisiert haben." (Lehrl, 1999, S. 16).

Der Test enthält 37 Wortschatzaufgaben, die auf einem DIN-A-4-Blatt angeordnet sind. Die Aufgaben bestehen aus jeweils vier Phantasiewörtern und einem echten, in der deutschen Sprache gebräuchlichen Wort. Das echte Wort soll herausgefunden und angestrichen werden (s. Kasten 5). Es wird keine Zeitbegrenzung vorgegeben, in der Regel werden nicht mehr als etwa fünf Minuten benötigt. Für die Auswertung werden die richtigen Lösungen ausgezählt und der Summenwert mittels einer Normentabelle in IQ- und Standardwerte sowie in Prozentränge transformiert. Dies nimmt ca. eine bis zwei Minuten in Anspruch. Der MWT ist somit ein sehr ökonomisches Testverfahren.

Die MWT-Formen erwiesen sich in Studien entsprechend ihrer Konzeption als robust gegenüber psychischen Erkrankungen, Alterseinflüssen und nicht optimalen Durchführungsbedingungen. Psychisch kranke Probanden erreichen im MWT einen höheren IQ als in anderen Intelligenztests. Hingegen stimmen die Messungen aus verschiedenen Tests bei gesunden Probanden relativ gut überein. Dieser Befund weist darauf hin, dass die Messung mit dem MWT durch die Erkrankung weniger stark beeinflusst wird als in anderen Intelligenztests (Wolfram, Neumann & Wieczorek, 1986; Neumann & Wolfram, 1978). Die Altersunabhängigkeit des Verfahrens konnte ebenfalls nachgewiesen werden, ab dem 20. Lebensjahr ist nicht mehr mit größeren Leistungsveränderungen zu rechnen. Selbst für Personen von über 80 Jahren

Robustheit des MWT

Kasten 5:
Beispielaufgaben nach dem Prinzip in MWT-A und MWT-B

Reman – Orman – Manor – Roman – Momar
reischen – rauschen – racheln – schochen – hauchern
Floktion – Rafiktion – Fraktion – Krafition – Fralotion
limanieren – minelieren – ereminieren – eliminieren – alimonieren

erwiesen sich die Messungen als stabil, die Normierung reicht jedoch nur bis zu einem Alter von 64 Jahren (Wolfram, Neumann & Wieczorek, 1986). Auch gegenüber potenziellen Störeinflüssen während der Testdurchführung, z. B. durch Bettlägerigkeit, scheint der MWT unempfindlich, was für die klinische Praxis vorteilhaft ist (Gudernatsch, 1978).

Gütekriterien des MWT

Der MWT ist ein objektives Verfahren. Die Durchführung und die Auswertung sind so weitgehend standardisiert (z. B. liest der Proband die kurze Instruktion selbst), dass im Manual angeregt wird, „Hilfspersonen" den Test durchführen zu lassen. Diesem Vorschlag ist mit Vorsicht zu begegnen, da im psychologischen Testen ungeschulte Personen auch bei stark standardisierten Tests einiges falsch machen können.

Die Split-Half-Reliabilität beträgt $r_{tt}=.93$ (MWT-A), die Retest-Reliabilität $r_{tt}=.95$ bzw. $r_{tt}=.87$ nach 6 bzw. 14 Monaten (MWT-B). Die beiden Parallelformen MWT-A und MWT-B korrelieren zu $r_{tt}=.84$ ($N=131$ Patienten) bzw. $r_{tt}=.92$ ($N=173$ Patienten). Die Validität des MWT wurde über Zusammenhänge mit anderen Intelligenztests geprüft. So ergaben sich beispielsweise Korrelationen in der Höhe von $r=.55$ bis $r=.87$ zwischen dem MWT-A und den Subtests des LPS, weiterhin ein Zusammenhang von $r=.74$ zwischen MWT-A und Raven-Matrizen (SPM). In zwei Untersuchungen fanden sich zudem hohe Zusammenhänge mit dem HAWIE-Gesamt-IQ ($r=.78$ für den MWT-A und $r=.81$ für den MWT-B).

Die Normen des MWT-A wurden zunächst an $N=765$ erwachsenen Probanden in der ehemaligen DDR erhoben, die Normen des MWT-B an $N=1.952$ erwachsenen Probanden in der BRD. Da beide Formen recht hoch miteinander korrelieren, entschlossen sich die Autoren, die Normierung des MWT-B auch auf die Parallelform MWT-A zu übertragen. Das Jahr der Normdatenerhebung ist in den Manualen nicht angegeben. Eindeutig ist nur, dass die Datenerhebung vor der deutschen Wiedervereinigung 1990 stattgefunden haben muss. Die Normen sind somit inzwischen überaltert und müssten erneuert werden. Laut den Angaben der Autoren differenziert der MWT gut im Bereich zwischen einem IQ von etwa 70 und 125. Probanden, deren Muttersprache nicht Deutsch ist, sowie manche Legastheniker sind im MWT benachteiligt, das Ergebnis wird ihrer tatsächlichen kristallinen Intelligenz nicht gerecht. Aufgrund der Altersstabilität des Tests werden keine nach dem Alter differenzierten Normen angeboten.

5.1.6 Dreidimensionaler Würfeltest: 3DW und A3DW

Messung räumlichen Vorstellungsvermögens

Der 3DW von Gittler (1990) ist ein Test zur Erfassung des räumlichen Vorstellungsvermögens. Der Test kann ab einem Alter von 13 Jahren als Einzel- oder Gruppentest und als Langform oder in verschiedenen Kurzversionen eingesetzt werden. Die Langform besteht aus zwei Beispielaufgaben und 18 Testaufgaben, wobei die erste Aufgabe als Aufwärmaufgabe nicht gewertet wird. Die Aufgaben des Tests sind Rasch-Modell-konform, d. h. sie bilden eine homogene, eindimensionale Skala. Die Einsatzgebiete des 3DW liegen insbesondere bei der Fähigkeitsdiagnostik in der Berufs-, Studien- und Bildungsberatung sowie der Personalauswahl, in der Fähigkeitsdiagnostik im klinischen Bereich und in der Forschung.

Der 3DW ist als Niveautest angelegt. Die mit dem Test erfasste Fähigkeit, das räumliche Vorstellungsvermögen, ist z. B. in Carrolls Intelligenzmodell als Stratum-I-Faktor oder in Thurstones Modell als Primärfaktor der Intelligenz im Sinne von „spatial visualization" und „spatial orientation" enthalten. Alle Aufgaben bestehen aus einem Vorgabewürfel (X), der sechs verschiedene Muster trägt, von denen drei zu sehen sind, und sechs alternativen Antwortwürfeln (A–F; s. Abb. 11). Die Testperson sucht aus diesen Alternativen jenen Würfel aus, der den ein- oder mehrmals gedrehten bzw. gekippten Vorgabewürfel korrekt abbildet – dabei kann auch irgendein neues, bisher verborgenes Muster sichtbar werden. Zusätzlich werden die Antwortalternativen „Kein Würfel richtig" und „Ich weiß die Lösung nicht" angeboten.

Gütekriterien des 3DW

Die Objektivität der Durchführung, Auswertung und der Interpretation des 3DW können als gesichert angesehen werden. Die Langform weist eine gute Split-Half-Reliabilität (bei Schülerinnen und Schülern: $r_{tt}=.90$, bei Studierenden: $r_{tt}=.87$) und interne Konsistenz auf (bei Schülerinnen und Schülern: .86, bei Studierenden: .90). Bei einer Testwiederholung mit 231 Schülern im Abstand von ca. eindreiviertel Jahren ergab sich eine Retest-Reliabilität von $r_{tt}=.61$. Die Kurzformen zeigen erwartungsgemäß geringere Reliabilitätswerte. Der Reliabilitätsverlust, der beim Einsatz von Kurzformen auf-

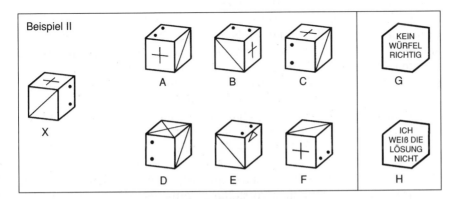

Abbildung 11:
Beispielaufgabe II des 3DW

tritt, wird im Handbuch dokumentiert. Der 3DW-Testwert zeigt bedeutsame Zusammenhänge mit Noten in Schulfächern, die dreidimensionale Vorstellungen erfordern (z. B. Geometrienote $r=-.37$) sowie mit anderen Testverfahren, die das räumliche Vorstellungsvermögen erfassen (z. B. Schlauchfiguren-Test: $r=.50$; Mechanical Comprehension Test $r=.60$). Techniker schneiden im 3DW gegenüber Nicht-Technikern deutlich besser ab.

Durchführung des 3DW

Zur Testdurchführung erhält jede Testperson ein Testheft und einen Antwortbogen. Die Testinstruktion wird in standardisierter Form vom Testleiter vorgelesen. Es können verschiedene Kurzformen mit einer Mindestanzahl von acht Aufgaben gebildet werden. Für diese gilt die Instruktion gleichermaßen. Es gibt verschiedene Möglichkeiten der Testverkürzung: Bei der Testverkürzungsmethode markiert eine in das Testheft eingelegte Karte das Testende, bei der direkten Testabbruchmethode wird der Test nach einer festgesetzten Zeit abgebrochen und bei der indirekten Testabbruchmethode wird der Test dann beendet, wenn auch die langsamste Testperson eine Mindestanzahl der Aufgaben gelöst hat. Erfahrungswerte für die Testdauer liegen bei 35 bis 40 Minuten für Gruppentestungen und bei 15 bis 35 Minuten für Einzeltestungen. Bei den Kurzformen ist die Testzeit entsprechend verkürzt. Die Anzahl aller richtig gelösten Items bildet den Test-Rohwert, der anhand der Normwerttabellen in Prozentrangwerte und T-Werte transformiert werden kann. Mit dem zusätzlich angebotenen Personenparameter (PAR) ist eine genaue Bestimmung der Fähigkeitsunterschiede zwischen Testpersonen möglich. Anhand der in den Kurzformen erreichten Rohwerte kann eine Rohwertschätzung für die Langform des 3DW erfolgen. Die Durchführung des 3DW erfordert relativ wenig Einarbeitungszeit und der Test ist sehr schnell auszuwerten.

Normierung des 3DW

Die Normen wurden 1987–1989 in Österreich an 5.423 Personen (4.064 Schülerinnen und Schüler, 432 Studierende, 161 Personen > 30 Jahre) erhoben. Angeboten werden für Österreich repräsentative Normen (Prozentränge und T-Werte) für die Klassenstufen 8 bis 13, für verschiedene Schultypen (Berufsbildende Pflichtschulen, Höhere Technische und Gewerbliche Lehranstalten, Allgemeinbildende Höhere Schulen) und geschlechtsspezifische Normen. Das Handbuch bietet verbale Interpretationen („weit unterdurchschnittlich" bis „weit überdurchschnittlich") für die Ergebnisse an. Angegeben werden zudem in ihrer Repräsentativität eingeschränkte Normen für Studierende (differenziert nach technischen vs. nicht-technischen Universitäten und nach Geschlecht) sowie Vergleichswerte für Testpersonen, die über 30 Jahre alt sind (30–39, 40–49, 50–72 Jahre).

Der 3DW ist ein testtheoretisch und empirisch sehr gut fundiertes Verfahren zur Erfassung des räumlichen Vorstellungsvermögens. Diese spezielle Fähigkeit, die für etliche Berufe und Ausbildungsgänge von besonderer Bedeutung ist (z. B. Techniker, Architekten, Hochbauarbeiter, Kranführer, Piloten,

Fluglotsen, operative medizinische Fächer), wird in den meisten Intelligenzstrukturtests nicht erfasst. Die Normdaten sind jedoch möglicherweise veraltet. Daten aus jüngerer Zeit zeigen jedoch, dass keine gravierenden Leistungsänderungen vorliegen (persönl. Mitteilung von Herrn Prof. Dr. Gittler). Die Normdaten des Tests wurden in Österreich erhoben, womit unklar ist, ob die Normen für den Einsatz in der Bundesrepublik Deutschland unverändert übernommen werden können.

Neben dem 3DW als Papier-Bleistift-Version existiert eine computergestützte, adaptive Testversion – der Adaptive Raumvorstellungs-Test, A3DW – im Wiener Testsystem (Schuhfried Verlag). Dem A3DW liegt ein Item-Pool von 142 Rasch-homogenen Aufgaben zu Grunde, die adaptiv, also in Abhängigkeit vom Antwortverhalten der Testperson vorgegeben werden. Diese Art der Testvorgabe bringt kürzere Testzeiten bei einer verbesserten Messgenauigkeit mit sich. Der A3DW bietet drei Formen an, die sich in der Genauigkeit der Schätzung der Fähigkeit einer Testperson unterscheiden. Die Durchführungszeit variiert je nach Testform und Fähigkeit der Testperson zwischen 10 und 30 Minuten. Der A3DW wurde anhand der Daten des 3DW normiert. Eine Untersuchung zum Einfluss des Testmediums (Papier-Bleistift versus Computer) auf die Testleistung zeigt, dass nur geringfügige Unterschiede zwischen den beiden Vorgabemedien bestehen (die Computerfassung ist minimal schwieriger). Die Normen des 3DW können demnach auch für den A3DW verwendet werden (Arrer, 1992).

Adaptive Testversion (A3DW)

5.2 Tests zur Erfassung mehrerer Intelligenzdimensionen

Die Vorteile von Tests zur Erfassung mehrerer Intelligenzdimensionen gegenüber Tests zur Erfassung einzelner Intelligenzdimensionen liegen darin, dass diese Tests auf heterogenerem Aufgabenmaterial beruhen und damit einen breiteren Ausschnitt aus dem Spektrum intellektueller Fähigkeiten erfassen. Häufig sind Aussagen über spezifische Fähigkeiten und über relative Stärken und Schwächen möglich. Viele der mehrdimensionalen Fähigkeitstests erlauben zudem die Bestimmung der allgemeinen Intelligenz. Die Abschätzung der allgemeinen Intelligenz beruht bei mehrdimensionalen Fähigkeitstests auf einer Vielzahl verschiedener Fähigkeiten, während Tests zur Erfassung der fluiden Intelligenz, die häufig auch als Messverfahren für die allgemeine Intelligenz benannt werden, relativ homogenes Aufgabenmaterial verwenden. Bei der Interpretation von Testwerten zur allgemeinen Intelligenz ist demnach zu beachten, ob sie mit Tests zur Erfassung der fluiden Intelligenz oder mit mehrdimensionalen Fähigkeitstests erhoben wurden. Nach den Intelligenzmodellen von Carroll oder Jäger (s. Kap. 2) wird unter der allgemeinen Intelligenz ein System separierbarer kognitiver Fähigkeiten

Erfassung der allgemeinen Intelligenz über verschiedene Einzelfähigkeiten

verstanden, das am besten durch ein möglichst bereites Spektrum intellektueller Einzelfähigkeiten erfassbar ist. Nach diesem Verständnis basiert die allgemeine Intelligenz auf kognitiven Prozessen höherer Ordnung, die eine hohe Generalität für den *gesamten Bereich kognitiver Fähigkeiten* aufweisen, also allen intellektuellen Aktivitäten zu Grunde liegen und eine große Bandbreite von Verhaltensweisen und Leistungen beeinflussen (Carroll, 1993; Jäger et al., 2004). Nach der Three-Stratum-Theorie ist die allgemeine Intelligenz der fluiden Intelligenz übergeordnet, welche hier die Stellung eines Faktors mittlerer Generalität einnimmt (Stratum II, s. Kap. 2.5). Auch im BIS entspricht die allgemeine Intelligenz nicht der fluiden Intelligenz.

Tabelle 4:
Übersicht über die vorgestellten mehrdimensionalen Fähigkeitstests

Testname	Abkürzung	Zielgruppe	Messgegenstand
Kognitive Fähigkeitstests	KFT-K	4;7–7 Jahre	Allgemeine Intelligenz
	KFT 1-3	6–12 Jahre	Allgemeine Intelligenz; schulische Leistungsfähigkeit
	KFT 4-12+R	4.–12. Klasse	Sprachgebundenes, quantitativ-zahlengebundenes, nonverbales Denken; allgemeine Intelligenz
Hamburg-Wechsler-Intelligenztests	HAVIWA	4;0–6;6 Jahre	HAWIVA, HAWIK-III und HAWIE-R:
	HAWIK-III	6;0–16;11 Jahre	Allgemeine Intelligenz, verbale Intelligenz, praktische Begabung
	HAWIE-R	16–74 Jahre	
Adaptives Intelligenzdiagnostikum	AID-2	6;0–15;11 Jahre	verbal-akustische Fähigkeiten, manuell-visuelle Fähigkeiten
Intelligenzstruktur-Tests	IST 2000 R	ab 15 Jahren und Erwachsene	Verbale, numerische und figurale Intelligenz; Merkfähigkeit; fluide und kristalline Intelligenz; schlussfolgerndes Denken mit Wissensanteilen; verbal, numerisch und figural kodiertes Wissen
Berliner Intelligenzstruktur-Test	BIS-4	16–19 Jahre und Erwachsene	BIS-4 und BIS-HB: Bearbeitungsgeschwindigkeit; Einfallsreichtum; Merkfähigkeit; Verarbeitungskapazität; verbale, quantitativ-zahlengebundene, figurale Denkfähigkeit; allgemeine Intelligenz
	BIS-HB	12;6–16;5 Jahre	

Aufgaben, die üblicherweise die fluide Intelligenz messen, wie z. B. die Aufgaben im CFT 20, finden sich in den BIS-Tests in der Zelle Verarbeitungskapazität figural.

Wie eingangs erwähnt, eignet sich die Intelligenzdiagnostik mit mehrdimensionalen Fähigkeitstests für die Erfassung von Begabungsschwerpunkten. Diese sind bereits ab dem frühen Jugendalter nachweisbar und die Struktur der kognitiven Fähigkeiten erweist sich ab diesem Alter zudem als relativ stabil (Dixon, Kramer & Baltes, 1985; s. a. Kap. 3.1). Die Intelligenzdiagnostik mit mehrdimensionalen Fähigkeitstests ist somit – insbesondere im Einzelfall – häufig ergiebiger als die mit Tests zur Erfassung einzelner Intelligenzdimensionen. Wie immer kommt es dabei natürlich auf die jeweilige diagnostische Fragestellung an. Der Nachteil der breiteren Fähigkeitserfassung liegt im zumeist höheren Aufwand bei der Einarbeitung, Durchführung und Auswertung der Tests. Einen Überblick über die in diesem Kapitel besprochenen mehrdimensionalen Fähigkeitstests gibt Tabelle 4.

Diagnostik der Intelligenzstruktur

5.2.1 Kognitive Fähigkeitstests: KFT-K, KFT 1-3, KFT 4-12+R

Der Kognitive Fähigkeitstest für das Kindergartenalter (KFT-K; Heller & Geisler, 1983a), der Kognitive Fähigkeitstest für die Grundschule (KFT 1-3; Heller & Geisler, 1983b) und der Kognitive Fähigkeitstest für 4. bis 13. Klassen (KFT 4-13+; Heller, Gädike & Weinläder, 1985) sowie dessen Revision (KFT 4-12+R; Heller & Perleth, 2000) sind die deutsche Adaptation der Cognitive Abilities Tests (CAT; Thorndike & Hagen, 1971) durch Heller und Mitarbeiter. Die Testversionen werden in Folge vorgestellt. Da der KFT-K und der KFT 1-3 im Aufbau vergleichbar sind, werden sie gemeinsam besprochen. Der KFT 4-12+R ist eine Revision des KFT 4-13+. Daher wird nur der aktuellere KFT 4-12+R vorgestellt.

Kognitive Fähigkeitstests für das Kindergarten- und Grundschulalter: KFT-K und KFT 1-3

Der KFT-K leistet eine Abschätzung der kognitiven Lernfähigkeit bei Kindergarten- und Vorschulkindern. Damit erfasst der KFT-K nur eine Intelligenzdimension, die auch als allgemeine Intelligenz bezeichnet werden kann (s. u. zur Validität des KFT-K). Der KFT-K wird dennoch in diesem Abschnitt und nicht bei den Tests zur Erfassung einzelner Intelligenzdimensionen vorgestellt, da er zur KFT-Testreihe gehört, deren weitere Testversionen den differenziellen Fähigkeitstests zugeordnet sind. Der KFT-K kann im Altersbereich von 4;7 bis 7 Jahren angewendet werden. Seine Einsatzbereiche sind insbesondere die Schuleignungsdiagnostik, die Förderdiagnostik sowie die Forschung.

Der KFT 1-3 ist für die Diagnostik der schulischen Leistungs- oder Lernfähigkeit sowie der allgemeinen Intelligenz bei Kindern von 6 bis 12 Jahren konstruiert. Der KFT 1-3 kann zu Zwecken der Schullaufbahnberatung, der Förderdiagnostik und der Forschung eingesetzt werden. Beide Tests sind als Einzel- oder Gruppentest durchführbar. Das in den Tests jeweils verwendete Aufgabenmaterial umfasst vier Untertests mit je 15 Unteraufgaben, die im Multiple-Choice-Format beantwortet werden. Die Untertests sind:

– *Sprachverständnis:* Aus jeweils fünf Abbildungen müssen Handlungen, Gegenstände oder deren Verwendung ausgesucht werden.
– *Beziehungserkennen:* Anhand von bildlichen Vorlagen müssen zeitliche, räumliche, größen- oder mengenmäßige Beziehungen erkannt werden.
– *Schlussfolgerndes Denken:* Aus fünf Bildern muss dasjenige ausgewählt werden, das nicht zu den restlichen vier Bildern passt.
– *Rechnerisches Denken:* Es werden bildliche Aufgaben zum Umgang mit Zahlbegriffen und mengenmäßigen Vorstellungen bearbeitet.

Gütekriterien des KFT-K und des KFT 1-3

Die Objektivität der Durchführung, Auswertung und Interpretation ist durch die standardisierte Instruktion, die eindeutige Zuordnung der Lösungen, die Normwerttabellen und durch fallbeispielbezogene Interpretationshilfen für beide Tests gesichert. Die Reliabilität beider Tests ist hinreichend gegeben: Die interne Konsistenz der Gesamtleistung im KFT-K und im KFT 1-3 liegt bei $r_{tt} = .84$ bis $r_{tt} = .92$. Jedoch zeigen nicht alle Untertests in jeder Altersgruppe eine ausreichende interne Konsistenz. Der KFT-K weist für drei- bis vierjährige Kinder keine ausreichende Reliabilität auf. Die Stabilität der Gesamtleistung des KFT-K (untersucht an fünf- bis sechsjährigen Kindern) und des KFT 1-3 (untersucht an Grundschülern der Klassen 1 bis 3) ist hoch.

Validität: Faktorenanalysen zeigen, dass der KFT-K eine Intelligenzdimension erfasst, die als allgemeine Intelligenz interpretiert werden kann. Die Gesamtleistung im KFT-K korreliert mit $r = .66$ mit der im CFT 1. Ältere Kinder und Kinder mit höherer Schulreife erzielen signifikant höhere Werte im KFT-K als jüngere Kinder bzw. Kinder mit geringerer Schulreife. Es lassen sich keine Leistungsunterschiede zwischen Jungen und Mädchen nachweisen. Die Ergebnisse der Untersuchungen zur Reliabilität und Validität des KFT-K zeigen, dass der Test nicht bei drei- bis vierjährigen Kindergartenkindern eingesetzt werden darf (Einsatz ab 4;7 Jahren möglich). Das Testergebnis ist als Gesamtwert für die allgemeine Intelligenz zu interpretieren, die Ergebnisse in den Untertests können nicht als Ausprägungen spezifischer Fähigkeiten verstanden werden.

Für den KFT 1-3 ergaben gemeinsame Faktorenanalysen des KFT 1-3 mit anderen Tests und Schulnoten, dass die Untertests schlussfolgerndes und rechnerisches Denken auf einem allgemeinen Intelligenzfaktor laden. Die Untertests Sprachverständnis und Beziehungserkennen laden auf einem Schulleistungsfaktor, wobei die Ladung des Untertests Sprachverständnis eher gering ausfällt. Die Gesamtleistung der Tests korreliert jeweils bedeutsam und erwartungsgemäß mit Tests zur Erfassung der allgemeinen Intelligenz, mit einzelnen Schulnoten und dem Notenmittel. Bei der Vorhersage von Schulnoten zeigten sich ebenfalls bedeutsame Zusammenhänge, wobei die einzelnen Untertests relativ geringe Unterschiede in ihren Zusammenhängen zu einzelnen Schulfächern aufwiesen. Die Gesamtleistung im KFT 1-3 gibt Aufschluss über die kognitiv bedingte, schulische Lernfähigkeit eines Kindes. Die Untertests schlussfolgerndes und rechnerisches Denken weisen eher auf die Grundintelligenz des Kindes hin, die Untertests Sprachverständnis und Beziehungserkennen auf die Schulleistungsfähigkeit.

Durchführung und Auswertung von KFT-K und KFT 1-3

Obwohl beide Tests als Einzel- oder Gruppentest durchführbar sind, sollte der KFT-K bei jüngeren Kindergartenkindern nur als Einzeltest durchgeführt werden und die vier Untertests sollten an aufeinanderfolgenden Tagen bearbeitet werden. Bei älteren Kindern können der KFT-K oder der KFT 1-3 zu einem Testtermin vorgegeben werden. Beide Tests sind Powertests, werden also ohne Zeitgrenzen für die Bearbeitung durchgeführt. Daher kann für die Bearbeitungszeit nur ein Richtwert angegeben werden, der für Grundschulkinder bei 45 bis 60 Minuten liegt. Hinzu kommen noch Pausen zwischen den Untertests, die je nach Alter und Leistungsstärke der Kinder zwischen 5 und 15 Minuten liegen. Die Testinstruktionen werden vom Testleiter laut vorgelesen. Die Kinder tragen ihre Antworten direkt in die Testhefte ein. Die Antworten werden über einen Lösungsschlüssel ausgewertet, pro Untertest wird die Summe richtig gelöster Aufgaben bestimmt. Die Summe richtig gelöster Aufgaben in allen vier Untertests bildet den Wert für die Gesamtleistung. Für die Summe richtiger Aufgaben pro Untertest und für die Gesamtleistung werden im KFT-K altersspezifische Normen, im KFT 1-3 klassen- und altersspezifische Normen (jeweils T-Werte) angeboten. Die Testhandbücher enthalten Angaben zu Standardmessfehlern, so dass Konfidenzintervalle berechnet werden können. Das Handbuch des KFT 1-3 macht zudem Angaben zu kritischen Differenzen für den interindividuellen Ergebnisvergleich.

Normierung des KFT-K und des KFT 1-3

Die Normen des KFT-K wurden Anfang der 80er Jahre erhoben und basieren auf den Daten von 509 Kindern, vorwiegend aus dem Einzugsbereich größerer Städte in NRW. Damit ist die Repräsentativität der Normdaten begrenzt. Die Normen des KFT 1-3 wurden 1978/79 an 4.592 Kindern aus der gesamten Bundesrepublik erhoben. Für beide Testversionen ist die Gültigkeit der Normen auf Grund ihres Alters eingeschränkt bzw. nicht garantiert.

Kognitiver Fähigkeitstest für 4. bis 13. Klassen: KFT 4-12+R

Der KFT 4-12+R von Heller und Perleth (2000) ist die Revision des KFT 4-13+ von Heller, Gaedike und Weinläder (1985), der deutschen Bearbeitung des „Cognitive Abilities Test" von Thorndike und Hagen (1971). Der Test kann als Einzel- und Gruppentest für Schülerinnen und Schüler der 4. bis 12. Klasse aller Schulformen eingesetzt werden. Einsatzschwerpunkte des Verfahrens sind die Bildungs- und Schullaufbahnberatung.

Als differenzieller Fähigkeitstest, der sich für die Erstellung von Fähigkeitsprofilen eignet, besteht der KFT 4-12+R aus einem verbalen, einem quantitativen und einem nonverbalen Teil. Erfasst werden das sprachgebundene, das quantitativ-zahlengebundene und das nonverbale, figurale Denken sowie als Gesamtleistungsniveau die allgemeine Intelligenz. Die nonverbalen, figuralen Denkfähigkeiten sind als logisches Denken mit besonderem Bezug zu anschauungsgebundenen Aspekten des räumlichen Vorstellungsvermögens konzipiert. Der KFT 4-12+R kann als Lang- oder als Kurzform (KF) eingesetzt werden. Die drei Testteile umfassen in der Langform jeweils drei, in der Kurzform jeweils zwei Untertests:
- *verbaler Teil:* Wortschatz (KF), Wortklassifikation, Wortanalogien (KF)
- *quantitativer Teil:* Mengenvergleiche (KF), Zahlenreihen (KF), Gleichungen bilden
- *nonverbal-figuraler Teil:* Figurenklassifikation (KF), Figurenanalogien (KF), Faltaufgaben

Die mit den drei Testteilen erfassten Fähigkeiten lassen sich in Intelligenzstrukturmodelle der Primärfähigkeiten von Thurstone und in das BIS von Jäger einordnen, wie Tabelle 5 zeigt.

In Strukturanalysen konnte gezeigt werden, dass eine weitere Differenzierung der Testteile in spezifischere Fähigkeiten nicht sinnvoll erscheint.

Tabelle 5:
Einordnung der KFT-Skalen in Intelligenzmodelle von Thurstone und Jäger

KFT-Skala	Primärfähigkeiten nach Thurstone	BIS
Verbal	Verbales Verständnis und Schlussfolgern	Verarbeitungskapazität verbal
Quantitativ	Geschwindigkeit und Präzision bei einfachen arithmetischen Aufgaben, numerisches Schlussfolgern	Verarbeitungskapazität numerisch
Nonverbal-figural	Schlussfolgerndes und räumliches Denken	Verarbeitungskapazität figural

Somit dürfen die Untertests der Testteile nicht als eigenständige Fähigkeiten interpretiert werden und die Interpretation eines Fähigkeitsprofils muss auf die drei Testteile/-skalen beschränkt bleiben.

Das Testmaterial besteht aus separaten Heften für die Klassenstufe 4 und einem Testheft für 5.–13. Klassen, für die jeweils Parallelformen vorhanden sind. Jeder der drei Testteile der Langform kann in maximal 45 Minuten durchgeführt werden. Die Gesamtbearbeitungszeit für die Langform beträgt maximal 130 Minuten oder drei Schulstunden, für die Kurzform 90 Minuten oder zwei Schulstunden (jeweils inkl. Pausen).

Gütekriterien des KFT 4-12+

Die Objektivität des Verfahrens ist durch die standardisierte Durchführung und Auswertung gesichert. Die einzelnen Testteile weisen erwartungskonforme, geringe bis mittlere Zusammenhänge zu anderen Intelligenztests und Schulnoten auf. So fanden sich die engsten Zusammenhänge vom verbalen Teil zur Deutsch- und Englischnote und vom nonverbalen und quantitativen Teil zur Mathematiknote. Für den Vorgänger des KFT 4-12+R, den KFT 4-13, ergaben sich für eine Hochbegabtenstichprobe gute prognostische Validitäten für die Vorhersage der Abiturnote und der Noten in Leistungskursen. Hinsichtlich der Konstruktvalidität erscheint die Drei-Faktoren-Struktur des Verfahrens relativ gut belegt. Jedoch zeigte sich für Viertklässler eine bessere Passung einer Ein- bzw. Zwei-Faktoren-Lösung. Die Autoren weisen zudem auf folgendes hin: „Trotz seiner Konzeption als differenzieller Fähigkeitstests erfasst der KFT 4-13 und damit auch der KFT 4-12+R bei jüngeren Sekundarstufenschülern eher einen übergeordneten Faktor der allgemeinen Intelligenz." (Heller & Perleth, 2000, S. 47). Die mit dem KFT 4-12+R gemessene allgemeine Intelligenz deckt sich größtenteils mit dem Operationsfaktor Verarbeitungskapazität des BIS. Bei jüngeren Sekundarstufenschülern sollte das Testergebnis somit nicht für Aussagen über spezifische Fähigkeiten, sondern zu Aussagen über die allgemeine Intelligenz im Sinne von Verarbeitungskapazität herangezogen werden.

Die interne Konsistenz ist für die Aufgaben der einzelnen Untertests ausreichend, für die Untertests und die Gesamtleistung gut bis sehr gut. Die Testteile weisen eine ausreichende Paralleltest-Reliabilität und Stabilität auf; die Stabilitäten der Untertests sind allerdings nicht ausreichend. Die mit den Untertests erfassten Leistungen sollten daher nicht als Fähigkeiten interpretiert werden. Für den KFT 4-13 fanden Perleth und Sierwald (1992) messfehlerbereinigte Stabilitäten von $r_{tt}=.83–.87$ bei Messwiederholung nach einem Jahr und $r_{tt}=.83$ bei Messwiederholung nach zwei Jahren. Der Test weist ausreichende Profilreliabilitäten für die Klassenstufen 4 bis 11 auf (Stufe 12 eingeschränkt).

Normierung des KFT 4-12+

Die Normierung des KFT 4-12+ erfolgte zum Ende des Schuljahres 1995/96 und zur Mitte und zum Ende des Schuljahres 1996/97 an den Daten von

6.765 Kindern aus Baden-Württemberg und Bayern. Normen (T-Werte) liegen für die Jahrgangsstufen 4–12 und für die Sekundarstufe I, differenziert nach Schularten, vor. Die Normen für die gymnasiale Oberstufe weisen auf Grund der geringen Stichprobengröße nur eine eingeschränkte Gültigkeit auf.

Das Handbuch bietet eine Checkliste zu den Durchführungsbedingungen an. Alle Aufgaben haben eine feste Bearbeitungszeit und werden mit Schablonen ausgewertet. Im Handbuch werden etliche Auswertungsbeispiele mit Interpretationshilfen der Ergebnisse gegeben. Zudem enthält das Handbuch die Angabe der Standardmessfehler, Konfidenzintervalle und der kritischen Differenzen zum inter- oder intraindividuellen Ergebnisvergleich. Die Auswertungsdauer beträgt für die Langform je nach Routine des Auswerters schätzungsweise 10 bis 15 Minuten pro Testperson.

5.2.2 Tests nach dem Wechsler-Konzept

Am häufigsten eingesetzte Tests

Die Hamburg-Wechsler-Intelligenztests für Kinder bzw. Erwachsene (aktuelle Versionen: HAWIK-III bzw. HAWIE-R) sind weit verbreitete und seit vielen Jahren bewährte Testverfahren. In Umfragen unter den Mitgliedern des Berufsverbands Deutscher Psychologinnen und Psychologen (BDP) zum Einsatz von Testverfahren erwiesen sich der HAWIK-R/III und der HAWIE/HAWIE-R wiederholt als die am häufigsten eingesetzten Intelligenztests (Schorr, 1995; Steck, 1997). Die ersten Versionen der Tests wurden von David Wechsler in den 30er Jahren in den USA entwickelt, die aktuellen deutschsprachigen Wechsler-Tests basieren auf den derzeitigen amerikanischen Versionen (*Wechsler Intelligence Scale for Children – III, WISC-III*, Wechsler, 1991 bzw. *Wechsler Adult Intelligence Scale – Revised, WAIS-R*, Wechsler, 1981). Diesen beiden klassischen Wechsler-Tests sehr verwandt sind auch zwei weitere in Deutschland zur Diagnostik bei Kindern verwendete Verfahren, der Hannover-Wechsler-Intelligenztest für das Vorschulalter – III (HAWIVA-III, Fritz-Stratmann, Ricken, Schuck & Preuß, in Vorb.) und das Adaptive Intelligenzdiagnostikum 2 (AID-2, Kubinger & Wurst, 2000).

Wechsler entwickelte die Verfahren vorwiegend für den klinischen Gebrauch. Er legte seinen Tests kein explizites theoretisches Intelligenzmodell zu Grunde, sondern stellte die Skalen eher nach pragmatischen Gesichtspunkten aus bereits erprobten Aufgabentypen zusammen. Ein differenzielles Intelligenzkonzept lehnte er zunächst ab. Sein Test sollte über verschiedene Aufgaben die allgemeine Intelligenz im Sinne der Konzeption von Spearman erfassen. Er definierte Intelligenz als „die zusammengesetzte oder globale Fähigkeit des Individuums, zweckvoll zu handeln, vernünftig zu denken und sich mit seiner Umgebung wirkungsvoll auseinanderzusetzen" (Wechsler, 1956). Die Skalen der Tests sollen daher möglichst unterschiedliche kognitive Fähigkeiten erfassen, so dass die kognitive Leistung eines Probanden aus verschiedenen Perspektiven betrachtet werden kann.

Die Tests bestehen aus zwei Teilen, dem Verbal- und dem Handlungsteil. Während der Verbalteil die verbale Intelligenz erfassen soll, prüft der Handlungsteil eher die praktische Begabung eines Probanden. Letztlich fehlt den Wechsler-Tests jedoch ein zu Grunde liegendes theoretisches und empirisch erprobtes Modell, das die Bedeutung der beiden Skalen bestimmt. Die Interpretation der Testergebnisse ist daher schwierig und bleibt weit gehend der Intuition der Diagnostikerin oder des Diagnostikers überlassen. Auch die Autoren der deutschen Adaptationen und Weiterentwicklungen der amerikanischen Originalversionen haben Wechslers Konzept unterschiedlich interpretiert und umgesetzt: So empfehlen die einen die Berechnung eines globalen IQ, während die anderen die Bildung eines solchen allgemeinen Maßes ablehnen. Aufgrund dieser theoretischen Schwierigkeiten wurden und werden die Wechsler-Tests trotz ihrer weiten Verbreitung in der diagnostischen Praxis immer wieder kritisiert. Ein amerikanischer Forscher ging Anfang der 80er Jahre sogar so weit, den gesamten Ansatz als nicht mehr zeitgemäß zu bewerten: Die Wechsler-Tests seien „wie die Dinosaurier zu groß, zu schwerfällig und schlecht angepasst" und sie seien „unfähig, im psychometrischen Zeitalter zu überleben [...]" (Frank, 1983, S. 126, zit. nach Carroll, 1993, S. 702, Übersetzung durch die Autoren). Diese Einschätzung ist natürlich sehr scharf, wir werden im Abschnitt zu den Gütekriterien noch einmal darauf zu sprechen kommen. Im Handbuch des HAWIE-R (Tewes, 1994) wird die aktuelle Bedeutung des Tests folgendermaßen eingeschätzt: „... so wird eindrucksvoll deutlich, dass die Wechsler-Intelligenztests für Erwachsene in der klinischen Praxis und Forschung zu den am häufigsten eingesetzten Testverfahren gehören. Es gibt keinen Individualtest, mit dem klinische Erfahrungen in vergleichbarem Ausmaß gewonnen wurden. Der Test wird auch in Zukunft noch häufig eingesetzt werden [...]. Die Nützlichkeit dieses Verfahren liegt nicht darin begründet, dass von ihm noch wesentliche neue Erkenntnisse zur Theorieentwicklung in der Intelligenzforschung zu erwarten sind. Der HAWIE ist vielmehr ein zurzeit noch sehr gebräuchliches Verfahren zur Einzelfalldiagnostik bei psychisch und neurologisch behinderten Personen oder auch bei älteren testunerfahrenen Probanden, denen man kein Multiple-Choice-Verfahren zumuten kann." (S. 8).

Im Nachhinein wurden verschiedene Intelligenztheorien mit den Wechsler-Skalen verknüpft, so finden sich etwa Überlappungen zwischen dem Verbalteil und kristalliner Intelligenz auf der einen Seite und dem Handlungsteil und fluider Intelligenz auf der anderen Seite (Matarazzo, 1972). Carroll (1993, S. 701 f.) konnte in seinen umfangreichen faktorenanalytischen Studien bestätigen, dass der Verbal-IQ als ein ungefähres Maß für die kristalline

Intelligenz verstanden werden kann. Den Handlungs-IQ interpretiert er auf seiner Datenbasis als ein ungefähres Maß für den Faktor „Visuelle Wahrnehmung" (Stratum-II-Faktor in Carrolls Intelligenzmodell, siehe Kap. 2.5) bzw. als ein Maß mit eingeschränkter Validität für die fluide Intelligenz. Der Gesamt-IQ kann als grobes Maß für den g-Faktor betrachtet werden. Viele Forscher sind jedoch der Ansicht, dass nach dem heutigen Stand der Intelligenzforschung bessere Skalen entwickelt werden müssten, um die entsprechenden Faktoren valide zu erfassen.

Skalen der Wechsler-Tests

Der HAWIE-R und der HAWIK-III enthalten jeweils 13 Untertests, die im Folgenden kurz dargestellt werden. (Die Erwachsenen- und die Kinderform beinhalten weit gehend dieselben Aufgabentypen, natürlich unterscheiden sich die Items deutlich in ihrem Schwierigkeitsniveau.)

Skalen des Verbalteils:
1. *Allgemeines Wissen* (AW; mündlich gestellte Wissensfragen zu bestimmten Ereignissen, Sachverhalten, Orten und Persönlichkeiten)
2. *Zahlennachsprechen* (ZN; Ziffernfolgen sollen vom Probanden teils in der richtigen, teils in der umgekehrten Reihenfolge nachgesprochen werden, im HAWIK-III wahlfrei.)
3. *Wortschatztest* (WT, der Proband soll mündlich vorgegebene Wörter definieren.)
4. *Rechnerisches Denken* (RD, Kopfrechenaufgaben)
5. *Allgemeines Verständnis* (AV; der Proband soll sich zu mündlich vorgegebenen Alltagsproblemen äußern.)
6. *Gemeinsamkeiten finden* (GF; der Testleiter fragt nach dem Gemeinsamen von zwei Begriffen, die sich auf Gegenstände oder Konzepte aus dem Alltag beziehen.)

Skalen des Handlungsteils:
1. *Bilderergänzen* (BE; auf Abbildungen von Gegenständen oder Alltagssituationen soll ein jeweils fehlendes wichtiges Detail identifiziert werden.)
2. *Bilderordnen* (BO; eine Bildergeschichte soll in die richtige Reihenfolge gebracht werden.)
3. *Mosaik-Test* (MT; geometrische Muster sollen mit Hilfe von mehrfarbigen Würfeln nachgebaut werden.)
4. *Figurenlegen* (FL; Zusammenlegen einer Figur aus Puzzleteilen)
5. *Zahlen-Symbol-Test* (ZS; Speed-Test, bei dem bestimmte Symbole unter eine Reihe von Zahlen gezeichnet werden sollen.)
6. *Symbolsuche* (SS; nur im HAWIK-III; fakultativ; Speed-Test, in einer Reihe abstrakter Symbole soll geprüft werden, ob eines von zwei vorgegebenen Symbolen wiederholt wird)

7. *Labyrinth-Test* (nur im HAWIK-III; fakultativ; vom Zentrum eines Labyrinths soll der Proband den richtigen Weg zum Ausgang einzeichnen)

Die Gesamtleistung im Test lässt sich in einem Maß für die allgemeine Intelligenz zusammengefasst ausdrücken. Weiterhin kann jeweils ein Wert für den Handlungs- und den Verbalteil berechnet werden. Bei der Auswertung werden die Rohwerte aus den Untertests zunächst in so genannte Wertpunkte transformiert. Diese werden über die Untertests aufsummiert und können dann in IQ-Werte und Prozentränge transformiert werden. In den Normentabellen des HAWIK-III werden zusätzlich die Vertrauensintervalle für den 95 %- und den 90 %-Bereich angegeben (basierend auf dem Standardschätzfehler). Gelegentlich – auch von Wechsler selbst (Wechsler, 1961; zit. nach Heller, 2000) – wird die Interpretation einzelner Untertests der Wechsler-Tests oder spezieller Indices empfohlen. Diese Praxis wurde jedoch aus methodischer sowie inhaltlicher Perspektive stark kritisiert (z. B. Heller, 2000; s. a. Kap. 4.2.4 zur Profilinterpretation). Dahl (1986) fasst die Befundlage zum HAWIE folgendermaßen zusammen: „Die experimentellen Untersuchungen, besonders im angloamerikanischen Bereich, haben ergeben, dass allein die Bestimmung des Gesamt-IQ im Sinne der globalen intellektuellen Leistungsbefähigung vertretbar ist; die Interpretation von Untertestschwankungen im Sinne einer Profilanalyse bzw. die Berechnung von Indices ist aus technischen und psychologischen Gründen nicht haltbar." (S. 13)

Die Hamburg-Wechsler-Intelligenztests sind Individualtests ohne Parallelformen mit relativ umfangreichem Material. Die Durchführung der Wechsler-Tests ist auf Grund der vielfältigen Untertests und des Materialreichtums deutlich aufwändiger als die Anwendung von Tests zur Erfassung einzelner Intelligenzdimensionen. Die Rolle des Testleiters oder der Testleiterin beschränkt sich hier nicht auf die Vorgabe der Instruktion, sondern beinhaltet in den meisten Untertests auch die konkrete Darbietung der einzelnen Testitems (z. B. Fragen stellen im Untertest „Allgemeines Wissen" oder die mündliche Vorgabe von Zahlenfolgen im Untertest „Zahlennachsprechen"). Hier ist besondere Sorgfalt geboten, die standardisierte Vorgabe des Tests einzuhalten. Eine sorgfältige Einarbeitung in das Testmaterial, ein „Selbstversuch" sowie mehrere Übungsdurchgänge sollten daher vor der ersten Testung eines Probanden unbedingt erfolgen.

Ein Vorteil an der Form dieses „standardisierten Dialogs" (Tewes, 1994) liegt darin, dass sowohl Kinder als auch ältere, testunerfahrene Probanden und psychisch oder neurologisch beeinträchtigte Personen, die von einem Multiple-Choice-Format überfordert wären, getestet werden können. Die individuelle Vorgabe ermöglicht zudem eine Verhaltensbeobachtung während des Testens, die in die Gesamtbegutachtung mit einbezogen werden kann.

Hamburg-Wechsler-Intelligenztest für Kinder – III
(HAWIK-III; Tewes, Rossmann & Schallberger, 2001)

Der HAWIK-III kann bei Kindern im Alter von 6;0 bis 16;11 Jahren eingesetzt werden. Die Durchführungsdauer variiert mit dem Alter und dem Leistungsvermögen des Kindes, es kann jedoch von einer Dauer von ca. 50 bis 70 Minuten für die zehn Standardskalen ausgegangen werden (plus ca. 15 Minuten für die wahlfreien Untertests „Labyrinth-Test", „Zahlennachsprechen" und „Symbolsuche"). Die Auswertung nimmt ca. 15 Minuten in Anspruch.

Indices des HAWIK-III

Zusätzlich zur Berechnung des Gesamt-IQ sowie des Verbal- und Handlungs-IQ bietet der HAWIK-III verschiedene spezielle Indices (jeweils als IQ-Skala) an, die aus der Leistung in einer Auswahl bestimmter Untertests ermittelt werden:
– *Sprachliches Verständnis* (Untertests „Allgemeines Wissen", „Gemeinsamkeiten finden", „Wortschatz-Test" und „Allgemeines Verständnis")
– *Wahrnehmungsorganisation* (Untertests „Bilderergänzen", „Bilderordnen", „Mosaik-Test" und „Figurenlegen")
– *Unablenkbarkeit* (Untertests „Rechnerisches Denken" und „Zahlennachsprechen")
– *Arbeitsgeschwindigkeit* (Untertests „Zahlen-Symbol-Test" und „Symbolsuche")

Gütekriterien des HAWIK-III

Durch die genauen Durchführungsrichtlinien kann der HAWIK-III als objektives Verfahren angesehen werden. Für die Auswertung der freien Antworten, die in einigen Untertests erfragt werden, stehen detaillierte Listen mit gültigen Antworten zur Verfügung, es bleibt jedoch ein gewisser Ermessensspielraum, der die Auswertungsobjektivität einschränken kann.

Die Reliabilität des Tests wird über die interne Konsistenz der Skalen und Testteile belegt. Die Split-Half-Reliabilität für die Untertests des Verbalteils liegt je nach Altersgruppe zwischen $r_{tt}=.70$ und $r_{tt}=.93$, für die Untertests des Handlungsteils zwischen $r_{tt}=.48$ und $r_{tt}=.97$, für den gesamten Verbalteil je nach Altersgruppe zwischen $r_{tt}=.91$ und $r_{tt}=.95$, für den gesamten Handlungsteil zwischen $r_{tt}=.89$ und $r_{tt}=.94$. Stabilitätsuntersuchungen wurden nicht durchgeführt; Studien mit dem amerikanischen WISC III ergaben eine Retest-Reliabilität von $r_{tt}=.90$ für den Gesamttest und Werte zwischen $r_{tt}=.60$ und $r_{tt}=.82$ für die einzelnen Untertests (Zeitintervall: zwei bis drei Wochen).

Die Konstruktvalidität des Tests wurde über Faktorenanalysen geprüft: Es ergaben sich zwei Faktoren, die als Handlungs- und Verbal-Faktor interpretiert werden konnten. Die vier Index-Werte ließen sich durch Faktorenanalysen hinreichend gut replizieren, lediglich der Index für „Unablenkbarkeit" konnte nicht eindeutig belegt werden. Zusammenhangsanalysen mit verschiedenen Kriterien (z. B. Korrelationen des Testergebnisses mit Schulnoten und dem Lehrerurteil) konnten die Kriteriumsvalidität des HAWIK-III belegen.

Die empirischen Befunde zum HAWIK-III stellen angemessene Belege für die Reliabilität und die (Kriteriums-)Validität des Tests dar. Dennoch fehlt ein theoretisches, auch empirisch belegtes Modell. Die Werte für die Reliabilität und Validität bescheinigen dem Test zwar eine hinreichend gute Messqualität, die Konstruktvalidität bleibt auf Grund der fehlenden theoretischen Fundierung jedoch fraglich. Ohne Modellgrundlage ist die Interpretation der Testwerte somit schwierig: Was genau bedeuten hohe Werte eines Probanden im Verbalteil? Wie ist das Abschneiden einer Testperson im Handlungsteil zu interpretieren? Hilfreich mag hier ein Rückgriff auf das empirisch belegte Intelligenzmodell von Carroll sein, das in Kapitel 2.5 beschrieben wurde: Die Leistung im Verbalteil kann als ungefähres Maß für g_c interpretiert werden, die Leistung im Handlungsteil als Ausdruck der Fähigkeiten im Bereich der visuellen Wahrnehmung.

Die Normdaten wurden zwischen 1995 und 1998 an 1.570 Probanden in Deutschland, Österreich und der Schweiz erhoben. Der Test wurde für den mittleren Intelligenzbereich entwickelt und geeicht. Für alle Altersgruppen ist von einer guten Differenzierung im Normalbereich der Intelligenz auszugehen. In den Extrembereichen (IQ < 70 und IQ > 130) sind die Ergebnisse nicht mehr zuverlässig genug und sollten daher nur zurückhaltend interpretiert werden.

Normierung des HAWIK-III

Hamburg-Wechsler-Intelligenztest für Erwachsene – Revision 1991 (HAWIE-R; Tewes, 1994)

Der HAWIE-R kann mit Erwachsenen im Alter von 16 bis 74 Jahren durchgeführt werden. Die Durchführung des Tests nimmt etwa 60 bis 90 Minuten in Anspruch. Die Auswertung erfordert etwa 15 Minuten. Ebenso wie der HAWIK-III ist der HAWIE-R ein objektives Verfahren, dessen Auswertungsobjektivität durch den Ermessensspielraum bei der Bewertung freier Antworten leicht eingeschränkt wird.

Die interne Konsistenz (Cronbachs Alpha) der Untertests liegt für den Verbalteil je nach Alter zwischen $\alpha = .57$ und $\alpha = .92$; für den Handlungsteil zwischen $\alpha = .60$ und $\alpha = .95$ (beim Zahlen-Symbol-Test: Testzeithalbierung). Der gesamte Verbalteil hat je nach Altersgruppe eine interne Konsistenz zwischen $\alpha = .57$ und $\alpha = .92$, der gesamte Handlungsteil zwischen $\alpha = .89$ und $\alpha = .93$. Die Stabilität des HAWIE-R wurde nicht untersucht.

Gütekriterien des HAWIE-R

Das Vertrauensintervall beträgt für den Gesamt-IQ bei 5%-iger Irrtumswahrscheinlichkeit zwischen etwa +/– 5 und +/– 6 IQ-Punkten (je nach Altersgruppe).

Die Konstruktvalidität des HAWIE-R wurde anhand von Faktorenanalysen geprüft. Diese Dimensionsanalysen rechtfertigen die Unterteilung des Gesamttests in zwei Teile: Untertests des Verbalteils haben ihre höchsten Ladungen auf dem ersten Faktor („Verbalfaktor"), die Untertests des Handlungsteils auf dem zweiten Faktor („Handlungsfaktor"). Lediglich die beiden Untertests „Rechnerisches Denken" und „Zahlennachsprechen" haben nicht unerhebliche Ladungen auf beiden Faktoren. Die Validitätsbelege wurden jedoch verschiedentlich als nicht ausreichend kritisiert – insbesondere angesichts des breiten Einsatzgebiets des Tests (Heller, 2000).

Normierung des HAWIE-R
Die Normdaten wurden in den 80er Jahren an 2.000 Probanden erhoben. Der HAWIE-R wurde vorrangig für die klinisch-psychologische Diagnostik entwickelt, um kognitive Ausfälle diagnostizieren zu können. Entsprechend differenziert der Test besonders gut im unteren Leistungsbereich (bis zu einem IQ von 55); im überdurchschnittlichen Leistungsbereich ist bei der Interpretation der Werte Vorsicht geboten, insbesondere bei Werten von über 130. (Es können zwar sehr hohe IQ-Werte in den Normentabellen abgelesen werden, die Reliabilität der Messung ist dann jedoch eingeschränkt.)

HAWIE-III in Vorbereitung
Die Nachfolgeversion, der HAWIE-III von Tewes, Neubauer und Astes ist derzeit in Vorbereitung. Es handelt sich um eine inhaltlich überarbeitete und neu normierte Testversion. Dem Test wurden drei neue Untertests hinzugefügt:
– „Matrizen-Test",
– „Symbolsuche" (bereits im HAWIK-III enthalten),
– „Buchstaben-Zahlen-Folge".

Die Iteminhalte wurden aktualisiert und die Instruktionen und Testmaterialien zum Teil verändert. Ebenso wie bereits im HAWIK-III können im HAWIE-III dann neben Gesamt-, Handlungs- und Verbal-IQ weitere spezifische Indices berechnet werden. Der HAWIE-III wird für Personen bis zum Alter von 89 Jahren einsetzbar sein, so dass er auch für die gerontopsychologische Diagnostik verwendet werden kann.

Hannover-Wechsler-Intelligenztest für das Vorschulalter – III (HAWIVA-III, Fritz-Stratmann, Ricken, Schuck & Preuß, in Vorb.)

Der HAWIVA (Eggert, 1975) wurde bereits in den 70er Jahren entwickelt und basiert auf der amerikanischen *Wechsler Preschool and Primary Scale of Intelligence* (WPPSI, Wechsler, 1967). Es handelt sich um einen Individualtest zur Erfassung der Intelligenz im Vorschulalter und beim Schuleintritt (4;0 bis 6;6 Jahre). Ebenso wie HAWIE-R und HAWIK-III besteht der HAWIVA aus einem Handlungs- und einem Verbalteil:

Skalen des Verbalteils:
1. Allgemeines Wissen
2. Wortschatz
3. Allgemeines Verständnis

Skalen des Handlungsteils:
1. Labyrinthe
2. Figurenzeichnen
3. Mosaiktest

Weitere Untertests (ohne Zuordnung zu Verbal- oder Handlungsteil):
1. Rechnerisches Denken
2. Tierhäuser

Die Untertests „Allgemeines Wissen", „Wortschatz", „Allgemeines Verständnis", „Mosaiktest" und „Rechnerisches Denken" entsprechen den gleichen Untertests im HAWIE-R bzw. HAWIK-III. Im Untertest „Labyrinthe" muss der Weg durch ein Labyrinth eingezeichnet werden, ohne dass das Kind dabei die Begrenzungslinien berührt. Der Untertest „Tierhäuser" entspricht dem „Zahlen-Symbol-Test" der anderen Wechsler-Tests, hier müssen jedoch vier verschiedenen Tieren Farben zugeordnet werden. Im Unterschied zu den anderen Tests der Wechsler-Reihe (und im Widerspruch zu Wechslers ursprünglichem Konzept der Messung von g) wird im HAWIVA auf die Bestimmung eines allgemeinen IQ verzichtet. Damit ist die Hoffnung verbunden, dass so das Leistungsspektrum eines Kindes differenzierter betrachtet wird. Mit dem HAWIVA kann jeweils ein Wert für den Handlungs- und den Verbalteil ermittelt werden sowie einzelne Werte für die beiden nicht zugeordneten Untertests „Rechnerisches Denken" und „Tierhäuser". Die deutsche Version ist inzwischen jedoch veraltet und beinhaltet nur vorläufige, nicht-repräsentative Normen, so dass sie zurzeit nicht eingesetzt werden kann. In Vorbereitung ist eine überarbeitete und neu normierte Fassung, der HAWIVA-III (Fritz-Stratmann, Ricken, Schuck & Preuß, in Vorb.; Altersbereich: 2;6 bis 7;3 Jahre), in der aktuelle kognitions- und neuropsychologische Erkenntnisse berücksichtigt werden.

Adaptives Intelligenzdiagnostikum 2 (AID-2, Kubinger & Wurst, 2000)

Der AID-2 ist ein adaptiver Individualtest für Kinder von 6;0 bis 15;11 Jahren (das adaptive Prinzip wird weiter unten erläutert). Die Testautoren gründen ihr Konzept auf den Arbeiten von David Wechsler, und die Skalen des

Leistungsprofil statt IQ

Tests ähneln entsprechend inhaltlich den Skalen des HAWIK-III. Der AID-2 bezieht sich nicht auf ein bestimmtes Intelligenzmodell, sondern setzt den pragmatischen Ansatz Wechslers fort: Es sollen „ziemlich viele (komplexe und basale) Fähigkeiten, die für ‚intelligentes' Verhalten verantwortlich scheinen" erfasst werden (Kubinger & Wurst, 2000, S. 14). Dabei wird bewusst auf die Messung bestimmter Fähigkeiten verzichtet, insbesondere auf nonverbales, anschauungsungebundenes Reasoning, d. h. auf die Erfassung von abstraktem schlussfolgerndem Denken. Hier verweisen die Testautoren auf den Einsatz entsprechender zusätzlicher Tests. Abgelehnt wird ausdrücklich ein Modell im Sinne von Spearmans Generalfaktorentheorie (vgl. Kap. 2.1): „Ein Intelligenzquotient, definiert als der Durchschnitt aller geprüften Fähigkeiten, ist intelligenztheoretisch nicht mehr vertretbar und förderungsorientiert nicht zielführend." (Kubinger & Wurst, 2000, S. 14). Dies begründen die Autoren zum einen mit den Ergebnissen aus Faktorenanalysen mit dem AID, die mehrere Faktoren – also nicht nur einen g-Faktor – ergaben. Zum anderen gehen sie davon aus, dass sich durch eine Interpretation der Untertestergebnisse leichter Hinweise auf spezifische Fördermöglichkeiten ableiten lassen. Folglich empfehlen die Testautoren nur noch die Bestimmung des Leistungsprofils über Leistungsvergleiche in den einzelnen Untertests und bieten im Testhandbuch keine Normen für einen allgemeinen IQ an. Aufgrund der Nachfrage vieler Praktikerinnen und Praktiker sind in einem Beiblatt zum Testhandbuch dennoch Hinweise zur Bestimmung eines globalen IQ-Maßes mittels des AID-2 aufgeführt. Für die einzelnen Untertests können T-Werte ermittelt werden, zusätzlich können die „untere Grenze der Intelligenzquantität" (minimale Untertestleistung), die zweitniedrigste Untertestleistung sowie der Range der Intelligenz (maximale Differenz aller Untertestleistungen) in Prozenträngen bestimmt werden. Der Fokus auf die schlechteste und zweitschlechteste Untertestleistung eines Probanden resultiert aus der Überzeugung der Testautoren „jede Kette ist nur so stark wie ihr schwächstes Glied" und dass deutliche Defizite in einem Bereich nicht durch Stärken in anderen Bereichen kompensiert werden können. Diese „untere Grenze der Intelligenzquantität" wird als kognitive „Mindestfähigkeit" interpretiert. Hier soll dann eine besondere Förderung ansetzen.

Ähnlich wie im HAWIK-III finden sich auch im AID-2 zwei Testteile: Im ersten werden Untertests zusammengefasst, die „verbal-akustische" Fähigkeiten erfassen, im zweiten Untertests, die „manuell-visuelle" Fähigkeiten messen. Insgesamt besteht der AID-2 aus elf Untertests plus drei zusätzlichen Untertests, die optional vorgegeben werden können. Für fünf Untertests liegen Kurzformen und für sieben Untertests Parallelformen vor.

Adaptive Aufgabenvorgabe

Acht der Untertests können adaptiv im Sinne eines „verzweigten Testens" vorgegeben werden, d. h. der Testleiter wählt für jeden Probanden individuell – nach einem vorgegebenen Schema – die jeweils nächste Aufgabe entsprechend der Lösungsgüte der vorangegangenen Aufgabe aus. Die adaptive Aufgabenvorgabe hat den Vorteil, den Probanden nicht mit zu vielen zu schwierigen Aufgaben zu überfordern oder mit zu vielen zu leichten Aufgaben zu langweilen. Die Messgenauigkeit ist auch bei relativ wenigen Items hoch, da der Proband vor allem solche Aufgaben erhält, die seinem Leistungsniveau entsprechen. Unter Umständen resultiert hieraus eine kürzere Testung. Alle Untertests können jedoch auch konventionell (d. h. nicht adaptiv) vorgegeben werden. Eine adaptive Vorgabe des Tests erfordert eine sehr gründliche Einarbeitung des Diagnostikers. Die Durchführungsdauer kann je nach Aufgabenauswahl stark variieren und beträgt zwischen etwa 30 und 75 Minuten. Für die drei Zusatztests sind weitere 10 bis 15 Minuten einzuplanen. Die Auswertung nimmt – mit etwas Übung – etwa 10 Minuten in Anspruch.

Ebenso wie beim HAWIK-III ist die Objektivität des AID-2 gegeben, die Auswertungsobjektivität wird jedoch durch die Spielräume in der Bewertung freier Antworten in einigen Untertests leicht eingeschränkt. Die weiteren Gütekriterien des AID-2 wurden nach den Regeln der Probabilistischen Testtheorie bestimmt. Im Rahmen dieser Testmodelle wird kein globaler Reliabilitätskennwert für den gesamten Test angegeben. Stattdessen wird der Standardschätzfehler pro Person und Fähigkeit individuell geschätzt. Mit Hilfe des Standardschätzfehlers können die Vertrauensintervalle für jeden Untertest berechnet werden. Im Tabellenanhang des Handbuchs können die Standardschätzfehler für die jeweiligen Fähigkeitsparameter einer Person abgelesen werden. Für die Vorgängerversion AID wurden auch Kennwerte entsprechend der Klassischen Testtheorie berechnet. Die Split-Half-Reliabilität der Untertests lag hier zwischen $r_{tt}=.70$ und $r_{tt}=.95$. Auch die Stabilität des AID wurde geprüft. Nach vier Wochen fanden sich je nach Untertest Retest-Reliabilitäten zwischen $r_{tt}=.67$ und $r_{tt}=.95$, nach einer Zeitspanne von ein bis drei Jahren lagen die Werte zwischen $r_{tt}=.53$ und $r_{tt}=.80$. Für einige Untertests konnten bei Testwiederholung deutliche Übungseffekte (bis zu 10 % Leistungssteigerung) ausgemacht werden.

Gütekriterien des AID-2

Über Extremgruppenvergleiche (Kinder hochintelligenter Eltern vs. Sonderschülerinnen und -schüler), Faktorenanalysen und Korrelationen des AID mit eher konstruktnahen (z. B. SPM, CFT 20) und konstruktfernen Tests (z. B. Persönlichkeitsfragebogen) wurde die Validität des Verfahrens geprüft. Während der Test eine gute diskriminante Validität aufweist, gelang die konvergente Validierung nicht immer ausreichend. Die AID-Untertests korrelieren in der Regel eher niedrig mit anderen Testverfahren mit ähnlichen Inhalten (z. B. korrelieren der AID-Untertest „Synonyme finden" und der „Wortschatztest" des CFT 20 zu $r=.50$; der AID-Untertest „Kodieren und Assoziieren" korreliert zu $r=.29$ bzw. $r=.07$ mit dem ZVT). Insgesamt finden sich nur geringe Zusammenhänge zwischen den AID-Untertests und anderen Intelligenztests (z. B. CFT 20 und SPM). Validitätsbelege für den aktuellen AID-2 liegen nicht vor.

Ein im Rahmen probabilistischer Testmodelle wichtiges Gütekriterium (und besonders relevant für einen adaptiven Test) ist das der Skalierung. Es handelt sich um die Prüfung der Frage, ob die Rohwertsumme eines Probanden tatsächlich ein faires Maß für seine Fähigkeit ist. Graphische Modelltests und Likelihoodquotienten-Tests zeigen für 10 der 14 Untertests eine hinreichende Passung an das Rasch-Modell, ein weiterer Untertest wurde nach dem dreikategoriellen Partial-Credit-Modell skaliert Die vorgenommene Verrechnung der Testleistungen zu Testwerten kann daher als fair angesehen werden.

Normierung des AID-2

Die Normdaten basieren auf einer Studie mit 977 Kindern und Jugendlichen aus Deutschland und Österreich, die in den Jahren 1995 bis 1997 durchgeführt wurde. In den Normentabellen können für die Rohwerte, die aus verschiedenen möglichen Aufgabenkombinationen der Untertests resultieren, Fähigkeitsparameter abgelesen werden. Die Fähigkeitsparameter lassen sich mittels Tabellen in T-Werte transformieren.

Der AID-2 ist auf Grund seiner modernen Konstruktionsweise ein verlässliches und genaues Verfahren zur Messung der genannten Fähigkeitsbereiche. Das Intelligenzkonzept weicht jedoch in einiger Hinsicht von aktuellen Befunden der Intelligenzforschung ab. Diagnostiker, die sich für eine Intelligenzdiagnostik mit dem AID-2 entscheiden, sollten zusätzlich ein Testverfahren einsetzen, das die Reasoning-Komponente der Intelligenz erfasst. Reasoningfähigkeiten stellen ein Kernkonzept analytischer Intelligenz dar und werden traditionell häufig mit dem gleichgesetzt, was unter Intelligenz verstanden wird (Carroll, 1993).

5.2.3 Intelligenz-Struktur-Test 2000 R (I-S-T 2000 R)

Der I-S-T 2000 R von Amthauer, Brocke, Liepmann und Beauducel (2001) ist die zweite Auflage des I-S-T 2000, die um getrennt auswertbare Wissenstests erweitert wurde. Der Test kann als Einzel- und Gruppentest ab 15 Jahren eingesetzt werden.

Das HPI-Modell

Die theoretische Grundlage des Tests bildet eine Synthese verschiedener klassischer Intelligenzmodelle, zum Beispiel der Theorien von Cattell und Thurstone, im so genannten Hierarchischen Protomodell der Intelligenzstrukturforschung (HPI). Dieses Modell geht davon aus, dass intelligente Leistungen stets von mehr als einer Fähigkeit abhängen. Zudem werden im HPI mindestens zwei Hierarchieebenen der Intelligenz unterschieden – auf der unteren Ebene die Primärfaktoren und auf der oberen Ebene die Generalfaktoren der Intelligenz. Es werden sieben Primärfaktoren benannt, die übereinstimmend in unterschiedlichen Intelligenzmodellen enthalten sind

(schlussfolgerndes Denken, verbale, numerische und figural-räumliche Fähigkeiten, Ideenflüssigkeit, Merkfähigkeit, wahrnehmungsbezogene Fähigkeiten). Zudem werden vier Generalfaktoren unterschieden:
- Schlussfolgerndes Denken mit Wissensanteilen,
- Schlussfolgerndes Denken ohne Wissensanteile – fluide Intelligenz,
- Wissen mit Anteilen schlussfolgernden Denkens,
- Wissen ohne Anteile schlussfolgernden Denkens – kristalline Intelligenz.

Der I-S-T 2000 R erfasst Ausschnitte aus dem HPI und zwar die verbale, numerische und figurale Intelligenz, die Merkfähigkeit sowie das schlussfolgernde Denken mit Wissensanteilen. Erfasst werden zudem das inhaltsspezifische Wissen, also das verbal, figural oder numerisch kodierte Wissen, aus dem zusätzlich ein Gesamtwert für Wissen gebildet werden kann. Das von Wissensanteilen befreite schlussfolgernde Denken sowie das von Anteilen schlussfolgernden Denkens befreite Wissen lassen sich als Indikator für die fluide bzw. die kristalline Intelligenz im Sinne Cattells bestimmen. Kasten 6 zeigt drei sinngemäße Beispiele für Aufgaben aus dem Wissenstest des I-S-T 2000 R.

Der I-S-T 2000 R ist modular aufgebaut. Tabelle 6 beschreibt die Module, die auch einzeln durchführbar sind. Die Module bauen insofern aufeinander auf, als dass bei zusätzlicher Durchführung des nachfolgenden Moduls weitere Intelligenzmaße bestimmt werden können. Zum Beispiel kann bei der Durchführung des Grundmoduls mit Merkaufgaben nicht nur zusätzlich die Merkfähigkeit bestimmt werden, sondern auch das schlussfolgernde Denken mit Wissensanteilen.

Kasten 6 :
Beispiele für Wissensaufgaben

Welcher der folgenden Buchstaben des griechischen Alphabets heißt „theta"?

$\lambda \quad \gamma \quad \theta \quad \alpha \quad \zeta$

Welche Temperatur in Grad Celsius herrscht in 10 km Höhe?

0°C   –110°C   –10°C   –60°C   –90°C

Was bedeutet das folgende Symbol? ♀

a) Spiegel   b) Frau   c) Baum   d) Kirche   e) Puppe

Tabelle 6:
Beschreibung der Module des I-S-T 2000 R

Modul	Aufgabenmaterial	Intelligenzmaße	Dauer* (in Min.)
Grundmodul ohne Merkaufgaben (Kurzform)	9 Aufgabengruppen (Satzergänzung, Analogien, Gemeinsamkeiten, Rechenaufgaben, Zahlenreihen, Rechenzeichen, Figurenauswahl, Würfelaufgaben, Matrizen)	verbale, numerische und figurale Intelligenz	ca. 90
Grundmodul mit Merkaufgaben	+ 2 Aufgabengruppen (verbale und figurale Merkaufgaben)	+ Merkfähigkeit + schlussfolgerndes Denken mit Wissensanteilen	+ 30 → ca. 120
Erweiterungsmodul	+ 84 Wissensfragen zu 6 verschiedenen Themen (z. B. Alltag, Naturwissenschaften)	+ verbal, numerisch und figural kodiertes Wissen + Gesamtwert Wissen + fluide Intelligenz + kristalline Intelligenz	+ 40 → ca. 160

Anmerkung: * = Angaben für Durchführungsdauer inklusive Instruktions- und Bearbeitungszeiten sowie Pausen

Das Grundmodul, die Merkaufgaben und das Erweiterungsmodul befinden sich in einzelnen Heften, zu denen jeweils zwei Formen A und B existieren. Diese enthalten identisches Aufgabenmaterial, jedoch in einer jeweils anderen Reihenfolge.

Gütekriterien des I-S-T 2000 R

Die Objektivität des Verfahrens ist durch die standardisierte Durchführung und Auswertung gesichert. Das Grundmodul zeigt gute Reliabilitätswerte für die einzelnen Intelligenzskalen. Für die inhaltsspezifischen Wissensskalen des Erweiterungsmoduls ist die Reliabilität ausreichend, für die Gesamtskala „Wissen" gut. Auch die Dimensionen der fluiden und kristallinen Intelligenz haben sich als stabil und reliabel erwiesen. Die dreifaktorielle Struktur des Grundmoduls (verbale, numerische und figurale Intelligenz) konnte durch exploratorische und konfirmatorische Faktorenanalysen bestätigt werden. Ebenso konnten die Dimensionen des Wissenstests (drei Inhaltsbereiche und sechs Themen) sowie die Dimensionen der fluiden und kristallinen Intelligenz durch verschiedene Analysenverfahren (exploratorische und konfirmatorische Faktorenanalyse, MDS) aufgezeigt werden. Die Intelligenzmaße des Tests zeigen erwartungskonforme mittlere Zusammenhänge zu anderen Tests und auch zu Schulnoten. Die fluide Intelligenz korreliert z. B. am höchsten mit der Mathematiknote und figuralen Matrizentests, die kristalline Intelligenz mit der Note in Erdkunde und verbalen Wissenstests.

Normierung des I-S-T 2000 R

Die Normen für das Grundmodul (mit Merkfähigkeit) basieren auf den Daten von 3.484 Personen (54,3 % Gymnasiasten). Es werden Standardwerte für acht Altersgruppen von Personen mit Gymnasialbildung (15 bis > 51 Jahre), für fünf Altersgruppen von Personen ohne Gymnasialbildung (15 bis ≥ 41 Jahre) und für fünf Altersgruppen der Gesamtgruppe (15 bis ≥ 41 Jahre) angeboten. Standardwerte für die Merkfähigkeit können für jeweils drei Altersgruppen der Gymnasiasten, Nicht-Gymnasiasten und der Gesamtgruppe bestimmt werden. Die Normierung des Erweiterungsmoduls basiert auf den Daten von 661 Personen (72,2 % Gymnasiasten). Es liegen Altersnormen für drei Gruppen (14 bis 60 Jahre) und Bildungsnormen (Gymnasiasten vs. Nicht-Gymnasiasten) vor. Die Standardwerte können mittels Tabelle in IQ-Werte und Prozentränge transformiert werden. In die Normen sind die Normdaten aus dem IST 2000 eingeflossen, die in den Jahren 1997/98 erhoben wurden. Darüber hinaus sind in den Jahren 1999/2000 weitere Normdaten für den I-S-T 2000 R erhoben worden.

Der I-S-T 2000 R bietet durch den modularen Aufbau verschiedene Einsatzmöglichkeiten. Vor der Anwendung sollte der Test im Selbstversuch bearbeitet werden. Im Handbuch wird eine Checkliste zur Überprüfung der Durchführungsbedingungen angeboten. Der Test sollte von zwei Testleitern bei einer maximalen Gruppengröße von 30 Personen durchgeführt werden. Alle Aufgaben haben feste Bearbeitungszeiten und werden mittels Schablonen ausgewertet. Ein Auswertungsbeispiel sowie verbale Interpretationshilfen und diagnostische Empfehlungen sind im Handbuch gegeben. Die Auswertungsdauer für alle Module beträgt je nach Routine schätzungsweise 10 bis 20 Minuten pro Testperson. Neben den klassischen Testheften ist auch eine computergestützte Version des I-S-T 2000 R im Hogrefe Testsystem (HTS) erhältlich.

5.2.4 Berliner-Intelligenzstruktur-Tests: BIS-4 und BIS-HB

Bislang wurden zwei Testverfahren veröffentlicht, die auf dem Berliner-Intelligenz-Strukturmodell, das in Kapitel 2.4 vorgestellt wurde, aufbauen:
(1) Berliner Intelligenzstruktur-Test, Form 4 (BIS-4) von Jäger, Süß und Beaducel (1997), der ab einem Alter von 15 Jahren bei Personen mit Gymnasialschulbildung eingesetzt werden kann und
(2) der Berliner Intelligenzstruktur-Test für Jugendliche: Begabungs- und Hochbegabungsdiagnostik (BIS-HB) von Jäger, Holling, Preckel, Schulze, Vock, Süß und Beaducel (in Vorb.). Der BIS-HB kann bei Kindern und Jugendlichen zwischen 12 und 16 Jahren eingesetzt werden.

Beide Testversionen erfassen die Fähigkeiten, die im BIS-Modell spezifiziert sind (s. Kap. 2.4). Zum einen sind dies die vier operativen Fähigkeiten
– Verarbeitungskapazität (K),
– Einfallsreichtum (E),
– Merkfähigkeit (M) und
– Bearbeitungsgeschwindigkeit (B).

Zum anderen sind dies die drei inhaltsgebundenen Fähigkeiten:
- sprachgebundenes Denken (V),
- zahlengebundenes Denken (N) und
- anschauungsgebundenes, figural-bildhaftes Denken (F).

Als Aggregat aus diesen Fähigkeiten lässt sich zudem die Allgemeine Intelligenz (AI) bestimmen. Somit decken der BIS-4 und der BIS-HB ein vergleichsweise breites Spektrum intellektueller Fähigkeiten ab. Eine Besonderheit der Tests ist zudem, dass auch die Kreativität mit dem Aspekt Einfallsreichtum im Sinne von divergentem Denken Berücksichtigung findet.

Der BIS-HB ist eine Adaptation des BIS-4. Beide Versionen sind daher identisch hinsichtlich des Antwortformats, der Aufgabenanzahl, der verwandten Aufgaben*typen* (bis auf eine Ausnahme) sowie der Prinzipien für die Durchführung und Auswertung. Unterschiede bestehen in der Zielgruppe und daher in den Unteraufgaben der Aufgabentypen, den Instruktionen, Bearbeitungszeiten und den Normgruppen (s. u.). Sowohl der BIS-4 als auch der BIS-HB bestehen aus 45 Aufgabentypen, die jeweils unterschiedlich viele Aufgaben enthalten, und einer zusätzlichen Aufwärmaufgabe. Jeder Aufgabentyp ist sowohl einer Operation als auch einem Inhaltsbereich des BIS zugeordnet. Tabelle 7 zeigt die Anzahl der verwendeten Aufgabentypen und ihre Zuordnung zu den Zellen des BIS. Beispiele zu den Aufgabentypen werden auch in Kapitel 2.4 bei der Vorstellung des BIS-Modells gegeben.

Die Aufgaben befinden sich in drei Testheften. Die Aufgabenreihenfolge innerhalb der Testhefte ist so festgelegt, dass aufeinanderfolgende Aufgaben nicht gleiche Fähigkeiten aus dem Inhalts- oder Operationsbereich, sondern immer wieder neue Bereiche ansprechen. Dadurch wird der Test in der Durchführung sehr abwechslungsreich. Die Vielfalt der Anforderungen wirkt sich zudem förderlich auf die Akzeptanz des Verfahrens bei den getesteten Personen aus. Bei der Durchführung des BIS-4 bzw. des BIS-HB werden zwischen den drei Testheften Pausen von jeweils ca. 15 Minuten eingelegt. Neben der Gesamtform der Tests mit 45 Aufgaben existiert jeweils eine Kurzform (BIS-4-S bzw. BIS-HB-S), die den Aufgaben des zweiten Hefts entspricht. Mit der Kurzform können die Allgemeine Intelligenz und die Verarbeitungskapazität erfasst werden.

Durchführung von BIS-4 und BIS-HB

Die Durchführung des BIS-4 bzw. des BIS-HB ist in allen Bestandteilen standardisiert. Gruppenuntersuchungen sollten jeweils von zwei Testleitern durchgeführt werden. Während der erste Testleiter die Instruktionen gibt, protokolliert der zweite Testleiter die jeweiligen Bearbeitungszeiten, eventuell auftretende Störungen, und unterstützt den ersten Testleiter bei der Überwachung der selbständigen Aufgabenbearbeitung. Die Durchführung des BIS-4 bzw. des BIS-HB dauert ca. 170 Minuten, inklusive zweier Pausen von 15 Minuten. Für die Kurzform des BIS-4 sind knapp 50 Minuten,

Tabelle 7:
Verteilung der Aufgabentypen des BIS-4 bzw. des BIS-HB auf die Skalen und Zellen des BIS

AI	F	V	N
E	4 Aufgabentypen z. B.: Aus vier vorgegebenen geometrischen Einzelfiguren sollen möglichst viele verschiedene Figuren zusammengesetzt werden.	4 Aufgabentypen z. B.: Für vorgegebene Objekte sollen möglichst viele verschiedene Verwendungsmöglichkeiten benannt werden.	4 Aufgabentypen z. B.: Zahlenmuster sind nach bestimmten Vorgaben zu erfinden.
M	3 Aufgabentypen z. B.: Ein in einem Stadtplan eingezeichneter Weg ist einzuprägen und unmittelbar danach zu reproduzieren.	3 Aufgabentypen z. B.: Verbale Detailangaben in einem Text sind einzuprägen und unmittelbar danach zu reproduzieren.	3 Aufgabentypen z. B.: Eine Reihe zweistelliger Zahlen ist einzuprägen und unmittelbar danach in beliebiger Reihenfolge zu reproduzieren.
B	3 Aufgabentypen z. B.: In Buchstabenreihen sind alle in einer vorgegebenen Schriftart gedruckten Buchstaben durchzustreichen.	3 Aufgabentypen z. B.: In vorgegebenen Wörtern fehlen einzelne Buchstaben. Diese sind zu ergänzen.	3 Aufgabentypen z. B.: In Zahlenreihen sind alle Zahlen durchzustreichen, die um eine Zahl X größer sind als die jeweils unmittelbar vorausgegangene Zahl.
K	5 Aufgabentypen z. B.: Eine Folge von Strichzeichnungen, die nach einer bestimmten Regel aufgebaut ist, ist um die beiden folgenden Glieder zu ergänzen.	5 Aufgabentypen z. B.: Bei vorgegebenen Behauptungen ist zu entscheiden, ob es sich um die Feststellung einer Tatsache oder um die Wiedergabe einer Meinung handelt.	5 Aufgabentypen z. B.: Es sind Rechenaufgaben zu lösen, die nur die Grundrechenarten enthalten.

für die Kurzform des BIS-HB knapp 60 Minuten einzuplanen. Die Durchführung des BIS-4 bzw. des BIS-HB muss vor jeder Erstanwendung des Verfahrens im Selbstversuch (bei Gruppenuntersuchungen: im Vorversuch mit einer Gruppe) gut eingeübt werden, da der Testleiter vergleichsweise viele Instruktionen gibt.

Die Auswertung des BIS-4 bzw. des BIS-HB erfolgt für alle M-, B,- und K-Aufgaben über Schablonen. Bei den E-Aufgaben werden alle Aufgaben nach der reinen Anzahl instruktionsgemäßer Lösungen (sog. U-Modus, Ideenflüssigkeit) und zum Teil auch nach der Anzahl unterschiedlicher Kategorien, aus denen die instruktionsgemäßen Lösungen stammen, ausgewertet (sog. X-Modus, Ideenflexibilität). Entsprechende Kategorienlisten mit Beispielen

Auswertung von BIS-4 und BIS-HB

werden bereitgestellt. Um eine ausreichende Objektivität zu gewährleisten, soll die Auswertung der E-Aufgaben optimalerweise von jeweils zwei Auswertern unabhängig voneinander vorgenommen werden.

Die Auswertungszeit variiert vor allem in Abhängigkeit von der Geübtheit der Auswerter. Für die Kurzform werden ca. 10 bis 15 Minuten benötigt. Die Auswertungszeit der Langform hängt zudem davon ab, ob die E-Aufgaben nur nach Ideenflüssigkeit oder auch nach Ideenflexibilität ausgewertet werden (eine alleinige Auswertung nach Ideenflexibilität ist nicht möglich, da nicht alle E-Aufgaben nach Ideenflexibilität ausgewertet werden). Beim BIS-4 werden die E-Aufgaben sowohl nach Ideenflüssigkeit als auch nach Ideenflexibilität ausgewertet. Beim BIS-HB wird dem Testanwender zur Wahl gestellt, welchen Auswertungsmodus er heranzieht (Normen liegen für beide Auswertungsmodi vor, s. u.). Für die Auswertung der Langform werden ca. 40 Minuten pro Person bei Auswertung der E-Aufgaben nach dem X- *und* U-Modus und ca. 25 bis 30 Minuten bei Auswertung der E-Aufgaben nur nach dem U-Modus benötigt.

- *Gütekriterien und Normen des Berliner-Intelligenzstruktur-Tests, Form 4 (BIS-4)*

Der BIS-4 kann ab einem Alter von 15 Jahren als Einzel- oder Gruppentest eingesetzt werden. Bei Gruppenuntersuchungen sollten maximal 30 Personen gleichzeitig getestet werden. Es werden vorläufige Altersnormen für die Gruppen 16- bis 17-Jähriger und 18- bis 19-Jähriger angeboten. Die Normdaten wurden 1991 an 478 deutschschweizerischen Gymnasiasten und Realschülern/Oberschülern erhoben.

Die Objektivität des BIS-4 ist durch die standardisierte Instruktion, Durchführung und Auswertung sichergestellt. Da die E-Aufgaben nicht mit Schablonen ausgewertet werden, ist hier eine geringere Auswertungsobjektivität zu vermuten. Angaben hierzu bzw. zur Übereinstimmung verschiedener Auswerter bei den E-Aufgaben liegen nicht vor. Jedoch konnte für die BIS-HB (s. u.) eine hohe Auswerterübereinstimmung nachgewiesen werden. Es ist zu erwarten, dass diese auch für den BIS-4 gegeben ist, da beide Testversionen nahezu identische Instruktionen und Kategorienlisten für die Auswertung der E-Aufgaben vorgeben.

Die Reliabilität des BIS-4 ist sowohl nach Maßen der internen Konsistenz der Skalen (Cronbachs Alpha zwischen .75 und .95) als auch nach Maßen der Split-Half-Reliabilität ($r_{tt}=.73$ bis $r_{tt}=.90$) hinreichend gegeben. Die strukturelle Übereinstimmung des BIS-4 mit dem BIS-Modell konnte in verschiedenen Untersuchungen gezeigt werden, was die Konstruktvalidität des Verfahrens unterstützt. Zudem zeigen die einzelnen Skalen erwartungskonforme Zusammenhänge mit anderen Fähigkeitskonstrukten wie komplexem Problemlösen oder Arbeitsgedächtnisleistungen. Die einzelnen Skalen weisen mittlere Zusammenhänge zu anderen Intelligenztests und Schulnoten auf. Die engsten Zusammenhänge fanden sich zwischen numerischen Denkfähigkeiten bzw. Verarbeitungskapazität und Noten in naturwissenschaftlichen Fächern sowie verbalen Denkfähigkeiten und Noten in sprachlichen Fächern.

- *Gütekriterien und Normen des Berliner Intelligenzstruktur-Tests für Jugendliche: Begabungs- und Hochbegabungsdiagnostik (BIS-HB)*

Der BIS-HB kann als Einzel- oder Gruppentest bei Schülerinnen und Schülern zwischen 12;6 und 16;5 Jahren von Haupt- und Realschulen sowie Gymnasien eingesetzt werden. Maximale Gruppengröße bei Gruppenuntersuchungen sind 30 Personen. Eine Besonderheit des BIS-HB ist, dass dieser zusätzlich an intellektuell hoch begabten Schülerinnen und Schülern normiert wurde und sich damit auch zur Erfassung der Intelligenzstruktur im hohen Begabungsbereich eignet. Einsatzbereiche des Verfahrens sind die Schullaufbahnberatung, die Eignungsdiagnostik, die allgemeine Intelligenzdiagnostik, Forschung sowie die Diagnostik der Intelligenz(-struktur) im hohen Begabungsbereich.

Der BIS-HB wurde an 1.328 Probanden aus Haupt- und Realschulen, Gymnasien und speziellen Schulen für intellektuell besonders begabte Schülerinnen und Schüler normiert. Die Normdatenerhebungen fanden in fünf Bundesländern von Januar 2002 bis Januar 2003 statt. Angeboten werden Altersnormen (IQ-Werte) für vier Gruppen sowie Prozentrangnormen für den Vergleich mit intellektuell besonders begabten Schülerinnen und Schülern spezieller Schulen für Hochbegabte. Bei der Verwendung der Altersnormen kann zwischen Normen bei Auswertung der Einfallsreichtumaufgaben nach Ideenflüssigkeit oder Normen bei Auswertung der Einfallsreichtumaufgaben nach Ideenflüssigkeit *und* -flexibilität gewählt werden.

Der BIS-HB weist durch die standardisierte Instruktion, Durchführung und Auswertung hohe Objektivität auf. Auch für die Auswertung der E-Aufgaben wurde eine sehr hohe Übereinstimmung bei jeweils zwei Auswertern pro Aufgabe gefunden. Die Reliabilität der einzelnen Skalen des BIS-HB ist gut. Für die Skalen des BIS-Tests liegt die interne Konsistenz nach Cronbachs Alpha zwischen $\alpha = .80$ und $\alpha = .95$. Die Split-Half-Reliabilitäten der einzelnen Skalen liegen zwischen $r_{tt} = .79$ und $r_{tt} = .92$. Bei einer erneuten Testung nach sechs Monaten ergaben sich Retest-Reliabilitäten von $r_{tt} = .71$ bis $r_{tt} = .84$ ($N = 115$ Gymnasiasten).

Die Validität des BIS-HB wurde über verschiedene Ansätze geprüft: Die Konstruktvalidität des BIS-HB konnte gezeigt werden, indem das BIS-Modell anhand konfirmatorischer Faktorenanalysen bestätigt wurde. Untersuchungen zur Kriteriumsvalidität erfolgten anhand von Korrelationen mit Schulnoten, Referenztests und Selbsteinschätzungen. Die gefundenen Zusammenhänge zu Schulnoten entsprechen den Vorhersagen des Modells. Entsprechend ergaben sich die höchsten Zusammenhänge zwischen dem Gesamtnotenschnitt und der Allgemeinen Intelligenz, zwischen Leistungen in mathematisch-naturwissenschaftlichen Fächern und der Verarbeitungskapazität sowie zwischen Leistungen in sprachlichen Fächern und sprachgebundenen Denkfähigkeiten. Die Zusammenhänge zu anderen Intelligenztests entsprechen ebenfalls den Erwartungen und weisen den BIS-HB als valides Verfahren aus.

Zusammenfassend weisen sowohl der BIS-4 als auch der BIS-HB zufriedenstellende psychometrische Güteeigenschaften und eine sehr gute theoretische Fundierung auf. Durch die Erfassung der im BIS-Modell spezifizierten Fähigkeiten decken beide Testversionen ein breites Spektrum kognitiver Fähigkeiten ab. Beim Einsatz der Kurzform werden über die Verarbeitungskapazität und die Allgemeine Intelligenz zentrale Fähigkeiten erfasst. Der BIS-HB ist zudem unseres Wissens nach im deutschsprachigen Raum der einzige Tests, dessen Eignung auch für den Bereich hoher intellektueller Begabung nachgewiesen ist.

6 Intelligenzdiagnostik in der Praxis

In diesem Kapitel beschäftigen wir uns mit drei Feldern, in denen die Intelligenzdiagnostik eine zentrale Rolle spielt. Fragen aus dem Bereich der Schulpsychologie wie Schullaufbahnberatung und Begabungsdiagnostik bei Kindern und Jugendlichen werden im Kapitel 6.1 behandelt. Die Berufsberatung sowie die Personalauswahl und -entwicklung in Organisationen wird in Kapitel 6.2 thematisiert. Kapitel 6.3 beschäftigt sich mit der Intelligenztestung in der Klinischen Psychologie und Psychiatrie, insbesondere mit der Diagnostik von Intelligenzminderung bzw. geistiger Behinderung und der Feststellung von Intelligenzabbau. Für jeden Bereich werden Einsatzmöglichkeiten von Intelligenztests sowie die zu beachtenden besonderen Standards für die Testdurchführung beschrieben.

6.1 Schulpsychologie

In diesem Kapitel geht es um den Einsatz von Intelligenztests in der schulpsychologischen Diagnostik. Bereits der erste, praktisch einsetzbare Intelligenztest wurde von Binet und Simon (s. Kap. 1) für den Einsatz in der Schule entwickelt. Die schulpsychologische Diagnostik steht daher in diesem Kapitel im Vordergrund.

Beim Einsatz von Intelligenztests in der Schulpsychologie geht es immer um einen Abgleich zwischen kognitiven Fähigkeiten einerseits und den Chancen und Anforderungen des Bildungsbereichs andererseits. Die Intelligenz einer Person stellt zwar einen entscheidenden, aber natürlich nicht den einzigen Einflussfaktor auf die Bildungsergebnisse dar. Dieser Zusammenhang soll exemplarisch anhand eines vereinfachten, allgemeinen Bedingungsmodells der Schulleistung (s. Abb. 12) für den Bereich der Schule skizziert werden.

Schulleistungen sind stets multikausal bedingt. Die wichtigsten Prädiktorvariablen stellen kognitive Schülermerkmale sowie das jeweilige Vorwissen dar (s. Kap. 3.3.1), die wiederum durch die genetisch bedingte Anlage und durch konstitutionelle Lernleistungsbedingungen eines Schülers beeinflusst werden. Die Prädiktoren wirken sich jedoch nicht direkt auf die Schulleistung aus. Ihr Einfluss wird durch nichtkognitive Persönlichkeitsmerkmale

Multikausalität von Schulleistungen

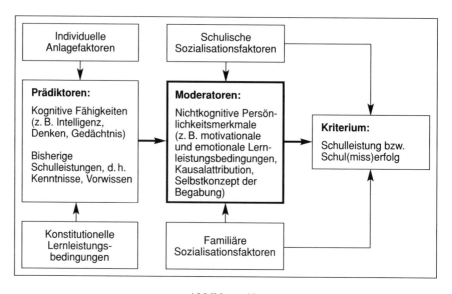

Abbildung 12:
Allgemeines Bedingungsmodell der Schulleistung bzw. des Schulerfolgs
(nach Heller, 2000)

wie die Motivation oder das leistungsbezogene Selbstkonzept moderiert. Hinzu kommt der Einfluss des familiären sowie des schulisch-gesellschaftlichen Kontextes. Zwischen allen diesen Variablen sind Interaktionsbeziehungen zu verzeichnen, die in der Abbildung der Übersichtlichkeit halber nicht eingefügt sind. Der relative Einfluss der betrachteten Faktoren kann sich zudem interindividuell unterscheiden. Trotz der komplexen Bedingtheit von Schulleistungen erlauben Intelligenztestergebnisse – wie bereits in Kapitel 3.3.1 dargestellt – relativ valide Vorhersagen, mit einer gemeinsamen Varianz von 25 bis 50 % zwischen Intelligenz und Schulleistung. Daher nehmen Intelligenztests in der schulpsychologischen Diagnostik einen zentralen Platz ein. In den nachfolgenden Abschnitten wird der Einsatz von Intelligenztests im Rahmen der Schuleignungsdiagnose und Schullaufbahnberatung, der Diagnostik von Minderbegabung und Hochbegabung und der Diagnostik von erwartungswidrigen Minderleistungen (Underachievement) beschrieben. Detaillierte Angaben zum gesamten diagnostischen Prozess in diesen Bereichen finden sich in Heller (2000).

6.1.1 Schuleignungsdiagnose

Schulreife Die Schuleignungsdiagnostik hat zu entscheiden, ob ein Kind die körperlichen, motivationalen, sozialen und kognitiven Voraussetzungen aufweist, um sich in Gemeinschaft Gleichaltriger durch planmäßige Arbeit die traditionellen Kulturgüter aneignen zu können (Tent, 2001). Damit geht die Schuleignungsdiagnostik über die reine Erfassung der Intelligenz hinaus. In der Regel werden daher statt Intelligenztests Einschulungstests eingesetzt, die sich auf die Erfassung des Konstrukts der Schulreife richten, das kognitive Fähigkeiten lediglich als Teilaspekt einschließt. Tabelle 8 nennt exemplarisch einige Einschulungstests mit ihrem jeweiligen Aussagebereich. Eine umfassendere Aufstellung von Einschulungstests gibt das Brickenkamp Handbuch pädagogischer und psychologischer Tests (Brähler, Holling, Leutner & Petermann, 2002).

Einschulungstests dienen meist bei Fragen der vorzeitigen Einschulung oder der Zurückstellung als Entscheidungshilfe (zur Kritik am Einsatz von Einschulungstests und zu neueren Ansätzen siehe z. B. Nickel, 1990, 1999). Trotz hoher Zusammenhänge zwischen Einschulungs- und Intelligenztests (Korrelationen von $r = .60$ bis $r = .85$) liefern Einschulungstests im Vergleich zu Intelligenztests die besseren Prognosen für den Schulerfolg zu Ende des ersten Schuljahres (Tent, 2001). Die Hinzunahme von Intelligenztests kann die Prognose jedoch weiter verbessern, so dass eine Kombination aus beiden Verfahren ca. 26 % der Gesamtvarianz des Schulerfolgs aufklärt (Krapp, 1973).

Tabelle 8:
Beispiele für Einschulungstests

Testname	Abkürzung	Zielgruppe	Messgegenstand
Duisburger Vorschul- und Einschulungstest (Meis, 1997)	DVET	4.–7. Lebensjahr	Visuelle Differenzierungsfähigkeit & Sprachentwicklungsstand als Voraussetzung für das Lesenlernen
Göppinger sprachfreier Schuleignungstest (Kleiner, 1998)	GSS	1. Schuljahr	Auffassungs- & Beobachtungsgabe; (fein)motorische Entwicklung & allg. Entwicklungstand; Lern- & Leistungsbereitschaft, soziale Reife & intellektuelle Fähigkeiten als Voraussetzungen für den Schulbesuch
Kettwiger Schuleingangstest (Meis, 1990)	KST	1. Schuljahr	Differenzierungsfähigkeit, Beachtung von Teilinhalten, Mengenerfassung, Koordination Auge-Feinmotorik als Voraussetzung für das Erlernen von Lesen, Schreiben & Rechnen (und indirekte Erfassung sozialer Fähigkeiten)
Mannheimer Schuleingangs-Diagnostikum (Jäger, Beetz & Walther, 1994; 4. Aufl.)	MSD	1. Schuljahr	Motorik, Intelligenz, Gliederungsfähigkeit, Konzentration & Gedächtnis als Bestandteile des heterogenen Kriteriums der Schulreife

Generell ist beim Einsatz von Intelligenztests bei sehr jungen Kindern folgendes zu beachten: Je geringer das Lebensalter, desto niedriger ist die Stabilität der Intelligenzmessung. Hierfür gibt es verschiedene Gründe: Einerseits sind die Bedingungen der Testdurchführung mit sehr jungen Kindern nicht so gut kontrollierbar wie mit älteren Personen. Sehr junge Kinder sind zudem schwieriger dazu zu motivieren, alle Testaufgaben bestmöglich zu bearbeiten. Hinzu kommen rasche Entwicklungsvorgänge, die Veränderungen der intellektuellen und anderer Fähigkeiten mit sich bringen. Bei der Feststellung überdurchschnittlich hoher intellektueller Fähigkeiten kann es sich z. B. um einen Entwicklungsvorsprung handeln, den altersgleiche Kinder später aufholen. Diagnostische Entscheidungen sollten daher bei sehr jungen Kindern (Vorschulalter und erste Grundschuljahre) nicht auf der Grundlage von Testergebnissen getroffen werden, die älter als ca. ein Jahr sind.

6.1.2 Schullaufbahnberatung

Im Kontext der weiteren Schullaufbahnberatung werden Fragen zur begabungsgerechten Gestaltung der individuellen Schullaufbahn, z. B. durch die Auswahl des geeigneten Schultyps oder das Überspringen von Klassen, bearbeitet. Wie bereits erwähnt, erweist sich die Eignung von Intelligenzmaßen zur Vorhersage und Erklärung der Schulleistung als hoch (s. Kap. 3.3.1), wobei langfristige Prognosen nur bedingt möglich sind. Geht es nun darum, die allgemeine Schulleistung vorherzusagen, sollten Tests mit einem vergleichbaren Geltungsbereich verwendet werden, also Tests, welche die allgemeine Intelligenz über eine Vielzahl unterschiedlicher kognitiver Anforderungen bestimmen. Geht es um die Diagnostik von Begabungsschwerpunkten bzw. bereichsspezifischen Begabungen (z. B. sprachliche oder mathematische Fähigkeiten), empfiehlt sich der Einsatz differenzieller Fähigkeitstests. Manche Verfahren wie die BIS-Tests oder der KFT 4-12+R leisten sowohl die Abschätzung der allgemeinen Intelligenz wie auch spezifischer Fähigkeiten.

Schuleignung: ab welchem IQ? Eine generelle Schwierigkeit bei der Verwendung von Intelligenztestmaßen für die Schuleignungsdiagnostik oder die Zuweisung von Schülern zu bestimmten Schultypen ist, dass sich die Testwerte von schulfähigen und schulunfähigen Kindern bzw. von Schülergruppen verschiedener Schultypen zum Teil stark überlappen. Die Festsetzung eines minimalen Testwerts (Cut-Off-Wert), ab dem die kognitiven Voraussetzungen für den Schulbesuch gegeben scheinen, ist daher kaum möglich und sinnvoll. Als grober Richtwert deutet ein Testergebnis, das mehr als eine Standardabweichung unter dem Mittelwert der Normskala liegt (d. h. IQ < 85), auf eine geringe Erfolgswahrscheinlichkeit hin, da in diesem Bereich nur noch ca. 16 % der Vergleichsgruppe liegen (Heller, 2000). Die Vergleichsgruppe für Einschulungsentscheidungen sind Schulanfänger. Als Vergleichsgrundlage für Zuweisungsentscheidungen von Schülern zu bestimmten Schultypen werden optimalerweise schultypspezifische Klassennormen herangezogen (Heller, 2000).

Abschließend soll mit dem Thema Überspringen von Klassen ein weiteres Beispiel für den Einsatz von Intelligenztests in der Schullaufbahnberatung angesprochen werden. Das Überspringen von Klassen hat sich als grundsätzlich empfehlenswerte Fördermaßnahme für besonders begabte Schülerinnen und Schüler erwiesen (Holling, Vock & Preckel, 2001). Erfolgsvoraussetzungen sind dabei jedoch nicht allein überdurchschnittliche kognitive Fähigkeiten des Schülers, die über Intelligenztests erfasst werden, sondern z. B. auch die Akzeptanz der Maßnahme von Eltern, Lehrkräften und dem Schüler selbst. Die Rolle der Intelligenzdiagnostik bei der Entscheidung für oder gegen ein Überspringen kann nun in ein mehrstufiges Modell der Entscheidungsfindung eingebettet werden (in Anlehnung an Piper & Creps, 1991):

Überspringen von Klassen

– Der erste informelle Schritt umfasst Gespräche mit den Eltern, dem Schüler und den Lehrkräften sowie die Verhaltensbeobachtung des Schülers im Unterricht. Ergänzend können Arbeitsstichproben des Schülers herangezogen und im Hinblick auf die Qualität und Tiefe des Verständnisses bewertet werden.
– Wenn auf der Grundlage der so gewonnenen Informationen der Eindruck entsteht, dass der Schüler vom Überspringen einer Klasse profitieren könnte, kann eine „Schnupperzeit" in der höheren Klasse vereinbart werden. Diese kann durch die formale Erfassung relevanter Daten über Intelligenztests ergänzt werden. Zudem werden Interessentests eingesetzt und die Notenentwicklung wird dokumentiert.

Alternativ können Intelligenztests auch für ein so genanntes Screening eingesetzt werden. Das heißt, dass ganze Klassen getestet werden, um so die begabten Kinder zu finden, die bislang nicht aufgefallen sind. Die intellektuelle Begabung eines Schülers, der eine Klasse überspringt, sollte deutlich überdurchschnittlich sein. Definitive Angaben über eine bestimmte konkrete Mindestausprägung der Intelligenz als Voraussetzung für das Überspringen sind jedoch, unter anderem auf Grund der vielfältigen Faktoren, die den Schulerfolg beeinflussen, nicht möglich. Der aktuelle Stand der Forschung weist eher auf ein *kompensatorisches Modell* hin, in dem Faktoren wie Intelligenz, Schulnoten und nicht-kognitive Eigenschaften miteinander verrechnet werden: Defizite in einem Bereich können dabei durch eine hohe Ausprägung in einem anderen Bereich kompensiert werden. Ein *nicht-kompensatorisches Modell*, das Mindestausprägungen für jeden Faktor festlegt, ist nur dann sinnvoll, wenn die Mindestausprägungen jeweils sehr niedrig angesetzt werden (z. B. ein durchschnittlicher IQ, vgl. Heller & Rindermann, 1997).

– Auf Basis der Daten, die in den ersten beiden Schritten gesammelt wurden, spricht dann ein Placement-Team (bestehend aus Schulpsychologe, Beratungslehrkraft und Lehrkräften der abgebenden sowie der aufnehmenden Klasse) eine Empfehlung für oder wider das Überspringen aus. Diese Empfehlung berücksichtigt die Bedürfnisse des Schülers, die Anforderungen in der höheren Klassenstufe, die Akzeptanz der Maßnahme bei den Eltern, Lehrkräften und der Schülerin bzw. dem Schüler selbst und jedes Anzeichen für eventuelle Schwierigkeiten bei der Bewältigung der Maßnahme.

Das Modell der Entscheidungsfindung zum Überspringen verdeutlicht, dass der Einsatz von Intelligenztests immer an eine konkrete diagnostische Fragestellung gebunden ist. Intelligenztestung ist kein Selbstzweck und die Verwertung von Intelligenztestergebnissen für die Beantwortung diagnostischer Fragen im Kontext der Schullaufbahnberatung ist nur in deren Einordnung in den jeweiligen persönlichen, sozialen und strukturellen Kontext möglich.

6.1.3 Diagnostik von Lernbehinderung

Definition   Lernbehinderung wurde früher im Wesentlichen als Minderbegabung verstanden und über einen niedrigen IQ operationalisiert. Der Deutsche Bildungsrat (1973, zit. nach Perleth, 2000) etwa verstand unter Minderbegabung einen IQ im Bereich zwischen 55 und 85, das heißt einen Bereich, der eine bis drei Standardabweichungen unter dem Mittel liegt. Andere Autoren (z. B. Titze & Tewes, 1994) definieren eine Lernbehinderung – in Abgrenzung zur Intelligenzminderung (vgl. Kap. 6.3) – über einen IQ im Bereich von 70 bis 80.

Spätestens seit den 70er Jahren gelten traditionelle Konzepte, die Lernbehinderung ausschließlich über Intelligenzmangel und Schulleistungsversagen als dessen Folge operationalisieren, jedoch als überholt (Perleth, 2000). In neueren Ansätzen werden Lernbehinderungen komplexer konzipiert. Sie werden verstanden als Ergebnis des Zusammenwirkens verschiedener psychologischer, sozialer und medizinischer Faktoren. Die Aspekte Intelligenz und Schulleistung sind für die Diagnostik von Lernbehinderungen zwar wichtig, aber nicht hinreichend, die Diagnostik muss immer durch weitere Informationen ergänzt werden. Dies gilt insbesondere dann, wenn es darum geht, auf der Grundlage der diagnostischen Informationen Förderinterventionen abzuleiten (Förderdiagnostik). Das gesamte Vorgehen bei der Diagnostik einer Lernbehinderung beschreibt Perleth (2000). Liegt der Intelligenzquotient unter einem Wert von 70, kann eine geistige Behinderung oder Intelligenzminderung festgestellt werden. Die Diagnostik von Intelligenzminderung wird im Kapitel zum Praxisfeld Klinische Psychologie und Psychiatrie (s. Kap. 6.3) behandelt.

Eine Intelligenztestung ist immer dann erforderlich, wenn die begründete Vermutung vorliegt, dass die Schulleistungsprobleme eines Kindes auf eine unterdurchschnittliche Intelligenz zurückzuführen sein könnten. Im Kontext der Lernbehinderungsdiagnostik werden für die Intelligenzdiagnostik derzeit zumeist die folgenden Verfahren eingesetzt: HAWIK-R/ HAWIK -III, AID/AID2, K-ABC, CFT-Tests, KFT-K und KFT 1-3 (zur Kritik am Einsatz dieser Verfahren s. Kap. 4.1.2). Prinzipiell sollten möglichst zwei verschiedene Intelligenztests eingesetzt werden, um die Diagnose abzusichern (Perleth, 2000). Bei der Verwendung von Tests mit verbalem Aufgabenmaterial besteht die Gefahr der Benachteiligung von Kindern mit Sprachproblemen oder Kindern aus bildungsfernen Haushalten. Hier sollten zusätzlich immer sprachfreie Verfahren wie die Raven-Tests, die Tests der CFT-Reihe oder die Tests der SON-Reihe eingesetzt werden. Bei der Testdurchführung ist besonders auch darauf zu achten, dass die Testvalidität nicht durch ungünstige Durchführungsbedingungen (Motivation, Unkonzentriertheit) beeinträchtigt ist. Spezielle Testverfahren für die Begabungsdiagnostik bei lernbehinderten Kindern und Jugendlichen sind zum Beispiel die Columbia Mental Maturity Scale für Lernbehinderte (CMM-LB; Eggert & Schuck, 1973) oder das Heidelberger Kompetenz-Inventar für geistig Behinderte (HKI; Holtz, Eberle, Hillig & Marker, 1984). Einen Überblick über diese Verfahren geben Borchert, Knopf-Jerchow und Dahbashi (1991).

Wahrscheinlichkeiten von Fehldiagnosen

Einige technische Besonderheiten beim Einsatz von Intelligenztests für Messungen im weit unterdurchschnittlichen Begabungsbereich wurden bereits in Kapitel 4.1.2 besprochen (z. B. Bodeneffekte). Wie bereits bei den Ausführungen zum Einsatz von Intelligenztests bei der Schuleignungsdiagnose und Schullaufbahnberatung deutlich wurde, ist die Setzung eines Grenzwertes z. B. für die Zuweisung einer Person zu einer bestimmten diagnostischen Kategorie oder für die Entscheidung darüber, ob ein Kind zur Sonderschule gehen soll oder nicht, problematisch. Nehmen wir einmal an, dass die Entscheidung zur Sonderschule zu gehen, davon abhängig gemacht wird, ob der gemessene IQ den Grenzwert von 80 unterschreitet. Nun können infolge einer fehlenden perfekten Reliabilität auch Kinder mit einem wahren IQ von über 80 einen Testwert kleiner 80 erzielen und würden somit ungerechtfertigter Weise der Sonderschule zugewiesen. Exemplarisch zeigt Tabelle 9 die Wahrscheinlichkeit, einen Testwert von kleiner als 80 zu erhalten bei unterschiedlichen Testreliabilitäten (.70, .80, .90 und .95) und wahren IQ-Werten zwischen 80 und 90.

Die Werte zeigen z. B., dass immer noch 15 % der Probanden, die einen wahren IQ von 85 besitzen, selbst mit einem Test mit einer Reliabilität von .90,

Tabelle 9:
Wahrscheinlichkeit, einen gemessenen IQ < 80 zu erzielen, in Abhängigkeit vom wahren IQ und der Reliabilität

Reliabilität	Wahrer IQ										
	80	81	82	83	84	85	86	87	88	89	90
.70	.50	.45	.40	.36	.31	.27	.23	.20	.17	.14	.11
.80	.50	.44	.38	.33	.28	.23	.19	.15	.12	.09	.07
.90	.50	.42	.34	.26	.20	.15	.10	.07	.05	.03	.02
.95	.50	.38	.28	.19	.12	.07	.04	.02	.01	<.01	<.01

falsch klassifiziert werden, d. h. fälschlicherweise der Gruppe mit einem IQ von unter 80 zugeordnet werden.

Lernfähigkeit vs. Lernmöglichkeit

Eine große Herausforderung für die schulpsychologische Diagnostik ist die Differenzialdiagnose, ob es sich bei schwachen Schulleistungen um Effekte niedriger Intelligenz oder sozialer Benachteiligung handelt. Da sich sozial benachteiligten Kindern schlechtere Möglichkeiten zum Erwerb von Informationen und Fertigkeiten bieten, schneiden sie in Tests zu akademischen Leistungen, zum Wortschatz, zum allgemeinen oder sozialen Wissen häufig schlechter ab als Gleichaltrige aus sozial besser gestellten Familien (Braden, 1995). Zur Unterscheidung begrenzter Lernfähigkeit von begrenzter Lernmöglichkeit müssen daher möglichst kulturungebundene, sprachfreie Intelligenztests und Skalen zur Erfassung angepassten Verhaltens eingesetzt werden. Die Annahme dabei ist, dass durchschnittliche Leistungen in der nicht-verbalen Intelligenz und im angepassten Verhalten eine Minderbegabung bzw. leichte Intelligenzminderung (s. Kap. 6.3) ausschließen. Abbildung 13 zeigt die relative Leistung von Kindern mit leichter Intelligenzminderung im Vergleich zu sozial benachteiligten Kindern.

Eine weitere Möglichkeit zur Differenzierung zwischen begrenzter Lernfähigkeit und begrenzter Lernmöglichkeit stellen Lerntests dar (s. Kap. 3.5).

6.1.4 Diagnostik von Hochbegabung

Allgemeine vs. spezifische Begabungen

Bislang gibt es keine einheitliche Definition von Hochbegabung. Verschiedene Modellvorstellungen von Hochbegabung unterscheiden sich darin, ob neben intellektuellen Fähigkeiten weitere Begabungsbereiche wie künstlerische oder motorische Begabung Berücksichtigung finden. So kann die Diagnostik von Hochbegabung je nach herangezogenem Modell eine Vielzahl sehr unterschiedlicher kognitiver und nicht-kognitiver Begabungsfaktoren umfassen. Betrachtet man ausschließlich Modelle *intellektueller* Hochbe-

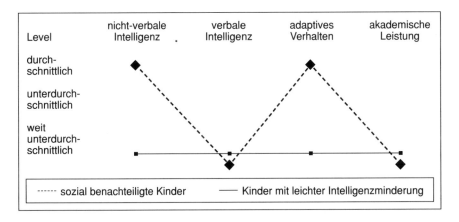

Abbildung 13:
Relative Leistung von Kindern mit leichter Intelligenzminderung in verschiedenen
Begabungsbereichen (nach Braden, 1995, S. 626)

gabung, so finden sich Unterschiede in der jeweils zu Grunde gelegten Intelligenzkonzeption. Während einige Modelle das Konstrukt der allgemeinen Intelligenz betonen (z. B. Rost, 2000), heben andere eher spezifische Fähigkeiten wie verbale, numerische oder räumliche Fähigkeiten oder analytische und kreative Fähigkeiten hervor (z. B. Gagné, 1993; Gardner, 1991). Unabhängig davon, welche Intelligenzdimensionen betont werden, wird intellektuelle Hochbegabung konventionell als eine Fähigkeitsausprägung verstanden, die mindestens zwei Standardabweichungen über dem Mittelwert liegt (z. B. IQ ≥ 130, PR ≥ 98).

In der Praxis der Diagnostik intellektueller Hochbegabung wird heutzutage ein allgemeiner Ansatz favorisiert – trotz der unterschiedlichen Definitionen von Hochbegabung als allgemein-eindimensionales versus fähigkeitsspezifisch-multidimensionales Konstrukt (Feldhusen & Jarwan, 2000). Jedoch zeigen etliche Untersuchungen, dass sich bei hohen intellektuellen Begabungen schon früh Begabungsschwerpunkte zeigen, die relativ stabil sind (Hany, 2001b; Heller, 2000; Lubinski, Webb, Morelock & Benbow, 2001). Im hohen Begabungsbereich sind also unterscheidbare Formen intellektueller Hochbegabung nachzuweisen, wie z. B. verbale und non-verbale Hochbegabung (z. B. Benbow & Minor, 1990). Diese Befunde belegen die Angemessenheit und den Nutzen einer spezifischen Intelligenzdiagnostik der Hochbegabung.

Für die Diagnostik intellektueller Hochbegabung ist von großer Bedeutung, ob zwischen durchschnittlich und hoch Begabten nicht nur graduell-quantitative Differenzen in der Ausprägung der Fähigkeit, sondern auch qualitative Differenzen wie strategische Unterschiede zu finden sind. Beim Vorliegen

Quantitative oder qualitative Unterschiede?

qualitativer Unterschiede könnte das Testverhalten hoch Begabter nicht mit dem nicht hoch Begabter verglichen beziehungsweise auf einer gemeinsamen Skala abgebildet werden. Die bisherige Forschungslage erbringt keine Belege für systematische qualitative kognitive Unterschiede zwischen intellektuell durchschnittlich begabten und hoch begabten Personen (Preckel, 2003). Vielmehr zeigen sich graduell quantitative Unterschiede bei einer vergleichbaren Intelligenzstruktur (Jäger et al., 2004; Karnes & Brown, 1980; Sapp, Chissom & Graham, 1985). Die größten Leistungsunterschiede ergeben sich bei Aufgabenmaterial, das komplexe Denk- oder Lernanforderungen stellt. Hier zeigen hoch Begabte eine effektivere und flüssigere Ausführung der Aufgaben, sie benötigen weniger Zeit, um Lernanforderungen zu bewältigen, erfassen die den Aufgaben zu Grunde liegenden Prinzipien, stellen Bezüge zu bereits vorhandenem Wissen her und transferieren Lösungsstrategien über Aufgabentypen (Braden, 1995).

Diese Ausführungen zeigen, dass sich herkömmliche Intelligenztests durchaus zur Erfassung intellektueller Hochbegabung und für den Vergleich von hoch Begabten mit durchschnittlich Begabten eignen. Allerdings ergeben sich bei den meisten Intelligenztests für die Diagnostik intellektueller Hochbegabung spezifische Mängel wie das Problem von Deckeneffekten. Diese wurden bereits in Kapitel 4.1.2 besprochen. Hinzu kommt, dass die meisten der derzeit auf dem Markt befindlichen Intelligenztests nicht (auch) an der Gruppe der intellektuell hoch Begabten normiert worden sind. Dadurch fehlt eine für hoch Begabte geeignete Vergleichsgruppe, in die individuelle Testergebnisse eingeordnet werden können, um auch noch innerhalb der Gruppe der hoch Begabten zu differenzieren. Zudem führt eine fehlende Normdatengrundlage von Personen vergleichbarer Fähigkeit dazu, dass die Testgüte für die Gruppe der intellektuell hoch Begabten nicht ausreichend abgeschätzt werden kann.

Für die Praxis der Intelligenzdiagnostik ergeben sich nun verschiedene Möglichkeiten. Optimalerweise wird ein Intelligenztest ausgewählt, dessen Güte auch für Erfassung hoher intellektueller Begabung ausgewiesen ist. Ein solches Verfahren ist der BIS-HB, der bei Kindern und Jugendlichen zwischen 12 und 16 Jahren eingesetzt werden kann. Der BIS-HB ist jedoch bislang der einzige Test im deutschsprachigen Raum, der in seiner Normierung intellektuell Begabte berücksichtigt. Für die Testung von Kindern unter 12 Jahren bzw. von Personen über 16 Jahren, muss der Diagnostiker auf andere Verfahren zurückgreifen. Es muss dann in Kauf genommen werden, dass die Erfassung der hohen intellektuellen Begabung mit vergleichsweise größerer Unsicherheit behaftet ist. Testwertunterschiede im hohen Begabungsbereich sollten daher mit Vorsicht behandelt werden. Zudem sollten keine strikten Grenzwerte festgesetzt werden, ab denen von intellektueller Hochbegabung gesprochen wird (z. B. IQ = 130), sondern immer die Vertrauensintervalle von Messwerten berücksichtigt werden (s. Kap. 4.2.3).

Eine weitere Möglichkeit für die Hochbegabungsdiagnostik bei Kindern ist das so genannte Akzelerationsmodell der Testung (auch „off-level-testing"). Dieser Ansatz stellt jedoch eher eine Notlösung dar, welche sich aus dem Fehlen geeigneter Testverfahren für die Hochbegabungsdiagnostik ergibt. Um Deckeneffekte zu vermeiden, werden dem Kind Aufgaben vorgegeben, die für einige Jahre ältere Personen konstruiert und standardisiert wurden. Die Leistung der Testperson wird dann mit den Normen für ältere Probanden verglichen. Das Akzelerationsmodell der Testung kann nur als Zusatzinformation zur Testung mit einem, dem chronologischen Alter entsprechenden Verfahren verwendet werden (Robinson & Janos, 1987). Niedrige Werte können nicht interpretiert werden, während hohe Werte auf ein hohes Potenzial hinweisen. Somit ergeben nur sehr gute Ergebnisse erste Hinweise auf eine hohe Begabung. Die Testung nach dem Akzelerationsmodell ist jedoch relativ unbefriedigend, denn im Falle eines eher niedrigen Ergebnisses kann die Leistung gar nicht interpretiert werden. Es handelt sich in jedem Fall um ein Vorgehen, das nicht psychometrisch fundiert ist, d. h. die Gütekriterien wurden für andere Personen überprüft als die Gruppe, der die Testperson angehört.

6.1.5 Diagnostik von Underachievement

Als Underachievement werden erwartungswidrige Minderleistungen bezeichnet, also Leistungen, die unterhalb des Niveaus liegen, das mit dem Potenzial einer Person zu erreichen wäre. Das Konzept des Underachievement spielt vorwiegend im schulischen Kontext, also bei Kindern und Jugendlichen eine Rolle. Hierbei kann zwischen generellem und partiellem Underachievement unterschieden werden (Klauer, 1990). Während generelles Underachievement erwartungswidrige Minderleistungen hinsichtlich der durchschnittlichen Schulleistung in allen Schulfächern beschreibt, steht partielles Underachievement für erwartungswidrige Minderleistungen in einzelnen Schulfächern oder schulischen Leistungsbereichen. Die Entstehungsbedingungen für Underachievement sind vielfältig und schwer über Personen zu verallgemeinern (zu Risikofaktoren für die Entwicklung von Underachievement und zu Persönlichkeitsmerkmalen von Underachievern s. z. B. Butler-Por, 1995; Hanses & Rost, 1998; Reis & McCoach, 2000).

Generelle und partielle Minderleistungen

Intelligenztests werden in der Diagnostik von Underachievement zur Erfassung des Potenzials eines Schülers eingesetzt. Die Diagnostik von Underachievement kann mehrstufig erfolgen und um weitere Erhebungsverfahren und Informationsquellen ergänzt werden. Ein Phasenmodell zur Underachievement-Diagnose, das bei der Potenzialbestimmung über den Einsatz von Intelligenztests hinausgeht, stellen Ziegler, Dresel und Schober (2000) vor. Auf der Seite der Schulleistungen werden entweder allgemeine Schulleistungstests bzw. der Gesamtnotenschnitt (zur Diagnostik generellen

Underachievements) oder spezielle Schulleistungstests bzw. Schulnoten in spezifischen Leistungsbereichen (zur Diagnostik partiellen Underachievements) als Kriterium herangezogen. Nun gibt es verschiedene Vorgehensweisen dafür, Intelligenz- und Schulleistungsmaße zueinander in Bezug zu setzen:

1. Cut-Off-Setzungen
   Bei diesem Vorgehen werden bestimmte kritische Ausprägungen (Cut-Offs) in Intelligenztestergebnissen und Leistungswerten festgesetzt, um Underachievement zu operationalisieren. Als Underachiever werden z. B. alle Schüler klassifiziert, die als Intelligenzwert einen Prozentrang von mindestens 96 und gleichzeitig in ihren Schulleistungen einen Prozentrang von nicht höher als 50 – beispielsweise in Bezug auf die jeweilige Klasse – aufweisen (Hanses & Rost, 1998). Zu beachten ist aber, dass die Cut-Offs mehr oder weniger willkürlich festgelegt werden und dass Underachievement nicht über den gesamten Leistungsbereich definiert wird.
2. Regressionsanalytisches Vorgehen
   Es werden diejenigen Schüler als Underachiever bezeichnet, deren Schulleistung um einen willkürlich festgelegten Wert (z. B. zwei Residualstandardabweichungen) unter dem durch Intelligenztests statistisch vorhergesagten Wert liegt (z. B. Klauer, 1990; Redding, 1990). Vorteile dieses Vorgehens sind, dass dieselbe Definition unabhängig von den Testinstrumenten und von der Praxis der Notenvergabe verwendet werden kann und dass Underachiever über die gesamte Spanne intellektueller Fähigkeiten und schulischer Leistung hinweg identifiziert werden. Nachteile sind jedoch, dass für hoch begabte Schüler zum Teil unsinnige Klassifikationen resultieren können (ein extrem hoch Begabter mit einem IQ von 160 wäre z. B. auch dann ein Underachiever, wenn er in seinen Schulleistungen einen Prozentrang von 95 erreichte). Dieses kann umgangen werden, indem man die Klassifikation durch ein inhaltliches Kriterium wie z. B. Prozentrang der Schulleistung < 50 ergänzt. Auch hier wird die Größe der psychologisch bedeutsamen Diskrepanz zwischen vorhergesagter und tatsächlicher Schulleistung, ab der von Underachievement auszugehen ist, willkürlich festgelegt.

Artefakt oder Underachievement-Syndrom?

Da Intelligenz und Schulleistungen nicht perfekt miteinander korrelieren und Schulleistungen multifaktoriell bedingt sind, ist das Konstrukt des Underachievement vielfach als Methodenartefakt kritisiert worden (z. B. Helmke & Weinert, 1997). Abweichungen zwischen Potenzial und Leistung sind zu erwarten. Doch auch wenn es zu kurz gegriffen ist, Schulleistungen durch intellektuelle Schülervariablen erklären zu wollen, so zeigt sich für die Gruppe der Underachiever ein wiederholt nachweisbarer, also stabiler Problemkomplex: Underachiever haben geringer ausgeprägte Werte in konativen, motivationalen und affektiven Variablen und besondere Schwierigkeiten beim Lernen. Dieses immer wieder beobachtete Underachievement-Syndrom (Hanses & Rost, 1998) spricht gegen die Einstufung von Underachievement als artifizielles Konzept und weist, unter Berücksichtigung des Leidensdrucks, dem Underachiever ausgesetzt sind, und unter der Perspektive der Ausschöpfung kognitiver, gesellschaftlicher Ressourcen, auf einen hohen Interventionsbedarf hin.

In der Praxis der Underachievementdiagnostik können beide oben genannten Methoden nur Verwendung finden, wenn eine ausreichend große Datengrundlage vorliegt, z. B. dadurch, dass man Intelligenztestwerte und/oder Schulnoten aller Schüler einer Klasse zur Verfügung hat. Sonst sind Prozentrangbildungen oder eine regressionsanalytische Vorgehensweise nicht möglich. Werden Schulleistungstests als Kriterium herangezogen, ermöglicht deren Standardisierung auch im Einzelfall die Methode der Cut-Off-Setzung. Auch auf Grund der mangelnden Güte von Schulnoten empfiehlt sich der Einsatz standardisierter Schulleistungstests. Die Diskrepanz zwischen erwartbarer und tatsächlich gezeigter Leistung muss, da es bislang keine allgemein akzeptierten Kriterien gibt, vom Diagnostiker selbst festgelegt werden. Die aus diesem Entscheidungsspielraum resultierende Unsicherheit bei der Diagnostik von Underachievement kann durch eine breit angelegte Diagnostik reduziert werden, die Variablen der Persönlichkeit und der Umwelt berücksichtigt. Das bereits erwähnte Phasenmodell zur Underachievement-Diagnose von Ziegler et al. (2000) kann dabei als Orientierungsgrundlage dienen.

Abschließend seien in Kasten 7 die allgemeinen Standards für den Einsatz psychologischer Tests an Schulen aus den Standards für pädagogisches und psychologisches Testen (Häcker, Leutner & Amelang, 1998) zitiert:

Kasten 7:
Standards für den Einsatz psychologischer Tests an Schulen

– Die für Schultestprogramme Verantwortlichen sollten sicherstellen, dass die mit der Durchführung der Tests beauftragten Personen eine ausreichende Unterweisung in der angemessenen Vorgehensweise erhalten und die Wichtigkeit der Beachtung der vom Testautor vorgegebenen Durchführungsanweisungen verstehen. (Standard 8.1)

– Die für Schultestprogramme Verantwortlichen sollten sicherstellen, dass diejenigen, die die Testwerte im schulischen Kontext verwenden, sorgfältig in die geeigneten Verfahren der Testwertinterpretationen eingewiesen wurden. (Standard 8.2)

– Werden auf der Grundlage von Testergebnissen Aussagen über die Unterschiede zwischen Fähigkeit und Leistung eines einzelnen Schülers gemacht, sollte bei jeder anhand dieser Unterschiede getroffenen Entscheidung bezüglich der schulischen Laufbahn berücksichtigt werden, dass eine Überschneidung zwischen diesen Konstrukten besteht. Darüber hinaus sollte die Reliabilität oder der Standardfehler des Differenzscores berücksichtigt werden. (Standard 8.3)

– Die Zusammenhänge zwischen Prädiktor- und Kriteriumsmaßen, die bei Zulassungsentscheidungen im Bildungs- und Ausbildungsbereich verwendet werden, sollten in Form von Regressionsgleichungen und den entsprechenden Standardschätzfehlern oder zusätzlich zu den Korrelationskoeffizienten durch Erwartungswerttabellen dargestellt werden. (Standard 8.9)

– Die Möglichkeit, dass bei schulischen Selektionen für bestimmte Gruppen differenzielle Vorhersagbarkeit vorliegt, sollte näher untersucht werden, wenn dieses von bereits vorliegenden Befunden mit angemessener Stichprobengröße nahegelegt wird. (Standard 8.10)

– Zusammenhänge zwischen bestimmten Testergebnissen, daraufhin empfohlenen Bildungs- und Ausbildungsplänen und den erwünschten Ergebnissen auf Schülerseite sollten von Testanwendern nur dann postuliert werden, wenn auch die entsprechenden empirischen Nachweise vorliegen. (Standard 8.11)

– In der Schulbildung auf der Elementar- oder Sekundarstufe sollte eine Entscheidung oder Charakterisierung, die massive Auswirkungen auf den Probanden zur Folge haben wird, nicht automatisch auf der Grundlage eines einzelnen Testwertes getroffen werden. Die mit der Entscheidung befaßten Fachleute sollten auch andere dafür bedeutsame Informationen berücksichtigen. (Standard 8.12)

6.2 Berufsberatung, Personalauswahl und Personalentwicklung

Intelligenz – ein valider Prädiktor für berufliche Leistungen

Im beruflichen Bereich werden Intelligenztests im Kontext der Eignungsdiagnostik bzw. der Personalauswahl und -entwicklung eingesetzt. Wie bereits in Kapitel 3.3.2 zur Validität von Intelligenztestergebnissen dargestellt wurde, hat sich Intelligenz im Vergleich mit anderen Fähigkeits- und Persönlichkeitsmerkmalen in nahezu jedem Tätigkeitsbereich als außergewöhnlich valider Prädiktor für die berufliche Leistung erwiesen (Kanfer, Ackerman, Mutha & Goff, 1995; Ones et al., 2004). Die Zusammenhänge zwischen Intelligenz und Berufsleistung sind dabei umso höher, je anspruchsvoller und komplexer die berufliche Tätigkeit ist (Hunter & Hunter, 1984). Studien zur Intelligenz von Angehörigen verschiedener Berufssparten zeigen, dass der minimal erforderliche IQ für eine erfolgreiche Berufsausübung mit der Höhe des Berufsstatus steigt. Bei einer rein deskriptiven Aufstellung ergaben sich z. B. die in Tabelle 10 aufgeführten Unterschiede in der mittleren Intelligenz – erfasst mit dem Wechslertest – zwischen verschiedenen Berufsgruppen (Loehlin, 2000).

Die Berufseignungsdiagnostik erfolgt mit dem Ziel, eine Passung von Fähigkeiten einer Person und Anforderungen des Berufs herzustellen. Das bedeutet, dass die Berufseignungsdiagnostik nicht damit auskommt, nur die Personenseite zu betrachten, sondern auch die Anforderungen auf der Seite der beruflichen Tätigkeit. Hierbei stellen die intellektuellen Fähigkeiten einer Person und die intellektuellen Anforderungen einer Tätigkeit nur einen Teilaspekt dar. Hinzu kommen nicht-intellektuelle Fähigkeiten und Anforderungen, wie z. B. die Interessen und die Motivation einer Person und – auf der anderen Seite – das so genannte Befriedigungspotenzial der Stelle für diese Bedürfnisse. Immer wichtiger wird zudem das Entwicklungspotenzial einer Person, da sich berufliche Anforderungen verändern und die Personalentwicklung durch Weiterbildungen und Trainings im Vergleich zur Selektion und Platzierung geeigneter Personen zunehmend an Bedeutung gewinnt (Kanfer et al., 1995). Wie jedoch bereits in den Kapiteln 3.3.2 und 3.5 gezeigt, wird der Lernerfolg, z. B. in Trainings, entscheidend durch die allgemeine intellektuelle Fähigkeit einer Person beeinflusst. Tabelle 11 listet diese Aspekte nochmals im Überblick auf.

Tabelle 10:
Unterschiede im mittleren IQ zwischen verschiedenen Berufsgruppen

Berufsgruppe	Mittelwert	Standardabweichung
Akademiker und Berufstätige mit fachlicher technisch qualifizierter Ausbildung	111	13
Büroangestellte	104	13
Ausgebildete Arbeiter	99	13
Angelernte Arbeiter	93	14
Ungelernte Arbeiter	89	15

Tabelle 11:
Vergleich zwischen Tätigkeit und Person bei berufsbezogenen Entscheidungen
(nach Schuler, 1996)

Tätigkeit	Person
Anforderungen	Fähigkeiten, Fertigkeiten, Kenntnisse
Befriedigungspotenzial	Interessen, Bedürfnisse, Werthaltungen
Veränderung	Entwicklungspotenzial und allgemein erfolgsrelevante Merkmale

Intellektuelle Fähigkeiten sind somit eine notwendige, aber keine hinreichende Bedingung beruflicher Leistungen. Die Nützlichkeit des Einsatzes von Intelligenztests bei der Auswahl oder Platzierung von Personen im Arbeitskontext ist dabei zum einen vom Verhältnis der Bewerberanzahl zu offenen Stellen und zum anderen von den Anforderungen der Stelle abhängig. Ist die Bewerberanzahl im Verhältnis zu offenen Stellen gering, steht eher die Anwerbung als die Auswahl von Personal im Vordergrund. Der Nutzen des Einsatzes von Intelligenztests ist entsprechend gering. Bei hoher Bewerberanzahl und wenigen zu vergebenden Stellen trägt der Einsatz von Intelligenztests klar zu erfolgversprechenderer Auswahl und damit zur Kostenersparnis bei. Zu beachten ist dabei, dass Intelligenztests bei der Besetzung von komplexen Stellen mit hohen Lernanforderungen wertvollere Beiträge liefern als bei der Besetzung von Stellen, bei denen z. B. einfache körperliche Anforderungen gestellt werden.

Allgemeine Intelligenz vs. spezifische Fähigkeiten

In Kapitel 3.3.2 wurde bereits die Frage diskutiert, ob allgemeine Intelligenztests oder Tests zur Erfassung spezifischer Fähigkeiten, Kenntnisse und Fertigkeiten die gültigeren Vorhersagen für die berufliche Leistung erbringen. Generell gilt, dass für Berufe mit breiten Anforderungsstrukturen allgemeine Intelligenztests genauso gute oder bessere Vorhersagen leisten wie spezifische Tests (Ones et al., 2004). Weitere Argumente für den Einsatz allgemeiner Intelligenztests begründen sich darauf, dass Mitarbeiter selten in der Position verbleiben, in der sie angestellt wurden und dass sich die beruflichen Anforderungen mit der Zeit häufig verändern. Geht es bei diesen Veränderungen nicht nur darum, dass vorhandene berufliche Kompetenzen ausgebaut werden sollen, sondern dass *neue* Inhalte und Kompetenzen erworben werden müssen, hat die allgemeine Intelligenz einen entscheidenden Einfluss auf den Lernerfolg (Holling & Liepmann, 2003; Kanfer et al., 1995). Die Personalauswahl für Stellen mit sehr spezifischen Anforderungen kann jedoch vom Einsatz spezifischer Fähigkeitstests profitieren (z. B. Test zum technisch-mechanischen Verständnis für Maschinenbauer oder Test zu verbalen Fähigkeiten für Journalisten; Weinert & Hany, 2000). Zudem zeigte sich in Metaanalysen, dass Tests zum bereichsspezifischen Vorwissen bzw. Fachwissen vergleichbar hohe Zusammenhänge zu Berufsleistungen aufweisen wie allgemeine Intelligenztests (Dye, Reck & McDaniel, 1993). Verschiedene Untersuchungen zeigen, dass Fachkenntnisse eine Mediatorfunktion zwischen Intelligenz und der beruflichen Leistungsbeurteilung einnehmen (z. B. Schmidt, 1992). Jedoch bildet wiederum die Intelligenz bzw. Lernfähigkeit einer Person die Basis für den Erwerb von Fachwissen.

Generell kann die Frage, ob allgemeine oder spezifische Intelligenztests verwendet werden sollen, nur in Abhängigkeit davon beantwortet werden, welcher Leistungsbereich bzw. welches Kriterium vorhergesagt werden soll: Wird ein eng umgrenztes Kriterium vorhergesagt (z. B. für Tätigkeiten, die ein gutes räumliches Vorstellungsvermögen erfordern), müssen Verfahren zur Erfassung spezifischer Prädiktoren eingesetzt werden. Soll hingegen ein allgemeines Leistungskriterium eingesetzt werden (z. B. Führungsfähigkeiten), so müssen auch die zur Vorhersage eingesetzten Testverfahren ein vergleichbares allgemeines Abstraktionsniveau aufweisen (Schuler, 2001).

In der Praxis der Intelligenzdiagnostik im Bereich der Wirtschaft werden in den meisten Fällen publizierte Testverfahren mit deren Normen verwendet. In Großunternehmen werden gelegentlich eigene Tests erstellt. Einen umfassenden Überblick über Grundlagen und Testverfahren der Berufseignungsdiagnostik gibt das Handbuch personaldiagnostischer Instrumente (Kanning & Holling, 2002). Jede Anwendung von Testverfahren für die Berufseignungsdiagnostik unterliegt spezifischen Standards. Nachfolgend werden diese in Kasten 8 aus den Standards für pädagogisches und psychologisches Testen (Häcker et al., 1998) zitiert:

Kasten 8:
Spezifische Standards für die Testung im Rahmen der Berufseignungsdiagnostik

– Es sollte nur dann von einer einzelnen vorliegenden Validierungsstudie auf kriteriumsbezogene Validität in einer gegenwärtigen Situation geschlossen werden, wenn die vorliegende kriteriumsbezogene Untersuchung unter günstigen Bedingungen durchgeführt wurde (z. B. große Stichprobe und gut untersuchtes passendes Kriterium) und wenn die gegenwärtige Situation mit der vorangegangenen in hohem Maße übereinstimmt. (Standard 10.1)

– Werden Tests für Klassifikationsentscheidungen verwendet (wenn z. B. auf Grund des Musters der Prädiktortestwerte differenzielle Arbeitszuweisungen vorgenommen werden), sollten Nachweise für die differenzielle Vorhersage für Tätigkeiten oder Tätigkeitsgruppen vorgelegt werden. (Standard 10.2)

– Es sollte ausführlich begründet werden, weshalb einem Kriterium Relevanz zugesprochen wird. Die Begründung sollte eine Beschreibung der fraglichen Tätigkeit und die für die Relevanzbestimmung verwendeten Beurteilungen enthalten. (Standard 10.3)

– Inhaltsvalidierungen sollten auf der Basis einer gründlichen und expliziten Definition des betreffenden Inhaltsbereichs vorgenommen werden. Bei Selektions-, Klassifikations- und Beförderungsfragestellungen in der Arbeitswelt sollte die Charakterisierung des Inhaltsbereichs auf einer Arbeitsanalyse beruhen. (Standard 10.4)

- Werden inhaltsbezogene Validierungsbefunde herangezogen, um die Anwendung eines Tests im Rahmen einer Selektion oder Beförderung zu rechtfertigen, sollte eine enge Beziehung zwischen Testinhalt und Tätigkeitsinhalt aufgezeigt werden können. (Standard 10.5)

- Bei der Darstellung von inhaltsbezogenen Validitätsbelegen sollte die theoretische Grundlage für die Art und Weise der Beschreibung und Definition eines Testinhalts und eines spezifischen inhaltlichen Tätigkeitsbereichs (z. B. in Form von zu bearbeitenden Aufgaben, Kenntnissen, Fertigkeiten, Fähigkeiten oder anderen Persönlichkeitsmerkmalen) klar dargelegt werden. Aus dieser Begründung soll hervorgehen, dass die angeblich den Inhaltsbereich definierenden Kenntnisse, Fertigkeiten und Fähigkeiten auch tatsächlich die hauptsächlichen Determinanten für Leistung in diesem Bereich darstellen. (Standard 10.6)

- Basiert die Validität eines Tests zur Selektion für eine bestimmte Tätigkeit auf inhaltsbezogenen Belegen, kann für die Verwendung des Tests in einer neuen Situation nur dann entsprechende Validität gefolgert werden, wenn die durch eine Arbeitsanalyse bestimmten kritischen inhaltlichen Faktoren der Tätigkeit im Wesentlichen dieselben sind, die für das Testmaterial erforderliche Lesefertigkeit der neuen Bewerbergruppe und der neuen Tätigkeit angemessen ist und dass die neue Situation keine erkennbaren Merkmale enthält, die die ursprüngliche Bedeutung des Testmaterials wesentlich verändern. (Standard 10.7)

- Wenn konstruktbezogene Belege den hauptsächlichen Hinweis auf Validität darstellen, müssen zwei Verbindungen aufgezeigt werden: Erstens sollte die Validität des Tests als Maß für das Konstrukt und zweitens sollte die Validität des Konstrukts als wesentlicher Bestimmungsfaktor für berufliche Leistung belegt sein. Für diese Verbindung sollte eine eindeutige konzeptuelle Begründung bestehen. Sowohl das Konstrukt wie auch die damit in Verbindung gebrachten Tätigkeitsmerkmale sind sorgfältig zu definieren. Der postulierte Zusammenhang sollte durch entsprechende Ergebniskonstellationen bestätigt werden. Expertenurteile sollten nicht als alleinige Untermauerung des Anspruchs von konstruktbezogener Validität herangezogen werden. (Standard 10.8)

- Für jeden kritischen Trennwert, der bei Personalentscheidungen ausschlaggebend wird, ist eine eindeutige Erläuterung seiner technischen Grundlage zu geben. Die Festsetzung von Trennwerten sollte nicht nur allein auf der Grundlage der Empfehlungen im Handbuch vorgenommen werden. (Standard 10.9)

Die DIN 33430 für spezielle Standards der berufsbezogenen Eignungsbeurteilung

2002 wurde die DIN 33430 veröffentlicht, die speziell für berufsbezogene Eignungsbeurteilungen Anforderungen an Verfahren und deren Einsatz enthält. Die Erstellung der DIN 33430 geht auf eine Initiative des Berufsverbandes Deutscher Psychologinnen und Psychologen (BDP) aus dem Jahr 1994 zurück und baut auf der Kooperation von BDP, der Deutschen Gesellschaft für Psychologie (DGPs) und Vertretern aus Wissenschaft und Praxis, von Unternehmen, Behörden, Verbänden und Verlagen auf. Die DIN 33430 formuliert Qualitätskriterien und -standards für berufsbezogene Eignungsbeurteilungen sowie für die an der Eignungsbeurteilung beteiligten Personen. Beispielsweise wird gefordert, dass

- die zur Eignungsbeurteilung verwendeten Verfahren auf Grundlage einer Arbeits- und Anforderungsanalyse ausgesucht werden,
- vor der Testanwendung Regeln zur Auswertung, Interpretation und Entscheidung festgelegt werden,
- geeignete Normwerte verwendet werden, die der Referenzgruppe der Testpersonen entsprechen (z. B. ist die Beurteilung von Führungskräften nicht normgerecht, wenn sie anhand von Normtabellen erfolgt, die aus Realschülerdaten abgeleitet wurden),
- die Gütekriterien der Verfahren sowie deren Normwerte spätestens alle acht Jahre überprüft werden,
- der gesamte Prozess der Eignungsbeurteilung, einschließlich der Gütekriterien der Verfahren und der Entscheidungsregeln, nachvollziehbar dokumentiert wird.

Die DGPs beschreibt die Norm wie folgt: „Unternehmen können die DIN 33430 im Rahmen ihres – z. B. nach ISO 9000 ff. ausgerichteten – Qualitätsmanagementsystems nutzen. Die ISO 9000 ff. ist ein international abgestimmter Qualitätsmanagement-Leitfaden, in dem branchenneutral Elemente eines Qualitätsmanagementsystems beschrieben und erklärt werden. Auf dieses Fundament können dann die spezifischen Forderungen der DIN 33430 aufgesetzt werden. Für Unternehmen, die sich an die vorgelegte Systematik halten, besteht die Möglichkeit, durch externe Auditierung ein Zertifikat zu erlangen, das auch die Übereinstimmung ihres Qualitätsmanagementsystems in der Eignungsbeurteilung mit der DIN 33430 bestätigt. Dazu gehört, dass die in der Eignungsbeurteilung tätigen Personen durch Prüfungen eine Lizenz erwerben können, die bestätigt, dass sie den in der DIN 33430 formulierten Qualitätsanforderungen an den Auftragnehmer oder an den Mitwirkenden genügen. Die isolierte Zertifizierung von einzelnen Produkten, z. B. ein Test-Gütesiegel, ist auf Grund der DIN 33430 nicht möglich, da es sich um eine Prozess- und nicht um eine Produkt-Norm handelt." (http://www.dgps.de/_news/details.php4?&id=126; 16.09.2003).

Zertifizierung von Unternehmen

Eine ausführliche Darstellung der in der DIN 33430 enthaltenen Grundsätze, Überlegungen und Schlussfolgerungen findet sich in Hornke und Winterfeld (2003).

Intelligenzdiagnostik in der Berufsberatung

Bereits 1909 formulierte Parsons drei Elemente einer gelungenen Berufswahl, die bis heute nichts von ihrer Bedeutung verloren haben. Diese sind: (1) das Wissen um die eigene Person, (2) das Wissen um die Anforderungen und Möglichkeiten verschiedener Berufe und (3) das Zusammenbringen von Person und Beruf nach dem Prinzip der bestmöglichen Passung. Die Komplexität der beruflichen Entscheidungsfindung stellt hohe Anforderungen an die Berufsberatung (einen Überblick über Theorien zum Berufswahlverhalten geben z. B. Holling, Lüken, Preckel & Stotz, 1999). Eingebettet in systemische Theorien der Intelligenz wie beispielsweise die Triarchische Intelligenztheorie von Sternberg (vgl. Kap. 2.6), ergibt sich beruflicher Erfolg aus der Interaktion nicht-kognitiver und kognitiver Persönlichkeitsmerkmale und Merkmalen der Umwelt. Amundson (1990; zitiert nach Amundson, Borgen & Tench, 1995) entwickelte aufbauend auf Sternbergs Theorie ein Modell beruflicher Kompetenz, das acht Faktoren unterscheidet, die beruflichen Erfolg fördern (Bedeutungshaltigkeit der Tätigkeit und auf Seiten der Person Problemlösefähigkeit, Kommunikationsfähigkeit, theoretisches und Anwendungswissen, Anpassungsfähigkeit bzw. soziale Kompetenz, Beziehungsfähigkeit sowie Selbstvertrauen). Wir können hier nicht auf alle Aspekte eingehen. Für die Intelligenzdiagnostik im Kontext beruflicher Beratung folgt jedoch aus der komplexen Bedingtheit der beruflichen Entscheidung und des Berufserfolgs, dass Intelligenztestergebnisse immer im Zusammenhang mit der Persönlichkeit und der Umwelt des Klienten gesehen werden müssen. Der Berufsberater benötigt beispielsweise Wissen über die kognitiven Anforderungen von Berufen und Karriere- und Veränderungsmöglichkeiten innerhalb dieser Berufe. Letzteres setzt auch das Wissen über die Arbeitsmarktlage sowie über wirtschaftliche und soziale Verhältnisse voraus. Einige Informationen zu kognitiven Anforderungen verschiedener Berufe gibt z. B. die Datenbank für Ausbildungs- und Tätigkeitsbeschreibungen BERUFEnet, die auf der Web-Site des Arbeitsamtes unter http://berufenet.arbeitsamt.de zu finden ist.

Ein Modell beruflicher Kompetenz

Auf dieser Kenntnisgrundlage erfolgt die Auswahl von Intelligenztests zur Vorhersage der beruflichen Erfolgschancen (zur Auswahl allgemeiner oder spezifischer Tests siehe oben). Intelligenztestdaten lassen zwar kaum Vorhersagen über die berufliche Zufriedenheit zu (Weinert & Hany, 2000), sie sind jedoch – wie bereits dargestellt – insbesondere für komplexe Berufe der relativ valideste Prädiktor zur Vorhersage beruflicher Leistungen. Ein Ziel der Berufsberatung ist es, dem Klienten Informationen zur Verfügung zu stellen, die ihm dabei helfen, seine Berufswahl zu treffen. Daher ist es von entscheidender Bedeutung, dem Klienten die Testergebnisse in einer nachvollziehbaren und verständlichen Form zu übermitteln. Hinweise dazu sowie weitere Empfehlungen für die Testanwendung in der Beratung geben die Standards für pädagogisches und psychologisches Testen (Häcker et al., 1998; s. Kasten 9).

Kasten 9:
Spezifische Standards für die Testung im Rahmen der Berufsberatung

– Das vorrangige Ziel für die Testanwendung im Beratungsbereich sollte die Erhebung von bedeutsamen Informationen und deren angemessener Vermittlung und Interpretation sein, so dass Klienten mit unterschiedlichem Hintergrund hinsichtlich wichtiger persönlicher, beruflicher oder ausbildungsrelevanter Entscheidungen beraten werden können. (Standard 9.1)

– Berater sollten das den Klienten zur Verfügung gestellte Interpretationsmaterial hinsichtlich seiner Genauigkeit, Eindeutigkeit und Nützlichkeit überprüfen. Handanweisungen für Tests oder computererstellte Interpretationen sollten hinsichtlich der Validitätshinweise für die vorgenommenen spezifischen Interpretationen beurteilt werden. (Standard 9.2)

– Berater sollten technische Daten eines Tests überprüfen und ausreichend begründen, weshalb sie für Männer und Frauen entweder kombinierte oder getrennte Normen in den Berichten für die Probanden verwenden. (Standard 9.3)

– Bietet ein Testherausgeber oder -verleger mehrere Tests für den Beratungsgebrauch in kombinierter Form an, sollte der Berater anhand der Handanweisung die theoretische Begründung für diese spezifische Testkombination sowie die Rechtfertigung der zwischen den Testwerten postulierten interpretativen Beziehungen überprüfen. (Standard 9.4)

– Berater sollten den Handbüchern alle Informationen entnehmen, aus denen hervorgeht, wie die vorgeschlagenen oder angedeuteten beruflichen Optionen (z. B. die Ausbildung oder der Beruf, die durch die höchsten erreichten Testwerte nahegelegt werden) in den Stichproben der typischen Probanden, getrennt nach Geschlecht und bedeutsamen ethnischen Gruppen, verteilt sind. (Standard 9.5)

– Berater sollten die dem Probanden zur Verfügung gestellten Testmaterialien daraufhin überprüfen, ob sie den Probanden in angemessener Weise darauf hinweisen, dass er sich bei wichtigen Lebensentscheidungen nicht ausschließlich auf die Testwerte berufen sollte. Der Berater sollte den Klienten ermutigen, auch andere bedeutsame Informationen über persönliche und soziale Kompetenzen, Wertvorstellungen, Interessen, Leistungen, Erfahrungen und andere Testwerte und Beobachtungen zu berücksichtigen. (Standard 9.6)

– Berater sollten die Verwendung vielfältiger valider Einschätzungen der Fähigkeiten, sozialen Kompetenzen und Interessen eines einzelnen fördern. (Standard 9.7)

– Für Personen, die in den Beruf oder die Ausbildung wieder eintreten oder die eine Umschulung machen, sollte der Berater das Interpretationsmaterial für Fähigkeits- oder Interessensmeßinstrumente und andere Tests sorgfältig daraufhin überprüfen, ob es für diese Gruppen von Klienten auch geeignet ist. Alter, Erfahrung und Hintergrund eines Klienten sollten mit den Merkmalen der Normierungsgruppen verglichen werden, auf denen die Testwerte basieren. (Standard 9.8)

– Berater sollten hinsichtlich des Interpretationsmaterials von Tests absichern, dass die Fallstudien und Beispiele sich nicht in den Schilderungen von Menschen in traditionellen Rollen erschöpfen. (Standard 9.9)

6.3 Klinische Psychologie und Psychiatrie

In Lehrbüchern zur Klinischen Psychologie und Psychiatrie finden sich in den Kapiteln zur (Test-)Diagnostik in der Regel nur wenige Informationen zur Intelligenztestung im psychotherapeutischen Bereich. Auch im umfangreichen Testhandbuch „Diagnostische Verfahren in der Psychotherapie" (Brähler, Schumacher & Strauss, 2002) werden keine Verfahren zur Intelligenzmessung beschrieben. Diese Auslassung von Intelligenztests hängt vermutlich zum einen damit zusammen, dass eine Intelligenzdiagnostik keine klassifikatorische Entscheidung erlaubt, nach der einem Patienten eine bestimmte psychische Störung im Sinne einer Diagnose nach ICD-10 zugeschrieben werden kann (Rist & Dirksmeier, 2001). Eine Ausnahme bildet hier die Intelligenzminderung bzw. geistige Behinderung (s. u.), bei der die Erhebung der allgemeinen Intelligenz zentral ist. Zum anderen mag eine Rolle spielen, dass für eine Intelligenzdiagnostik in der ambulanten Psychotherapie häufig nicht genügend Zeit ist, da die Diagnostik innerhalb der ersten fünf probatorischen Sitzungen erfolgt. Psychotherapeuten verzichten daher meist eher auf eine Intelligenztestung.

Dennoch wird die Intelligenz auch im Rahmen der klinischen Praxis häufig getestet, insbesondere in psychiatrischen und forensischen Kliniken sowie bei Kindern und Jugendlichen. In folgenden Bereichen der klinisch-psychologischen Praxis kann eine Intelligenztestung relevant sein:

Verschiedene diagnostische Fragestellungen

Differenzialdiagnostik: Eine Intelligenzdiagnostik kann wertvolle Hinweise liefern, wenn etwa geklärt werden soll, ob eine bestimmte Verhaltens- oder Persönlichkeitsstörung auch auf hirnorganische Veränderungen zurückgeführt werden kann. Auch die Frage, ob eine verminderte intellektuelle Leistung auf eine beginnende demenzielle Entwicklung hinweist oder ob es sich um Symptome einer Depression handelt, kann mittels einer (wiederholten) Leistungsdiagnostik untersucht werden (Rist & Dirksmeier, 2001).

Indikationsdiagnostik: Ziel einer therapiebezogenen Diagnostik soll u. a. die Herstellung einer individuell möglichst optimalen Passung von Patient, Therapeut und Behandlungsmethode sein (Schumacher & Brähler, 2000). Hier kann das intellektuelle Leistungsniveau eines Patienten eine wichtige Rolle spielen, z. B. wenn überlegt wird, ob bestimmte psychoedukative Programme indiziert sind oder die notwendige Introspektionsfähigkeit eines Patienten gegeben ist.

Entscheidungshilfe bei Rehabilitationsmaßnahmen: Einige psychische Störungen wie z. B. Schizophrenie können mit dauerhaften Beeinträchtigungen der kognitiven Fähigkeiten einhergehen. Eine genaue Bestimmung der noch vorhandenen kognitiven Leistungsfähigkeit kann hilfreich sein, wenn eine Wiedereingliederung in den Beruf oder eine Fortsetzung der Ausbildung geplant ist und Hinweise für die Gestaltung von Trainingsmaßnahmen benötigt werden (Rist & Dirksmeier, 2001).

Psychologische Diagnostik bei Kindern und Jugendlichen: In einer kinder- und jugendpsychologischen Untersuchung sollte die Intelligenz des Patienten standardmäßig erhoben werden (Niebergall, 2000). Im multiaxialen Klassifikationsschema für psychische Störungen des Kindes- und Jugendalters nach ICD-10 wird das Intelligenzniveau auf Achse III kodiert. Die Testung dient hier als Prognose für den Therapieverlauf und zur Abschätzung der zukünftigen Leistungsentwicklung. Bei Kindern mit sehr geringer Intelligenz treten psychische Störungen insgesamt vermehrt auf. Eine Intelligenzminderung wirkt sich auf die Diagnose, die Ausprägung und den Verlauf vieler anderer psychischer Störungen aus.

Im Folgenden gehen wir auf zwei weitere Bereiche der klinischen Diagnostik detaillierter ein, in denen die Intelligenztestung eine zentrale Rolle spielt:

Die Diagnose einer Intelligenzminderung oder geistigen Behinderung und die Diagnose von Intelligenzabbau. Im Anschluss behandeln wir Besonderheiten der Intelligenztestung bei intellektuell beeinträchtigten Patienten.

6.3.1 Diagnostik von Intelligenzminderung bzw. geistiger Behinderung

Kriterien der Diagnosesysteme

Unter Intelligenzminderung (F7, ICD-10; Dilling, Mombour & Schmidt, 2000) oder geistiger Behinderung (F70.9-F79.9, DSM-IV-TR; Saß et al., 2003) werden Ausprägungen kognitiver Fähigkeiten subsumiert, die mindestens zwei Standardabweichungen unter dem Mittelwert der Intelligenzwerte liegen (d. h. IQ < 70). Die Intelligenzminderung bzw. geistige Behinderung kann unterschiedliche Ausprägungsgrade annehmen, die nach den internationalen Klassifikationssystemen (ICD-10 bzw. DSM-IV-TR) eingeordnet werden können. Für die Diagnostik einer Intelligenzminderung oder geistigen Behinderung ist eine Intelligenzmessung unerlässlich. Im multiaxialen Diagnosesystem DSM-IV-TR wird die geistige Behinderung gemeinsam mit Persönlichkeitsstörungen auf Achse II kodiert. Dies soll gewährleisten, dass eine geistige Behinderung auch dann erkannt wird, wenn sich die Diagnostik auf die in der Regel auffälligere Achse-I-Störung konzentriert. Eine möglichst frühe Diagnose ist wichtig, um eine optimale Förderung und Unterstützung gewährleisten zu können. Besondere Relevanz hat die Diagnostik von Intelligenzminderung auch in der forensischen Psychologie bei der Begutachtung von Schuldfähigkeit bei Straftätern.

Nach dem ICD-10 stellt eine Intelligenzminderung einen Zustand von verzögerter oder unvollständiger Entwicklung der geistigen Fähigkeiten dar. Beeinträchtigt sind insbesondere Fertigkeiten, die sich in der Entwicklungsperiode manifestieren und die zum Intelligenzniveau beitragen, wie Kognition, Sprache, motorische und soziale Fähigkeiten. Im DSM-IV-TR wird geistige Behinderung folgendermaßen definiert: „Das Hauptmerkmal der Geistigen Behinderung ist eine deutlich unterdurchschnittliche allgemeine intellektuelle Leistungsfähigkeit (Kriterium A). Diese ist begleitet von starken Einschränkungen der Anpassungsfähigkeit in mindestens zwei der folgenden Bereiche: Kommunikation, eigenständige Versorgung, häusliches Leben, soziale/zwischenmenschliche Fertigkeiten, Nutzung öffentlicher Einrichtungen, Selbstbestimmtheit, funktionale Schulleistungen, Arbeit, Freizeit, Gesundheit und Sicherheit (Kriterium B). Der Beginn der Störung muss vor dem Alter von 18 Jahren liegen (Kriterium C)." (S. 73).

Sehr geringe Ausprägungen von Intelligenz sind zum einen bedingt durch die Varianz der Norm. Entsprechend der Normalverteilung wird erwartet, dass etwa 2 % aller Menschen einen IQ < 70 aufweisen. Zusätzlich kann eine Intelligenzminderung jedoch organisch bedingt sein. Es werden auf Basis der Ätiologie mehrere Gruppen der Intelligenzminderung unterschieden: chromosomal verursachte Intelligenzminderungen (z. B. Trisomie 21), metabolisch-genetisch oder endokrin bedingte Intelligenzminderungen (z. B. Störungen des Aminosäurenstoffwechsels), Intelligenzminderungen durch Infektionskrankheiten, Unfälle, Frühgeburt oder giftige chemische Substanzen (Davison & Neale, 1996). Durch solche organisch bedingten Intelligenzminderungen sind geringe Intelligenzquotienten deutlich überrepräsentiert und entsprechen nicht der Erwartung der Normalverteilung – bei etwa 10 % der Bevölkerung kann eine Intelligenzminderung festgestellt werden (Remschmidt & Niebergall, 2000). Von der Intelligenzminderung abgegrenzt wird die Demenz. Diese bezieht sich auf den *Abbau* intellektueller Funktionen auf Grund krankhafter Prozesse im Gehirn (z. B. Enzephalitis, Epilepsie; Remschmidt & Niebergall, 2000).

Intelligenzminderung bei ca. 10 % der Menschen

Intelligenzminderungen können allein oder zusammen mit jeder anderen psychischen oder körperlichen Störung auftreten. Die Diagnostik von Intelligenzminderung durch Intelligenztests wird daher in der Regel durch weitere Skalen, z. B. zur Einschätzung der sozialen Anpassung in der jeweiligen Umgebung, erweitert. Gehäuft tritt eine Intelligenzminderung bei Patienten mit frühkindlichem oder atypischem Autismus (jedoch nicht beim Asperger-Syndrom) sowie bei Kindern mit hyperkinetischem Verhalten mit Bewegungsstereotypien auf (Schmidt, 2002). Für die Entstehung mancher Störungen kann eine Intelligenzminderung als Schutzfaktor betrachtet werden, das heißt, dass die Störungen bei Intelligenzgeminderten seltener auftreten (insbesondere emotionale Störungen). Für andere Störungen stellt eine Intelligenzminderung einen Risikofaktor dar (z. B. bestimmte Angststörungen). Ein Überblick über die Zusammenhänge von Intelligenzminderung und anderen Störungen findet sich bei Schmidt (2002).

Im Folgenden werden die Intelligenzwerte für die Einteilung in vier Grade der Intelligenzminderung nach ICD-10 dargestellt (Dilling et al., 2000).

Grade der Intelligenzminderung

1. Leichte Intelligenzminderung
   IQ-Bereich von 50 bis 69 bzw. bei Erwachsenen ein Intelligenzalter von neun bis unter zwölf Jahren (weitere Bezeichnungen: Schwachsinn, leichte geistige Behinderung, leichte Oligophrenie, Debilität). Personen mit leichter Intelligenzminderung haben in der Regel Lernschwierigkeiten in der Schule. Als Erwachsene können sie jedoch ein Arbeitsverhältnis aufnehmen und gute soziale Beziehungen unterhalten.
2. Mittelgradige Intelligenzminderung
   IQ-Bereich von 35 bis 49 bzw. bei Erwachsenen ein Intelligenzalter von sechs bis unter neun Jahren (weitere Bezeichnungen: mittelgradige geistige Behinderung, mittelgradige Oligophrenie, Imbezillität). Personen mit mittelgradiger Intelligenzminderung zeigen in der Kindheit deutliche Entwicklungsverzögerung. Als Erwachsene sind sie in unterschiedlichem Ausmaß auf Unterstützung im täglichen Leben und bei der Arbeit

angewiesen. Viele von ihnen können aber ein gewisses Maß an Unabhängigkeit erreichen und eine ausreichende Kommunikationsfähigkeit und Ausbildung erwerben.
3. Schwere Intelligenzminderung
IQ-Bereich von 20 bis 34 bzw. bei Erwachsenen ein Intelligenzalter von drei bis unter sechs Jahren (weitere Bezeichnungen: schwere geistige Behinderung, schwere Oligophrenie). Personen mit schwerer Intelligenzminderung sind auf dauerhafte Unterstützung angewiesen.
4. Schwerste Intelligenzminderung
IQ unter 20 bzw. bei Erwachsenen ein Intelligenzalter unter drei Jahren (weitere Bezeichnungen: schwerste geistige Behinderung, Idiotie, schwerste Oligophrenie). Die eigene Versorgung, Kontinenz, Kommunikation und Beweglichkeit sind bei Personen mit schwerster Intelligenzminderung hochgradig beeinträchtigt.

Das ICD-10 enthält als weitere Klassifikationskategorie „Andere Intelligenzminderung", die dann verwendet wird, wenn die Beurteilung der Intelligenzminderung mit Hilfe der üblichen Verfahren wegen begleitender sensorischer oder körperlicher Beeinträchtigungen besonders schwierig oder unmöglich ist (z. B. bei Blinden, Taubstummen, schwer verhaltensgestörten oder körperlich behinderten Personen). Zudem gibt es die Kategorie „Nicht näher bezeichnete Intelligenzminderung", die herangezogen werden soll, wenn die Informationen nicht ausreichend sind, die Intelligenzminderung in eine der oben genannten Kategorien einzuordnen. Die Klassifikation im DSM-IV-TR entspricht im Prinzip der im ICD-10, die Abstufung erfolgt von „Leichte Geistige Behinderung" (IQ 50–55 bis ca. 70) bis hin zu „Schwerste Geistige Behinderung" (IQ unter 20 oder 25). Wenn die Intelligenz nicht messbar ist, wird hier die Diagnose „Geistige Behinderung mit unspezifischem Schweregrad" vergeben. Weiterhin bietet das DSM-IV-TR mit der Kategorie „Grenzbereich der Intellektuellen Leistungsfähigkeit" die Möglichkeit, eine Intelligenz im Bereich eines IQ zwischen 71 und 84 zu kodieren (V62.89).

Die allgemeine Intelligenz ist in beiden Klassifikationssystemen ein zentrales Diagnosekriterium und sollte anhand standardisierter Intelligenztests erfasst werden. Der gemessene IQ reicht für eine Diagnosestellung jedoch nicht aus. Hinzukommen muss ein beeinträchtigtes (soziales) Anpassungsverhalten. Es wird in beiden Systemen empfohlen, die genannten IQ-Bereiche eher als Richtlinien zu betrachten und nicht zu starr anzuwenden. Zum einen beruhe die Einteilung der Behinderungsgrade nach IQ-Bereichen letztlich auf mehr oder weniger willkürlichen Setzungen. Zum anderen ist es schwierig, die Intelligenz so exakt zu bestimmen, wie es die vorgegebenen IQ-Bereiche erfordern würden. Im DSM-IV-TR wird empfohlen, eine geistige Behinderung auch dann zu diagnostizieren, wenn der gemessene

IQ über 70 liegt, aber das Konfidenzintervall einen Wert < 70 einschließt, und entsprechende Defizite im Anpassungsverhalten zu verzeichnen sind.

Einige Besonderheiten des Einsatzes von Intelligenztests für Messungen im weit unterdurchschnittlichen Begabungsbereich wurden bereits in Kapitel 4.1.2 besprochen (z. B. Bodeneffekte, geringere Messgenauigkeit im Extrembereich etc.). Die Diagnose einer Intelligenzminderung hängt jedoch natürlich auch hier wieder vom verwendeten Testverfahren ab. Je nach Intelligenztest und entsprechendem theoretischen Konzept des Tests kann die Diagnose bei ein und derselben Person unterschiedlich ausfallen. Es gibt kein „Standardverfahren" für die Diagnose einer Intelligenzminderung oder geistigen Behinderung, die Wahl eines Tests bleibt dem Diagnostiker überlassen. Im DSM-IV-TR wird zur Diagnostik geistiger Behinderung ausgeführt: „Die *allgemeine intellektuelle Leistungsfähigkeit* ist als Intelligenzquotient (IQ oder IQ-Äquivalent) definiert, der mit Hilfe eines oder mehrerer individuell durchgeführter standardisierter Intelligenztests bestimmt wird (z. B. Hamburg-Wechsler-Intelligenztest für Kinder – Revision, Stanford-Binet-Test, Kaufman Assessment Battery for Children)." (S. 73). Je nach dem, für welchen Test sich der Diagnostiker entscheidet, wird er zu unterschiedlichen Diagnosen kommen. Dennoch sollte jeder Diagnostiker bestrebt sein, die Intelligenz so genau wie möglich zu messen. Hierzu gehören der Einsatz von möglichst mehr als einem Intelligenztest (z. B. ein Verfahren, das eher kristalline Fähigkeiten misst, und ein Verfahren, das eher die fluide Intelligenz erfasst) sowie die Verwendung von Konfidenzintervallen. Bei der Diagnose von Intelligenzminderung ist zusätzlich dem Flynn-Effekt (s. Kap. 4.2.6) Rechnung zu tragen: Da veraltete Normen auch im unteren Begabungsbereich zu einer Überschätzung der Fähigkeiten führen, sollen möglichst aktuell normierte Testverfahren verwendet werden. (Auf besondere Tests für Lern- und geistig Behinderte wird in Kap. 6.1.3 hingewiesen.) Bei Kindern mit Aufmerksamkeitsstörungen kann zudem die Testdurchführung erschwert sein: Die Ablenkbarkeit und Impulsivität lassen die Intelligenzdiagnostik ungenauer werden. Für eine verlässliche Diagnose sind hier wiederholte Testungen erforderlich.

Je nach Test verschiedene Diagnosen

6.3.2 Diagnostik von Intelligenzabbau

Ebenso spielt die Intelligenzdiagnostik eine Rolle, wenn Abbauprozesse intellektueller Fähigkeiten im Alter oder nach bestimmten Schädigungen bzw. Erkrankungen festgestellt werden sollen. Im höheren Alter kann es zu einem deutlichen Abbau der kognitiven Leistungsfähigkeit kommen (vgl. Kap. 3.1). Demenzielle Erkrankungen führen zu einer besonders gravierenden Verschlechterung der kognitiven Fähigkeiten. Demenzen können im Prinzip in jedem Lebensalter auftreten, der Krankheitsbeginn liegt jedoch üblicherweise im höheren Lebensalter. Wesentliche Kriterien für die Diagnose einer Demenz sind die Abnahme des Gedächtnisses und des Denkvermögens mit beträchtlicher Beeinträchtigung alltäglicher Aktivitäten. Die Fähigkeit zu vernünftigem Urteilen ist herabgesetzt und der Ideenfluss vermindert (F0, ICD-10).

Diagnostik der prämorbiden Intelligenz

Die klinisch-neuropsychologische Diagnostik dient unter anderem dazu, das Ausmaß der Beeinträchtigung der intellektuellen Fähigkeiten durch eine hirnorganische Schädigung oder durch Alterungsprozesse zu messen. Verschiedene psychische Störungen führen zudem zu einer akuten Beeinträchtigung der kognitiven Fähigkeiten (z. B. Depressionen). Zur Abschätzung des Abbaus braucht man somit ein Maß für das Fähigkeitsniveau, das der Patient vor der Schädigung oder Erkrankung aufwies, und eine Messung der aktuell vorhandenen intellektuellen Fähigkeiten. Da häufig keine genauen Informationen zur Intelligenzhöhe vor der Schädigung bzw. Erkrankung vorliegen, kann die so genannte prämorbide Intelligenz nur geschätzt werden, während das aktuelle kognitive Leistungsniveau gemessen werden kann. Zur Abschätzung des individuellen Abbaus bzw. der Schädigung durch eine Erkrankung wurden verschiedene Vorgehensweisen vorgeschlagen:

Interpretation von Untertests im Wechsler-Test

Ein klassisches Vorgehen besteht in der Interpretation von Subtest-Unterschieden im Wechsler-Test: Der individuell beste Untertest wird als Maß für die prämorbide Intelligenz interpretiert, der individuell schlechteste Untertest als Ausdruck der aktuellen kognitiven Funktionen (Rapaport, Gill & Schafer, 1945). Dieses diagnostische Vorgehen ist vor allem aus drei Gründen nicht haltbar:
– Subtest-Unterschiede dürfen nur interpretiert werden, wenn sie signifikant sind. Es wurde bereits in Kapitel 4.2.4 zur Profilinterpretation darauf eingegangen, dass bei der Signifikanzprüfung von Subtestunterschieden in der Regel ein hypothesengeleitetes Vorgehen erfolgen sollte. Dies bedeutet, dass auf Grund bestimmter Erwartungen oder Vermutungen der Leistungsunterschied eines Patienten in zwei bestimmten Untertests betrachtet wird. Wenn hingegen „hypothesenfrei" nach Unterschieden zwischen allen paarweisen Kombinationen von Untertests gesucht wird, werden die kritischen Differenzen sehr groß, so dass ein signifikanter Unterschied unwahrscheinlicher wird (vgl. 4.2.3).
– Auch signifikante Unterschiede sind noch kein Hinweis auf Dysfunktionen im Gehirn, da relativ große Subtest-Unterschiede in der Normalpopulation (also bei gesunden Probanden) häufig vorkommen (Matarazzo, 1990).
– Bei dieser Methode ist nicht definiert, welcher Untertest hoch und welcher niedrig ausgeprägt sein sollte, sondern jede beliebige Kombination (individuell beste/schlechteste Untertestleistung) wird interpretiert. Es ist

jedoch bekannt, dass bestimmte Untertests sensibler auf Schädigungen oder Erkrankungen reagieren (s. u.).

Einige Autoren schätzen den Untertest-Vergleich als hilfreich ein, wenn er in weitere diagnostische, vor allem biographische und medizinische Daten eingebettet wird. Matarazzo (1990) beschreibt den Fall eines Englischprofessors, der im Untertest „Rechnerisches Denken" einen Wert von 12, aber im „Wortschatztest" nur 9 Punkte erhält. Dieser Befund entspricht nicht der Erwartung, die sich der Diagnostiker auf Grund der Tätigkeit des Patienten gebildet hat, und kann daher von Interesse sein. Der Informationsgewinn ist jedoch in jedem Fall sehr begrenzt.

Wechsler (1961; zitiert nach Heller, 2000) schlug für die Diagnostik des individuellen Abbaus die Bildung des *Deterioration Index* (DI, dt.: Abbauindex) mittels der HAWIE-Subtests vor. Wechsler nahm an, dass verschiedene psychische Leistungsfunktionen unterschiedlich stark vom normalen Altersabbau betroffen sind. Besonders stark betroffen seien die Untertests „Zahlennachsprechen", „Rechnerisches Denken", „Zahlen-Symbol-Test", „Mosaik-Test" und „Gemeinsamkeiten finden"; zusätzlich eventuell „Bilderordnen". Relativ stabil gegenüber Abbauprozessen seien die Untertests „Allgemeines Wissen", „Allgemeines Verständnis", „Bilderergänzen" und „Wortschatztest".

Abbauindex

Der Abbauquotient berechnet sich wie folgt:

$$DI = 100 \cdot \frac{Summe\ der\ Wertpunkte\ instabiler\ Tests}{Summe\ der\ Wertpunkte\ stabiler\ Tests}$$

Liegt der DI deutlich unter 100, so wird dies als Vorliegen von Abbauprozessen interpretiert. Die Reliabilität und Validität des Index konnte jedoch nicht eindeutig belegt werden. Auch wurde kritisiert, dass Wechslers Befunde zum DI lediglich auf Querschnittstudien beruhen (Heller, 2000). Wie bereits in dem Kapitel zu den Wechsler-Tests (5.2.2) und im Kapitel zur Frage der Profilinterpretation (4.2.4) ausgeführt wurde, ist die Bildung solcher Indices mit den Wechsler-Untertests höchst fragwürdig. Auch der Einsatz des DI ist somit nicht zu empfehlen.

In einem alternativen Vorgehen zur Abschätzung von Abbauprozessen wird auf die Intelligenztheorie von Cattell (vgl. Kap. 2.3) und die Erkenntnisse zur Stabilität von Intelligenz zurückgegriffen. Es wird angenommen, dass durch hirnorganische Schädigungen und Abbauprozesse insbesondere die fluide Intelligenz vermindert wird. Kristalline Fähigkeiten sind hingegen deutlich robuster und bleiben auch nach Schädigungen oft intakt. Die aktuell gemessene kristalline Intelligenz wird daher als das prämorbide Intelligenzniveau eines Patienten interpretiert. Zur Messung der prämorbiden Intelligenz werden häufig der Mehrfachwahl-Wortschatz (MWT-A; Lehrl,

Kristalline Intelligenz als prämorbides Intelligenzniveau

Merz, Burkard & Fischer, 1999; MWT-B; Lehrl, 1999, vgl. Kap. 5.1.5) oder der Wortschatztest (WST; Schmidt & Metzler, 1992) eingesetzt. Alternativ wird die prämorbide Intelligenz auch über biographische Daten wie Schulabschluss, Berufsausbildung und beruflichen Status geschätzt (Halsband & Unterrainer, 2001). Zusätzlich wird die aktuell vorhandene fluide Intelligenz gemessen, z. B. mit dem CFT 20 oder den Raven-Matrizen. Wenn die prämorbide kristalline Intelligenz deutlich höher ausgeprägt ist als die aktuelle fluide Intelligenz, wird dies als ein Hinweis auf eine Schädigung oder einen Abbau interpretiert.

Dieses Procedere über den Abgleich fluider und kristalliner Fähigkeiten ist sicherlich hilfreich für eine grobe Abschätzung, ob kognitive Abbauprozesse vorliegen oder nicht. Es eignet sich jedoch nicht für eine genauere Messung von Fähigkeiten. Kristalline und fluide Fähigkeiten korrelieren zwar hoch miteinander, können jedoch auch *vor* einer Erkrankung oder Schädigung unterschiedlich ausgeprägt sein. Im Einzelfall können beide Fähigkeiten stark voneinander abweichen. Die Erfassung der prämorbiden Intelligenz über Wortschatztests ist somit einerseits sinnvoll, da die Stabilität der Fähigkeit bekannt ist, weist andererseits aber auch Schwachpunkte auf: Möglicherweise hat ein Patient bereits prämorbid besondere Stärken im Bereich der verbalen kristallinen Intelligenz (z. B. durch eine sehr gute Schulbildung, ein förderndes Elternhaus, besondere verbale Begabung etc.), gleichzeitig jedoch eine relativ schwächere fluide Intelligenz. Ein möglicher Abbau würde in diesem Fall überschätzt. Im Gegensatz dazu würde das prämorbide Niveau bei Patienten, deren Muttersprache nicht Deutsch ist oder die keine höhere Schulbildung haben, unterschätzt. Ein Test zur Abschätzung der prämorbiden Intelligenz, der auch für diese Patienten geeignet ist, fehlt bisher. Die Einschätzung der prämorbiden Intelligenz über biographische Daten kann aus psychometrischer Perspektive nicht zufrieden stellen und ist lediglich als Notlösung zu betrachten.

Der Benton-Test Vielfach wird für eine grobe Abklärung der Frage, ob Abbauprozesse vorliegen oder nicht, der Benton-Test (Benton, 1996) verwendet. Es handelt sich dabei um einen visuellen Gedächtnistest, der in der psychiatrischen Diagnostik häufig zur Diagnose von Hirnschädigungen verwendet wird. Bei einer Umfrage unter den Mitgliedern des Berufsverbands Deutscher Psychologinnen und Psychologen zur Verwendung von Tests rangierte der Benton-Test auf dem 4. Platz der am häufigsten verwendeten Leistungstests (von 19 % der Befragten genannt, Steck, 1997). Der Patient muss in diesem Test vorgegebene einfache abstrakte Figuren nach einer kurzen Darbietung zeichnerisch reproduzieren (bei eingeschränkter Zeichenfähigkeit: die richtige Figur aus mehreren Figuren wieder erkennen). Die Idee des Tests ist, dass Patienten mit einer hirnorganischen Störung oder einer demenziellen Entwicklung bei diesen Aufgaben schlechtere Leistungen zeigen als auf

Grund ihrer früheren (prämorbiden) Intelligenz zu erwarten wäre. Für eine Interpretation muss das Benton-Testergebnis somit zu der prämorbiden Intelligenz in Beziehung gesetzt werden. Je nach Höhe der prämorbiden Intelligenz variiert der Erwartungswert im Benton-Test (von intelligenteren Patienten werden höhere Testergebnisse im Benton erwartet als von weniger intelligenten). Wenn die Benton-Testleistung deutlich unter dem individuellen Erwartungswert liegt, wird dies als Hinweis auf das Vorliegen einer hirnorganischen Beeinträchtigung oder einer erworbenen Störung der Intelligenz gewertet.

Die häufige Verwendung des Benton-Tests in der klinischen Praxis sollte jedoch nicht über einige gravierende psychometrische Schwächen des Verfahrens hinwegtäuschen. Diese bestehen vor allem hinsichtlich der Gütekriterien. Ein erster Punkt ist, dass nur Normen aus den USA vorliegen. Die Übertragbarkeit von Normen aus anderen Ländern ist jedoch immer fraglich. Der Zeitpunkt der Normdatenerhebung ist im Testhandbuch nicht angegeben. Auch ist die Reliabilität des Benton-Tests nach den gängigen Standards zu gering (interne Konsistenz: $\alpha < .80$). Der Test enthält – auch für Patientengruppen – zu viele zu leichte Items, wodurch die Differenzierungsfähigkeit des Tests beeinträchtigt ist (Scheurer, Quast, Richter, Erbacher & Kröber, 1994; Steck, Beer, Frey, Frühschütz & Körner, 1990). Zur Validität des Tests konnten verschiedene Untersuchungen belegen, dass psychiatrische und neurologische Patienten im Benton-Test tatsächlich signifikant schlechter abschneiden als Gesunde. Benton (1962) berichtet von einer Trefferquote von 70%, mit der der Benton-Test Hirngeschädigte von nicht Hirngeschädigten unterscheidet. Von anderen Autoren wurde hier jedoch eingewendet, dass diese Trefferquote für psychiatrische Patientenstichproben, in denen der Anteil Hirngeschädigter bei über 50% liegt, für die individuelle Diagnostik nicht wirklich hilfreich ist (Hartje & Orgass, 1972; zit. nach Steck et al., 1990).

Der Benton-Test bietet als Interpretationshilfe je nach Abweichen des Testergebnisses vom Erwartungswert vier Störungsklassen an: 1. keine Störung, 2. Frage einer Störung, 3. Störung nahe liegend, 4. ernster Hinweis auf eine Störung. Scheurer et al. (1994) untersuchten die Validität dieser Störungsklassen. Es zeigte sich, dass sich die Patienten, die den vier verschiedenen Klassen zugeordnet wurden, signifikant in ihrem IQ (ermittelt über die HAWIE-Kurzform WIP) unterschieden. Jedoch unterschieden sie sich in keiner der untersuchten neurologischen Variablen (z.B. Auffälligkeiten im psychischen Befund oder neurologischer Art, EEG-Auffälligkeiten). Dies stellt die Validität des Benton-Tests als „Hirnschädigungstest" ernsthaft in Frage: Der Test scheint bestimmte kognitive Fähigkeiten zu erfassen, jedoch keine eindeutigen Schlüsse auf Hirnschädigungen zu erlauben. Andere Studien untersuchten die Möglichkeiten der Differenzialdiagnose für spezielle

Störungen mit dem Benton-Test (z. B. Depression, Schizophrenie, Hirnorganik, Alkoholismus; Steck et al., 1990). Es fanden sich zwischen entsprechenden Patientengruppen jedoch keine signifikanten Leistungsunterschiede. Auch ließen sich – entgegen der Erwartungen – keine bestimmten störungsspezifischen Fehlerprofile nachweisen, so dass die Fehleranalyse ebenfalls keine differenzialdiagnostischen Schlüsse ermöglicht. Der Benton-Test ist somit zwar sensibel für Beeinträchtigungen der kognitiven Leistungsfähigkeit von psychiatrischen und neurologischen Patientengruppen, eine Differenzialdiagnose erlaubt der Test jedoch nicht. Für eine genauere Diskussion dieser Probleme seien interessierte Leser/innen auf die Aufsätze von Steck et al. (1990) und Scheurer et al. (1994) verwiesen.

6.3.3 Besonderheiten bei der Testung beeinträchtigter Patienten

Die Durchführung von Tests mit Patienten mit eingeschränkter Belastbarkeit und Leistungsfähigkeit stellt in mehrerer Hinsicht eine besondere Situation dar. Entsprechend kann es nötig sein, die Auswahl der Tests, die Durchführung sowie die Interpretation an die Patienten anzupassen. Die Auswahl des Tests kann sich im klinischen Bereich nicht nur an den Gütekriterien orientieren, sondern muss auch die in der Regel eingeschränkte Belastbarkeit der Patienten berücksichtigen. Dies ist insbesondere bei Patienten der Fall, bei denen ein Abbau der Intelligenz vermutet wird und deren Konzentrationsfähigkeit eingeschränkt ist. Die Gütekriterien wurden in der Regel an gesunden Probanden geprüft; für psychisch kranke Patienten ist die Reliabilität und Validität des Verfahrens damit nicht automatisch gesichert. Beispielsweise ist ein längeres Testverfahren, dessen Reliabilität an Gesunden nachgewiesen werden konnte, nicht unbedingt besser geeignet als ein kürzeres, bei Gesunden weniger reliables Verfahren. Die Reliabilität längerer Verfahren kann bei psychiatrischen Patienten eingeschränkt sein. Auch die Validität eines Verfahrens muss für Patienten nicht unbedingt gelten (s. z. B. Rauchfleisch, 1983). Optimal ist daher der Einsatz von Verfahren, deren Güte für Patientenstichproben belegt ist.

Anpassung der Testung an Einschränkungen der Patienten

Die Durchführung sollte so gestaltet sein, dass die Patienten möglichst gute Leistungen erbringen können. Psychisch erkrankte Personen verfügen jedoch oft nicht über die nötige Konzentration und Aufmerksamkeit. Bei vielen Patienten ist des Weiteren nicht davon auszugehen, dass sie im gleichen Maße wie Gesunde an den eigenen Leistungen interessiert sind. Rist und Dirksmeier (2001, S. 148) empfehlen daher folgendes Vorgehen:
– bei leistungsschwachen Patienten solche Verfahren zu wählen, die Pausen zulassen;
– die Sitzungen kurz zu halten und Testbatterien auch über mehrere Tage verteilt vorzugeben;

- sicherzustellen, dass die Patienten verstehen, was geprüft werden soll, was mit den Ergebnissen geschieht und wofür sie wichtig sind;
- in Abweichung von der sonst üblichen Zurückhaltung bei der Testung die Patienten zu beruhigen, zu ermutigen und durch die Testung zu begleiten.

Bei der Testung von Probanden mit hohem Lebensalter sind ähnliche Besonderheiten zu berücksichtigen (Fleischmann & Oswald, 2001). Es muss bei älteren Menschen ebenfalls von einer rascheren Ermüdbarkeit und einer generell geringeren Belastbarkeit ausgegangen werden. Eine maximale Testdauer von 45 Minuten am Stück sollte nicht überschritten werden. Die Motivation zur Teilnahme an einem Intelligenztest ist häufig geringer. Ältere Probanden fühlen sich in einer standardisierten Testsituation oft unsicherer als jüngere und neigen eher zu „Weiß-nicht"-Antworten. Dieser Unsicherheit sollte mit einer ruhigen, wohlwollenden und ermutigenden Atmosphäre während der Testung begegnet werden. Da bei älteren Menschen die Aufnahme- und Merkfähigkeit eingeschränkt sein kann, müssen die Instruktion und Beispielaufgaben ggf. wiederholt werden. Das Testmaterial und die Instruktion müssen weiterhin den Einschränkungen älterer Menschen im Seh- und Hörvermögen sowie der Feinmotorik Rechnung tragen. Damit eine Intelligenzdiagnostik tatsächlich „altersfair" erfolgen kann, reichen die genannten Anpassungen des Testmaterials und der Durchführungsbedingungen streng genommen nicht aus. Da sich die Struktur der Intelligenz im hohen Alter verändert (im Sinne einer „Dedifferenzierung", vgl. Kap. 3.1), ist die innere Validität eines Testverfahrens, das für jüngere Personen entwickelt wurde, nicht automatisch auch für ältere Probanden gesichert. Verwendet man einen Intelligenztest, der an jüngeren Erwachsenen entwickelt wurde, so bildet der Testscore bei Älteren andere Leistungskomponenten ab als bei Jüngeren (Fleischmann & Oswald, 2001). Soweit möglich, sollte daher in einer gerontopsychologischen Untersuchung auf spezielle Testverfahren zurückgegriffen werden, die für ältere Menschen entwickelt worden sind.

Testung älterer Menschen

Ein weiterer Gesichtspunkt bei der Untersuchung von psychiatrischen Patienten sind mögliche Einflüsse von Medikamenten auf die Leistungsfähigkeit. Die Einnahme von bestimmten Psychopharmaka kann beispielsweise zu einer Beeinträchtigung der kognitiven Fähigkeiten führen. Generell scheinen Neuroleptika bei Patienten eher zu Leistungsverbesserungen zu führen, da die quälenden und ablenkenden Symptome verschwinden. Für eine Intelligenztestung sollte jedoch eine Periode der Stabilisierung der Medikation abgewartet werden, da sich Dosisänderungen von Neuroleptika nachteilig auf Leistungsprüfungen auswirken können (Cassens, Inglis, Appelbaum & Gutheil, 1990; Rist & Dirksmeier, 2001).

Einfluss von Medikamenten

Unter bestimmten Bedingungen kann es für einen Probanden vorteilhaft erscheinen, möglichst schlecht abzuschneiden, z. B. in einer Begutachtung für eine Berentung oder bei der Prüfung von Schuldfähigkeit. In der Intelligenz-

Simulation niedriger Fähigkeiten

diagnostik kann es in solchen Fällen von Interesse sein abzuschätzen, ob die schlechte Testleistung eines Probanden das Resultat eines Simulationsversuchs sein könnte. Aus experimentellen Studien ist bekannt, dass Probanden, die eine Hirnschädigung simulieren sollen, schlechtere Testleistungen zeigen als Probanden mit einer tatsächlich vorhandenen Hirnschädigung (Steck, Reuter, Meir-Korrell & Schönle, 2000). Die Simulationsabsicht scheint somit zur Darstellung eines übertriebenen Leistungsdefizits zu führen. Besonders deutlich ist dieser Effekt bei einfachen Aufgaben, bei denen es vor allem auf die Reaktionszeiten des Probanden ankommt: Hier reagieren die simulierenden Probanden deutlich langsamer als die hirngeschädigten Probanden. Bei komplexeren Intelligenztestaufgaben ist der Effekt ebenfalls vorhanden, aber weniger stark ausgeprägt. Dieser Effekt bei Intelligenztestaufgaben ist insgesamt jedoch nicht so stabil, als dass sich daraus klare Richtlinien für die Einzelfalldiagnostik ableiten ließen (im Sinne von Cut-Off-Werten). Extrem schlechte Testleistungen können daher nur als ein Hinweis auf eine mögliche Simulation gedeutet werden. Rist und Dirksmeier (2001, S. 148) nennen folgende Auffälligkeiten bei einer Testung, die auf Verfälschungstendenzen des Probanden hinweisen können:

– „drastisch schlechte Ergebnisse im Wortschatztest bei einem Probanden mit Abitur und ohne organischem Befund;
– die Diskrepanz zwischen demonstrativ unbeholfenem, minutenlangem Ausfüllen eines ZVT-Arbeitsblattes und dem flüssigen Ausfüllen eines Formulars mit Angaben zur Person;
– Antworten in einem Wortlisten-Gedächtnistest, die nicht im Einklang mit Positionseffekten stehen;
– Generell Diskrepanzen zwischen Testleistung und sonstigen, im Alltag erbrachten Leistungen (z. B. Auto fahren)."

Im Prinzip können in der klinischen Diagnostik alle Intelligenztests eingesetzt werden. Bestimmte Testverfahren haben sich dort jedoch besonders etabliert. Sehr häufig werden in der klinisch-psychiatrischen Diagnostik z. B. die Wechsler-Tests (HAWIE-R bzw. HAWIK-R/HAWIK-III) eingesetzt. Dies ist unter anderem darauf zurückzuführen, dass die Tests ursprünglich für die klinisch-psychologische Diagnostik entwickelt wurden. Vorteile von Individualtests, wie den Wechsler-Test, in diesem Anwendungsbereich sind zudem, dass das Verhalten des Patienten während der Testung gut beobachtet werden kann und keine selbständige Bearbeitung von Multiple-Choice-Aufgaben durch den Patienten erforderlich ist. Auch differenzieren die Wechsler-Tests relativ gut im unteren Begabungsbereich, weshalb sie für die Diagnose von Ausfallerscheinungen gut geeignet sind.

Abschließend werden zwei Tests vorgestellt, die für spezielle Patientengruppen adaptiert wurden: für Psychiatrie-Patienten und für ältere Probanden ab einem Alter von 50 Jahren.

Für die Testung erwachsener Patienten im Rahmen der Klinischen Psychologie liegt mit dem *Reduzierten Wechsler-Intelligenztest für psychiatrisch Kranke* (WIP; Dahl, 1986) eine Kurzform des (alten) HAWIE vor. Der WIP besteht aus den HAWIE-Untertests „Allgemeines Wissen" (AW) und „Gemeinsamkeitenfinden" (GF) des Verbalteils und den Untertests „Bilderergänzen" (BE) und „Mosaiktest" (MT) des Handlungsteils. Zunächst erstellte Dahl 1968 die Kurzform, um eine ökonomischere Testversion bereitzustellen, die ebenso objektiv, stabil und valide wie die Langform ist. Damit reagierte Dahl auf verschiedene Schwachpunkte des HAWIE, insbesondere auf die Befundlage, dass die Interpretation von Untertestschwankungen im Sinne einer Profilanalyse nicht zulässig ist. Für die Messung des globalen IQ, wofür der HAWIE an sich gut geeignet ist, sei er viel zu umfangreich und aufwändig. Eine systematisch erstellte Kurzform könne hier mindestens zu gleich guten Ergebnissen kommen.

Normierung für psychisch Kranke: HAWIE-Kurzform WIP

1972 wurde der WIP für psychiatrische Patienten normiert (WIP 72) und die Gütekriterien wurden an Patientenstichproben überprüft. Der mit dem WIP geschätzte Gesamt-IQ eines Patienten korrespondiert gut mit dem im HAWIE gemessenen Gesamt-IQ ($r=.87$ bis $r=.94$). Es werden T-Wert-Normen für Psychiatrie-Patienten im Alter von 15 bis 60 Jahren angeboten. Die Durchführung nimmt nur etwa 15–20 Minuten in Anspruch. Große Vorteile des Tests sind die geringe Durchführungszeit und die Normierung an psychiatrischen Patienten. Ein wesentlicher Nachteil ist jedoch, dass der WIP auf dem inzwischen (z. T. auch inhaltlich) veralteten HAWIE basiert und die Normen mehr als 30 Jahre alt sind. Dies schränkt den Nutzen des WIP für die aktuelle Praxis erheblich ein.

Für die Intelligenztestung bei älteren Patienten kann das *Leistungsprüfsystem für 50–90-Jährige* (LPS 50+; Sturm, Willmes & Horn, 1993) eingesetzt werden. Der Test ist weit gehend identisch mit dem Leistungsprüfsystem (LPS; Horn, 1990). Er wurde jedoch um einen Untertest reduziert, und das Testmaterial ist an die häufig vorliegende geringere Sehschärfe älterer Menschen angepasst. Die Durchführung der Kurzform dauert ca. 35 Minuten und die Durchführung der Langform ca. 80 Minuten. Vorteilhaft an diesem Verfahren ist die Testökonomie und Zumutbarkeit für ältere Probanden (insbesondere der Kurzform) sowie die Normierung an einer repräsentativen Stichprobe älterer Probanden. Die Normierungsstichprobe ist mit 272 Probanden jedoch relativ klein. Auch die Konstruktvalidität ist fraglich: Das dem Test zu Grunde liegende Modell mit sechs unabhängigen Leistungsdimensionen konnte für den oberen Altersbereich nicht bestätigt werden.

Normierung für ältere Menschen: LPS 50+

Die Standards, die für das klinische Testen relevant sind, seien abschließend in Kasten 10 wiedergegeben.

Kasten 10:
Standards beim Klinischen Testen

– Klinische Praktiker sollten nicht vorgeben, dass Interpretationen von Testdaten auf empirischen Validitätsbeweisen beruhen, wenn solche Nachweise für die gegebene Interpretation nicht auch tatsächlich vorliegen (Standard 7.1).

– Wird Validität auf Grund des Übereinstimmungsgrads von Testergebnissen und klinischen Diagnosen angenommen, sollten die verwendeten diagnostischen Bezeichnungen oder Kategorien sorgfältig definiert oder identifiziert und die Methode der Diagnosestellung spezifiziert werden. Falls die Diagnose auf der Grundlage von Beurteilungen vorgenommen wurde, sollten Informationen über die Ausbildung, die Erfahrung und den fachlichen Status der Beurteiler sowie die Art und das Ausmaß ihres Kontaktes mit den Probanden aufgeführt werden (Standard 7.2).

– Ist eine Differenzialdiagnose erforderlich, sollte der Anwender nach Möglichkeit einen Test auswählen, dessen Leistungsfähigkeit zur Unterscheidung zwischen zwei oder mehr in Frage kommenden diagnostischen Gruppen nachgewiesen ist und der nicht nur zwischen auffälligen Fällen und der Allgemeinbevölkerung differenzieren kann (Standard 7.3).

– Testanwender sollten anhand des Handbuchs oder anderer angeführter Belege bestimmen, ob das vom Test gemessene Konstrukt der Art der beabsichtigten Erhebung entspricht (Standard 7.4).

– Klinische Praktiker sollten ihren Klienten die Testergebnisse, die Interpretationen sowie den Fehlerbereich solcher Interpretationen mitteilen, wenn solche Informationen dem Klienten zugute kommen. Diese Informationen sollten in einer sprachlichen Form ausgedrückt werden, die der Klient (oder sein rechtlicher Vertreter) verstehen kann (Standard 7.5).

– Werden Empfehlungen oder Entscheidungen ausgesprochen, die angeblich auf einer statistischen wie auch klinischen Grundlage beruhen, sollten auch kriteriumsbezogene Validitätsbelege für Grundgesamtheiten vorgelegt werden können, die denjenigen ähnlich sind, für die der Test verwendet werden soll (Standard 7.6).

Literatur

Ackerman, P. L., Beier, M. E. & Boyle, M. O. (2002). Individual differences in working memory within a nomological network of cognitive and perceptual speed abilities. *Journal of Experimental Psychology: General, 131,* 567–589.

Ahrbeck, B., Lommatzsch, E. M. & Schuck, K. D. (1984). Der „neue" HAWIK – Ein „neues" Verfahren der sonderpädagogischen Diagnostik. *Zeitschrift für Heilpädagogik, 35,* 51–54.

Amthauer, R. (1955). *Intelligenz-Struktur-Test (IST).* Göttingen: Hogrefe.

Amthauer, R. (1973). *Intelligenz-Struktur-Test 70 (IST 70).* Göttingen: Hogrefe.

Amthauer, R., Brocke, B., Liepmann, D. & Beauducel, A. (1999). *Intelligenz-Struktur-Test 2000 (I-S-T 2000).* Göttingen: Hogrefe.

Amthauer, R., Brocke, B., Liepmann, D. & Beauducel, A. (2001). *Intelligenz-Struktur-Test 2000 Revision (I-S-T 2000 R).* Göttingen: Hogrefe.

Amundson, N. E., Borgen, W. A. & Tench, E. (1995). Counseling and the role of personality and intelligence. In D. H. Saklofske & M. Zeidner (Eds.), *International Handbook of personality and intelligence (pp. 603–619).* New York: Plenum Press.

Amelang, M. & Bartussek, D. (1997). *Differenzielle Psychologie und Persönlichkeitsforschung (4. Aufl.).* Stuttgart: Kohlhammer.

American Psychological Association (APA, 1985). *Standards for Educational und Psychological Testing.* Washington: APA.

Arrer, S. (1992). *Unterschied zwischen Computervorgabe und Papier-Bleistift Vorgabe des Dreidimensionalen Würfeltests.* Wien: Diplomarbeit der Universität Wien.

Asch, S. E. (1936). A study of change in mental organization. *Archives of Psychology, 195,* 30.

Asendorpf, J. B. (1999). *Psychologie der Persönlichkeit* (2. Aufl.). Heidelberg: Springer.

Baving, L. (2002). *Intelligenzdiagnostik.* Vortrag auf dem XXVII. Kongress der Deutschen Gesellschaft für Kinder- und Jugendpsychiatrie und Psychotherapie, 3.–6. April 2002, Berlin.

Beckmann, J. F. (2001). *Zur Validierung des Konstrukts des intellektuellen Veränderungspotentials. Neuere Befunde zur Validität computergestützter adaptiver Kurzzeitlerntests.* Berlin: logos.

Beloff, H. (1992). Mother, father, and me: Our intelligence. *The Psychologist, 5,* 309–311.

Benbow, C. P. & Minor, L. L. (1990). Cognitive profiles of verbally and mathematically precocious students: Implications for identification of the gifted. *Gifted Child Quarterly, 34,* 21–26.

Bennet, M. (1996). Men's and woman's self-estimates of intelligence. *Journal of Social Psychology, 136* (3), 411–412.

Bennett, M. (2000). Correlations between self-estimated and psychometrically measured IQ. *Journal of Social Psychology, 139,* 405–410.

Benton, A. L. (1962). The Visual Retention Test as a constructional praxis task. *Confinia Neurologica, 22,* 141–155.

Benton, A. L. (1996). *Der Benton-Test. Deutsche Bearbeitung von O. Spreen.* Bern: Huber.

Berg, C. A. (2000). Intellectual development in adulthood. In R. J. Sternberg (Ed.), *Handbook of intelligence* (pp. 117–137). Cambridge: University Press.

Berry, J. W. (1994). Cross-cultural variations in intelligence. In R. J. Sternberg (Ed.), *Encyclopedia of human intelligence* (pp. 316–322). New York: Mcmillan.

Binet, A. & Simon, T. (1905). Méthodes nouvelles pour le diagnostic du niveau intellectuel des anormaux. *Année Psychologique, 11,* 191–244.

Borchert, J., Knopf-Jerchow, H. & Dahbashi, A. (1991). *Testdiagnostische Verfahren in Vor-, Sonder- und Regelschulen. Ein kritisches Handbuch für Praktiker.* Heidelberg: Asanger.

Borland, J. H. (1989). *Planning and implementing programs for the gifted.* New York: Teachers College, Columbia University.

Braden, J. P. (1995). Intelligence and personality in school and educational psychology. In D. H. Saklofske & M. Zeidner (Eds.), *International Handbook of personality and intelligence* (pp. 621–650). New York: Plenum Press.

Brähler, E., Holling, H., Leutner, D. & Petermann, F. (Hrsg.) (2002). *Brickenkamp Handbuch psychologischer und pädagogischer Tests* (3., vollst. überarb. u. erw. Aufl., Bde. 1–2). Göttingen: Hogrefe.

Brähler, E., Schumacher, J. & Strauss, B. (2002). *Diagnostische Verfahren in der Psychotherapie.* Göttingen: Hogrefe.

Bulheller, S. & Häcker, H. (2002). *Coloured Progressive Matrices (CPM).* Frankfurt: Swets Test Services.

Bungard, B., Holling, H. & Schultz-Gambard, J. (1996). *Methoden der Arbeits- und Organisationspsychologie.* Weinheim: Psychologie Verlags Union.

Butler-Por, N. (1995). Gifted children: Who is at risk for underachievement and why? In M. W. Katzko & F. J. Mönks (Hrsg.), *Nurturing talent, individual needs and social ability* (S. 252–261). Assen: Van Gorcum.

Carpenter, P. A., Just, M. A. & Shell, P. (1990). What one intelligence test measures: A theoretical account on the processing in the Raven Progressive Matrices Test. *Psychological Review, 97*(3), 404–431.

Carroll, J. B. (1991). No demonstration that g is not unitary, but there is more to the story: Comment on Kranzler and Jensen. *Intelligence, 15,* 423–436.

Carroll, J. B. (1993). *Human cognitive abilities: A survey of factor-analytic studies.* Cambridge, MA: Cambridge University Press.

Cassens, G., Inglis, A., Appelbaum, P. S. & Gutheil, T. (1990). Neuroleptics effects on neuropsychological function in chronic schizophrenic patients. *Schizophrenia Bulletin, 16,* 477–499.

Cattell, R. B. (1966). *Handbook for the Culture Fair Intelligence Test – Scale 1.* Champaign, Illinois.

Cattell, R. B. (1971). *Abilities: Their structure, growth, and action.* New York: Houghton Mifflin.

Cattell, R. B. & Weiß, R. (1971). *Grundintelligenztest Skala 3 (CFT 3).* Braunschweig: Westermann.

Cattell, R. B., Weiß, R. H. & Osterland, J. (1997). *Grundintelligenztest Skala 1 (CFT 1).* Göttingen: Hogrefe.

Ceci, S. J. (1996). *On intelligence: A bioecological treatise on intellectual development (Expanded Edition).* Cambridge, MA: Harvard University Press.

Ceci, S. J. & Williams, W. M. (1997). Schooling, intelligence, and income. *American Psychologist, 52*(10), 1051–1058.

Chen, Z. & Siegler, R. S. (2000). Intellectual development in childhood. In R. J. Sternberg (Ed.), *Handbook of intelligence* (pp. 92–116). Cambridge: University Press.

Conrad, W. & Hatzipouleidis, A. (1997). Adaptives Intelligenz Diagnostikum (AID). Testrezension. *Zeitschrift für Differenzielle und Diagnostische Psychologie, 1/2,* 25–28.

Crawford, M., Herrmann, D. J., Holdsworth, M., Randall, E. & Robbins, D. (1989). Gender and beliefs about memory. *British Journal of Psychology, 80,* 391–401.

Dahl, G. (1986). *Handbuch zum Reduzierten Wechsler-Intelligenztest.* Königstein: Hain.

Davidson, J. E. & Sternberg, R. J. (1984). The role of insight in intellectual giftedness. *Gifted Child Quarterly, 28,* 58–64.

Davison, G. C. & Neale, J. M. (1996). *Klinische Psychologie.* Weinheim: Beltz.

DeShon, R. P., Chan, D. & Weissbein, D. A. (1995). Verbal overshadowing effects on Raven's Advanced Progressive Matrices: Evidence for multidimensional performance determinants. *Intelligence, 21*(2), 135–155.

Dilling, H., Mombour, W. & Schmidt, M. H. (Hrsg.) (2000). *Internationale Klassifikation psychischer Störungen (ICD-10, 4. Aufl.).* Bern: Hans Huber.

Dixon, R. A., Kramer, D. A. & Baltes, P. B. (1985). Intelligence: A life-span developmental perspective. In B. B. Wolman (Ed.), *Handbook of intelligence: Theories, measurements, and applications* (pp. 301–350). New York: Wiley.

Dörner, D. (1986). Diagnostik der operativen Intelligenz. *Diagnostica, 32,* 209–309.

Dörner, D., Kreuzig, H. W., Reither, F. & Stäudel, T. (1983). *Lohhausen: Vom Umgang mit Unbestimmtheit und Komplexität.* Bern: Huber.

Dye, D. A., Reck, M. & McDaniel, M. A. (1993). The validity of job knowledge measures. *International Journal of Selection and Assessment, 1,* 153–157.

Eggert, D., Liman, I. & Schirmacher, A. (1984). Vergleich des Hamburg-Wechsler-Intelligenztests für Kinder (HAWIK) mit der revidierten Version (HAWIK-R) bei sprachbehinderten Kindern. *Zeitschrift für Heilpädagogik, 35,* 54–58.

Eggert, D. & Schuck, K.-D. (1973). *Columbia Mental Maturity Scale (Sprachfreier Gruppenintelligenztest für die Sonderschule und für Lernbehinderte) (CMM-LB).* Weinheim: Beltz.

Eggert, D. (1975). *Hannover Wechsler Intelligenztest für das Vorschulalter (HAWIVA). Deutsche Bearbeitung der Wechsler Preschool and Primary Scale of Intelligence.* Bern: Huber.

Eysenck, H. J. (1979). *The structure and measure of intelligence.* Berlin: Springer.

Feldhusen, J. F. & Jarwan, F. A. (2000). Identification of gifted and talented youth for educational programs. In K. A. Heller, F. J. Mönks, A. H. Passow & R. F. Subotnik (Eds.), *International handbook of giftedness and talent* (pp. 233–252) (2nd ed.). Kidlington: Elsevier Sience Ltd.

Fleischmann, U. M. (1989). *Gedächtnis und Alter.* Bern: Huber.

Fleischmann, U. M. & Oswald, W. D. (2001). Diagnostik im Alter. In R.-D. Stieglitz, U. Baumann & H. J. Freyberger (Hrsg.), *Psychodiagnostik in Klinischer Psychologie, Psychiatrie, Psychotherapie* (S. 301–314). Stuttgart: Thieme.

Flynn, J. R. (1984). The mean IQ of Americans: Massive Gains 1932 to 1978. *Psychological Bulletin, 95,* 29–51.

Flynn, J. R. (1987). Massive IQ gains in 14 nations: What IQ tests really measure. *Psychological Bulletin, 101,* 171–191.

Frank, G. (1983). *The Wechsler enterprise: An assessment of the development, structure, and use of the Wechsler tests of intelligence.* New York: Pergamon.

Fritz-Stratmann, A., Ricken, G., Schuck, K.-D. & Preuß, U. (in Vorb.) *Hannover-Wechsler-Intelligenztest für das Vorschulalter – III (HAWIVA–III).* Bern: Huber.

Frohriep, K. (1978). Einige Ergebnisse zur psychodiagnostischen Validität eines neu entwickelten Kurzzeitlerntests für die Differenzialdiagnostik entwicklungsrückständiger Volksschulkinder im Vergleich mit konventionellen Verfahren und Langzeitlerntests. In G. Clauß, J. Guthke & G. Lehwald (Hrsg.), *Psychologie und Psychodiagnostik lernaktiven Verhaltens* (S. 67–72). Berlin: Gesellschaft für Psychologie der DDR.

Furnham, A., Fong, G., & Martin, N. (1999). Sex and cross-cultural differences in the estimated multi-faceted intelligence quotient score for self, parents, and siblings. *Personality and Individual Differences, 26,* 1025–1034.

Furnham, A. & Rawles, R. (1999). Correlation between self-estimated and psychometrically measured IQ. *Journal of Social Psychology, 139,* 405–410.

Furnham, A., Reeves, E. & Budhani, S. (2002). Parents think their sons are brighter than their daughters: Sex differences in parental self-examinations and estimations of their children's multiple intelligences. *Journal of Genetic Psychology, 163*(1), 24–40.

Gagné, F. (1993). Constructs and models pertaining to exceptional human abilities. In K. A. Heller, F. J. Mönks & A. H. Passow (Eds.), *International handbook of research and development of giftedness and talent* (pp. 69–87). Oxford: Pergamon.

Gagné, F. (1995). Learning about the nature of gifts and talents through peer and teacher nominations. In M. W. Katzko & F. J. Mönks (Eds.), *Nurturing talent: Individual needs and social ability* (pp. 20–30). Assen: Van Gorcum.

Gardner, H. (1991). *Abschied vom IQ. Die Rahmen-Theorie der vielfachen Intelligenzen.* Stuttgart: Klett-Cotta.

Gardner, M. K. & Clark, E. (1992). Psychometrics and childhood. In R. J. Sternberg & C. A. Berg (Eds.), *Intellectual development* (pp. 16–43). Cambridge: University Press.

Garrett, H. E. (1946). A developmental theory of intelligence. *American Psychologist, 1,* 372–378.

Gittler, G. (1990). *Dreidimensionaler Würfeltest. Ein rasch-skalierter Test zur Messung des räumlichen Vorstellungsvermögens. Testmanual.* Weinheim: Beltz Test GmbH.

Gudernatsch, V. (1978). *Der Einfluss von Befindensstörungen auf Leistungs- und Intelligenztestergebnisse bei psychiatrisch unauffälligen Patienten.* Dissertation. Universität Erlangen.

Guthke, J. (1972). *Zur Diagnostik der intellektuellen Lernfähigkeit.* Berlin: Deutscher Verlag der Wissenschaften.

Guthke, J. (1983). *Der Mengenfolgentest.* Berlin: Psychodiagnostisches Zentrum der HUB.

Guthke, J. & Beckmann, J. F. (2001). Intelligenz als „Lernfähigkeit" – Lerntests als Alternative zum herkömmlichen Intelligenztest. In E. Stern & J. Guthke (Hrsg.), *Perspektiven der Intelligenzforschung* (S. 137–161). Lengerich: Pabst.

Guthke, J., Beckmann, J. F., Stein, H., Vahle, H. & Rittner, S. (1995). *Adaptive Computergestützte Intelligenz-Lerntestbatterie (ACIL).* Mödling: Schuhfried.

Guthke, J., Wolschke, P., Willmes, K. & Huber, W. (in Vorb.). *Leipziger Lerntest – Begriffsanaloges Klassifizieren (LLT-BAK).* Göttingen: Hogrefe.

Guthke, J. & Wiedl, K. H. (1996). *Dynamisches Testen. Zur Psychodiagnostik der intraindividuellen Variabilität.* Göttingen: Hogrefe.

Grigorenko, E. L. & Sternberg, R. J. (1998). Dynamic testing. *Psychological Bulletin, 124,* 75–111.

Häcker, H., Leutner, D. & Amelang, M. (Hrsg.) (1998). *Standards für pädagogisches und psychologisches Testen.* Göttingen: Hogrefe.

Halpern, D. F. (2000). *Sex differences in cognitive abilities.* Mahwah, New Jersey: Lawrence Erlbaum Associates.

Halsband, U. & Unterrainer, J. (2001). Neuropsychologische Funktionsdiagnostik. In R.-D. Stieglitz, U. Baumann & H. J. Freyberger (Hrsg.), *Psychodiagnostik in Klinischer Psychologie, Psychiatrie, Psychotherapie* (S. 159–168). Stuttgart: Thieme.

Hanses, P. & Rost, D. H. (1998). Das „Drama" der hochbegabten Underachiever – „Gewöhnliche" oder „außergewöhnliche" Underachiever? *Zeitschrift für Pädagogische Psychologie, 12,* 53–71.

Hany, E. A. (2001a). Die Vererbung der Intelligenz unter der Entwicklungsperspektive. In E. Stern & J. Guthke (Hrsg.), *Perspektiven der Intelligenzforschung* (S. 69–88). Lengerich: Pabst.

Hany, E. A. (2001b). Identifikation von Hochbegabten im Schulalter. In K. A. Heller (Hrsg.) (2001), *Hochbegabung im Kindes- und Jugendalter* (2., stark erweiterte Aufl.) (S. 42–171). Göttingen: Hogrefe.

Heller, K. A. (Hrsg.). (1992). *Hochbegabung im Kindes- und Jugendalter.* Göttingen: Hogrefe.

Heller, K. A. (2000) (Hrsg.). *Begabungsdiagnostik in der Schul- und Erziehungsberatung* (2., vollst. überarb. Aufl.). Bern: Hans Huber.

Heller, K. A., Gaedike, A. K. & Weinläder, H. (1985). *Kognitiver Fähigkeits-Test für 4. bis 13. Klassen (KFT 4–13+).* Weinheim: Beltz.

Heller, K. A. & Geisler, H. J. (1983a). *Kognitiver Fähigkeitstest – Kindergartenform (KFT-K).* Weinheim: Beltz.

Heller, K. A. & Geisler, H. J. (1983b). *Kognitiver Fähigkeitstest für 1. bis 3. Klassen (KFT 1-3).* Weinheim: Beltz.

Heller, K. A., Kratzmeier, H. & Lengfelder, A. (1998a). *Matrizen Test Manual, Bd. 2. Ein Handbuch mit deutschen Normen zu den Standard Progressive Matrices.* Göttingen: Beltz Test GmbH.

Heller, K. A., Kratzmeier, H. & Lengfelder, A. (1998b). *Matrizen Test Manual, Bd. 1. Ein Handbuch mit deutschen Normen zu den Advanced Progressive Matrices.* Göttingen: Beltz Test GmbH.

Heller, K. A. & Perleth, Ch. (2000). *Kognitiver Fähigkeitstest für 4. bis 12. Klassen, Revision (KFT 4-12+).* Göttingen: Beltz Test GmbH.

Heller, K. A. & Rindermann, H. (1997). Sechster Bericht über die wissenschaftliche Evaluation des baden-württembergischen Schulmodellversuchs „Gymnasium mit achtjährigem Bildungsgang". Methoden und Ergebnisse der ersten sechs Untersuchungswellen (1992–1997) an achtjährigen Gymnasien unter Einschluß der ersten Erhebungswelle (1997) an neunjährigen Regelgymnasien. München: LMU/Stuttgart: MKS.

Helmke, A. & Weinert, F. E. (1997). Bedingungsfaktoren schulischer Leistung. In F. E. Weinert (Hrsg.), *Psychologie des Unterrichts und der Schule. Enzyklopädie der Psychologie, Serie Pädagogische Psychologie* (Bd. 3, S. 71–176). Göttingen: Hogrefe

Hines, M. (1990). Gonadal hormones and human cognitive development. In J. Balthazart (Ed.), *Brain and behaviour in vertebrates 1: Sexual differentiation, neuroanatomical aspects, neurotransmitters and neuropeptides* (pp. 51–63). Basel: Karger.

Hofstaetter, P. R. (1954). The changing composition of „intelligence": A study in t-technique. *Journal of Genetic Psychology, 85,* 159–164.

Hoge, R. D. & Coladarci, T. (1989). Teacher-based judgements of academic achievement: A review of literature. *Review of Educational Research, 59,* 297–313.

Holling, H. & Kanning, U. P. (1999). *Hochbegabung – Forschungsergebnisse und Fördermöglichkeiten.* Göttingen: Hogrefe.

Holling, H. & Liepmann, D. (2003). Personalentwicklung. In H. Schuler (Hrsg.), *Lehrbuch Organisationspsychologie (3. Aufl.).* Bern: Huber.

Holling, H., Lüken, K. H., Preckel, F. & Stotz, M. (2000). *Berufliche Entscheidungsfindung.* Nürnberg: Institut für Arbeitsmarkt und Berufsforschung der Bundesanstalt für Arbeit (IAB).

Holling, H. & Preckel, F. (im Druck). Self-estimates of intelligence: Methodological approaches and gender differences. *Personality and individual Differences.*

Holling, H., Vock, M. & Preckel, F. (2001). Schulische Begabtenförderung in den Ländern der Bundesrepublik Deutschland. In Bund-Länder-Kommision für Bildungsplanung und Forschungsförderung (Hrsg.), *Begabtenförderung – ein Beitrag zur Förderung von Chancengleichheit in Schulen – Orientierungsrahmen* (S. 27–270). Materialien zur Bildungsplanung und Forschungsförderung, Heft 91. BLK. Bonn.

Holling, H., Wübbelmann, K. & Geldschläger, H. (1996). Kriterien und Instrumente zur Auswahl von Begabten in der beruflichen Bildung. In R. Manstetten (Hrsg.), *Begabtenförderung in der beruflichen Bildung.* Göttingen: Hogrefe.

Holtz, K. L., Eberle, G., Hillig, A. & Marker, K. R. (1984). *Heidelberger Kompetenz-Inventar für geistig Behinderte. Handbuch.* Heidelberg: HVA „edition schindele".

Horn, J. L. (1968). Organization of abilities and the development of intelligence. *Psychological Review, 75,* 242–259.

Horn, J. L. & Hofer, S. M. (1992). Major abilities and development in adults. In R. J. Sternberg & C. A. Berg (Eds.), *Intellectual development* (pp. 44–99). Cambridge: University Press.

Horn, W. (1990). *Leistungsprüfsystem (LPS).* Göttingen: Hogrefe.

Hornke, L. F. & Winterfeld, U. (2003). Eignungsbeurteilungen auf dem Prüfstand: DIN 33430 zur Qualitätssicherung. Berlin: Spektrum.

Hunter, J. E. & Hunter, R. F. (1984). Validity and utility of alternative predictors of job performance. *Psychological Bulletin, 96,* 72–98.

Huttenlocher, J., Haight, W., Bryk, A., Seltzer, M. & Lyons, T. (1991). Early vocabulary growth: Relation to language input and gender. *Developmental Psychology, 27,* 236–248.

Hyde, J. S., Fennema, E. & Lamon, S. J. (1990). Gender differences in mathematics performance: A meta-analysis. *Psychological Bulletin, 107,* 139–153.

Hyde, J. S. & Linn, M. C. (1988). Gender differences in verbal abilities: A meta-analysis. *Psychological Bulletin, 104,* 53–69.

Jäger, A. O. (1967). *Dimensionen der Intelligenz.* Göttingen: Hogrefe.

Jäger, A. O. (1982). Mehrmodale Klassifikation von Intelligenzleistungen. Experimentell kontrollierte Weiterentwicklung eines deskriptiven Intelligenzstrukturmodells. *Diagnostica, 28,* 195–226.

Jäger, A. O. (1984). Intelligenzstrukturforschung: Konkurrierende Modelle, neue Entwicklungen, Perspektiven. *Psychologische Rundschau, 35,* 21–35.

Jäger, A. O., Holling, H., Preckel, F., Schulze, R., Vock, M., Süß, H.-M. & Beauducel, A. (2004). *Berliner Intelligenzstrukturtest für Jugendliche: Begabungs- und Hochbegabungsdiagnostik (BIS-HB).* Göttingen: Hogrefe.

Jäger, A. O., Süß, H.-M. & Beauducel, A. (1997). *Berliner Intelligenzstruktur-Test, Form 4 (BIS-4).* Göttingen: Hogrefe.

Jäger, R. S., Beetz, E. & Walther, R. (1994). *Mannheimer Schuleingangs-Diagnostikum (MSD)*. Weinheim: Beltz Test GmbH.

Jensen, A. R. (1979). The nature of intelligence and its relation to learning. *Journal of Research and Development in Education, 12,* 79–95.

Jensen, A. R. (1982). Reaction time and psychometric g. In H. J. Eysenck (Ed.), *A model for intelligence* (pp. 255–310). Berlin: Springer-Verlag.

Jensen, A. R. (1998). *The g factor: The science of mental ability.* Westport: Praeger Publishers.

Jochum, E. (1987). *Gleichgestelltenbeurteilung: Führungsinstrument in der industriellen Forschung und Entwicklung.* Stuttgart: Poeschel.

Jochum, E. (1991). Gleichgestelltenbeurteilung – ein Instrument der Personalführung und Teamentwicklung. In H. Schuler (Hrsg.), *Beurteilung und Förderung beruflicher Leistung* (S. 107–134). Göttingen: Hogrefe.

Kanfer, R., Ackerman, P. L., Mutha, T. & Goff, M. (1995). Personality and intelligence in industrial and organizational psychology. In D. H. Saklofske & M. Zeidner (Eds.), *International Handbook of personality and intelligence* (pp. 577–602). New York: Plenum Press.

Kanning, U. P. & Holling, H. (2002) (Hrsg.). *Handbuch personaldiagnostischer Instrumente.* Göttingen: Hogrefe.

Kaplan, C. (1992). Ceiling effects in assessing high-IQ children with the WPPSI-R. *Journal of Clinical Child Psychology, 21*(4), 403–406.

Karnes, F. A. & Brown, K. E. (1980). Factor analysis of the WISC-R for the gifted. *Journal of Educational Psychology, 72*(2), 197–199.

Klauer, K. J. (1990). Overachievement & Underachievement Revisited: Ein zwei-Fehlerkontrolliertes Modell zur Diagnostik erwartungswidriger Leistungen. *Diagnostica, 36*(3), 299–309.

Kleiner, A. (1998). *Göppinger sprachfreier Schuleignungstest (GSS).* Neubearbeitung von J. Poerschke. Herausgegeben von R. H. Lehmann. Göttingen: Beltz Test GmbH.

Klix, F. & Pötschke, D. (1996). Lernen und Denken. In J. Hoffmann & W. Kintsch (Hrsg.), *Enzyklopädie der Psychologie: Themenbereich C Theorie und Forschung, Serie II Kognition: Bd. 7. Lernen* (S. 529–582). Göttingen: Hogrefe.

Krapp, A. (1973). *Bedingungen des Schulerfolgs.* München: Oldenbourg.

Krasnoff, A. G., Walker, J. T. & Howard, M. (1989). Early sex linked activities and interests related to spatial abilities. *Personality and Individual Differences, 10*(1), 81–85.

Kubinger, K. D. & Wurst, E. (2000). *Adaptives Intelligenz Diagnostikum 2 (AID-2).* Göttingen: Beltz Test GmbH.

Lehrl, S., Merz, J., Burkard, G. & Fischer, B. (1991). *Mehrfachwahl-Wortschatz-Intelligenztest (MWT-A).* Erlangen: perimed.

Lehrl, S. (1999). *Mehrfachwahl-Wortschatz-Intelligenztest (MWT-B).* Balingen: Spitta.

Lienert, G. A. & Raatz, U. (1994). *Testaufbau und Testanalyse.* Weinheim: Beltz.

Linn, M. C. & Petersen, A. C. (1985). Emergence and characterization of sex differences in spatial ability: A meta-analysis. *Child Development, 56,* 1479–1498.

Linn, M. C. & Petersen, A. C. (1986). A meta-analysis of gender differences in spatial ability: Implications for mathematics and science achievement. In J. S. Hyde & M. C. Linn (Eds.), *The psychology of gender: Advances through meta-analysis* (pp. 67–101). Baltimore: Johns Hopkins University Press.

Lipsitt, L. P. (1992). Discussion: The Bayley Scales on infant development: Issues of prediction and outcome revisited. In C. Rovee-Collier & L. P. Lipsitt (Eds.), *Advances in infancy research.* Norwood, NJ: Ablex.

Loehlin, J. C. (2000). Group differences in intelligence. In R. J. Sternberg (Ed.), *Handbook of intelligence* (pp. 176–196). Cambridge: Cambridge University Press.

Lubinski, D., Webb, R. M., Morelock, M. J. & Benbow, C. P. (2001). Top 1 in 10,000: A 10-year follow-up of the profoundly gifted. *Journal of Applied Psychology, 86,* 718–729.

Mabe, P. & West, S. (1982). Validity of self-evaluation of ability: A review and meta-analysis. *Journal of Applied Psychology, 67*(3), 280–296.

McCall, R. B., Hogarty, P. S. & Hurlburt, N. (1972). Transitions in infant sensorimotor development and the prediction of childhood IQ. *American Psychologist, 27,* 728–748.

Magnusson, D. & Backtemann, G. (1978). Longitudinal stability of person characteristics: Intelligence and creativity. *Applied Psychological Measurement, 2,* 841–849.

Marshalek, B., Lohman, D. F. & Snow, R. E. (1983). The complexity continuum in the radex and hierachical models of intelligence. *Intelligence, 7,* 107–127.

Matarazzo, J. D. (1972). *Wechsler's measurement and appraisal of adult intelligence.* Baltimore: Williams & Wilkins.

Matarazzo, J. D. (1990). Psychological assessment versus psychological testing. Validation from Binet to the school, clinic, courtroom. *American Psychologist, 45*(9), 999–1017.

Matthews, M. H. (1987). Sex differences in spatial competence: The ability of young children to map „primed" unfamiliar environments. *Educational Psychology, 7*(2), 77–90.

Meis, R. (1990). *Kettwiger Schuleingangstest (KST).* Herausgegeben von K. Ingenkamp. Weinheim: Beltz.

Meis, R. (1997). *Duisburger Vorschul- und Einschulungstest (DVET).* Neubearbeitung von J. Poerschke. Herausgegeben von R. H. Lehmann. Göttingen: Beltz Test GmbH.

Meinz, E. J. & Salthouse, T. A. (1998). Is age kinder to females than to males? *Psychonomic Bulletin & Review, 5,* 56–70.

Merz, F. (1979). *Geschlechterunterschiede und ihre Entwicklung: Ergebnisse und Theorien der Psychologie.* Göttingen: Verlag für Psychologie.

Moffitt, T. E., Caspi, A., Harkness, A. R. & Silva, P. A. (1993). The natural history of change in intellectual performance: Who changes? How much? Is it meaningful? *Journal of Child Psychologx and Psychiatry, 34,* 455–506.

Mortensen, E. L. & Kleven, M. (1993). A WAIS longitudinal study of cognitive development during the life span from ages 50 to 70. *Developmental Neuropsychology, 9,* 115–130.

Neisser, U. (1998) (Ed.). *The rising curve: Long-term gains in IQ and related measures.* Washington, DC: APA.

Neumann, J. & Wolfram, H. (1978). Anwendung des MWT zur Objektivierung einer Demenz. *Psychiatrie, Neurologie und medizinische Psychologie, 30,* 731–738.

Nickel, H. (1990). Das Problem der Einschulung aus ökologisch-systemischer Sicht. *Psychologie in Erziehung und Unterricht, 37,* 217–227.

Nickel, H. (1999). Einschulung. In C. Perleth & A. Ziegler (Hrsg.), *Pädagogische Psychologie. Grundlagen und Anwendungsfelder* (S. 149–159). Bern: Huber.

Niebergall, G. (2000). Testpsychologische und neuropsychologische Untersuchung. In H. Remschmidt (Hrsg.). *Kinder- und Jugendpsychiatrie. Eine praktische Einführung* (S. 49–69). Stuttgart: Thieme.

Ones, D. S., Viswesvaran, C. & Dilchert, S. (2004). Cognitive Ability in Selection Decisions. In O. Wilhelm & R. Engle (Eds.), *Understanding and Measuring Intelligence.* London: Sage.

Oswald, W. D. (1998). Entwicklung der Intelligenz. In E. Roth (Hrsg.), *Intelligenz. Grundlagen und neuere Forschung.* Stuttgart: Kohlhammer.

Oswald, W. D. & Roth, E. (1987). *Zahlen-Verbindungstest (ZVT)*. Göttingen: Hogrefe.

Oswald, W. D., Rupprecht, R. & Hagen, B. (1997). Aspekte der kognitiven Leistungsfähigkeit bei 62–64-Jährigen aus Ost- und Westdeutschland. *Zeitschrift für Gerontopsychologie und -psychiatrie, 10*(4), 213–229.

Parsons, F. (1909). *Choosing a vocation.* Boston: Houghton Mifflin.

Paulus, D. L., Lysy, D. C. & Yik, M. S. M. (1998). Self-report measures of intelligence: Are they useful as proxy IQ tests? *Journal of Personality, 66,* 525–554.

Paulus, D. L. & Morgan, K. (1997). Perception of intelligence in leaderless groups: The dynamic effects of shyness and acquaintance. *Journal of Personality and Social Psychology, 72* (3), 581–591.

Penrose, L. & Raven, J. C. (1936). Progressive Matrices. *British Journal of Medical Psychology.*

Perleth, C. (2000). (Begabungs-)Diagnostik bei Schülern mit Lernbehinderungen. In K. A. Heller (Hrsg.). *Begabungsdiagnostik in der Schul- und Erziehungsberatung* (S. 279–321). Bern: Huber.

Perleth, C. & Sierwald, W. (1992). Entwicklungs- und Leistungsanalysen zur Hochbegabung. In K. A. Heller (Hrsg.), *Hochbegabung im Kindes- und Jugendalter* (S. 165–350). Göttingen: Hogrefe.

Piaget, J. & Inhelder, B. (1971). *Die Entwicklung des räumlichen Denkens beim Kinde.* Stuttgart: Klett.

Piper, S. & Creps, K. (1991). Practical concerns in assessment and placement in academic accerlation (pp. 162–180). In W. T. Southern & E. D. Jones (Eds.), *The academic acceleration of gifted children.* New York: Teachers College Press.

Preckel, F. (2003). *Diagnostik intellektueller Hochbegabung. Testentwicklung zur Erfassung der fluiden Intelligenz.* Göttingen. Hogrefe.

Pulakos, E. D. & Wexley, K. N. (1983). The relationship among perceptual similarity, sex, and performance ratings in manager-subordinate dyads. *Academy of Management Journal, 26*(1), 129–139.

Rammstedt, B. & Rammsayer, T. H. (2000). Sex differences in self-estimates of different aspects of intelligence. *Personality and Individual Differences, 29,* 869–880.

Rammstedt, B. & Rammsayer, T. H. (2001). Geschlechtsunterschiede bei der Einschätzung der eigenen Intelligenz im Kindes- und Jugendalter. *Zeitschrift für Pädagogische Psychologie, 15*(3/4), 207–217.

Rammstedt, B. & Rammsayer, T. H. (2002). Self-estimated intelligence: Gender differences, relationship to psychometric intelligence and moderating effects of level of education. *European Psychologist, 7*(4), 275–284.

Rapaport, D., Gill, M. & Schafer, R. (1945). *Diagnostic psychological testing.* Chicago: Yearbook Publishers.

Rauchfleisch, U. (1983). Zur Reliabilität und Validität des Aufmerksamkeits-Belastungs-Tests (Test d2) bei Patienten mit hirndiffusem Psychosyndrom und neurotischen Störungen. *Diagnostica, 24,* 247–255.

Raven, J. C. (1962). *Advanced Progressive Matrices Set II.* London: Lewis.

Raven, J. C., Raven, J. & Court, J. H. (1998), *Raven's Progressive Matrices and Vocabulary Scales.* SPM Manual. Frankfurt: Swets Test Services.

Raven, J. C., Raven, J. & Court, J. H. (1999), *Raven's Progressive Matrices and Vocabulary Scales.* SPM Manual. Frankfurt: Swets Test Services.

Redding, R. E. (1990). Learning preferences and skill patterns among underachieving gifted adolescents. *Gifted Child Quarterly, 34,* 72–75.

Reilly, J. & Mulhern, G. (1995). Gender difference in self-estimated IQ: The need for care in interpreting group data. *Personality and Individual Differences, 18*, 189–192.

Reis, S. M. & McCoach, D. B. (2000). The underachievement of gifted students: What do we know and where do we go? *Gifted Child Quarterly, 44*, 152–170.

Remschmidt, H. & Niebergall, G. (2000). Intelligenzminderungen und Demenzzustände. In H. Remschmidt (Hrsg.), *Kinder- und Jugendpsychiatrie. Eine praktische Einführung* (S. 101–110). Stuttgart: Thieme.

Richert, E. S., Alvino, J. & McDonnel, R. (1982). *The national report on identification: Assessment and recommendations for comprehensive identification of gifted and talented youth.* Sewell, NJ: Education Information and Resource Center, U.S. Department of Education.

Rist, F. & Dirksmeier, C. (2001). Leistungsdiagnostik bei psychischen Störungen. In R.-D. Stieglitz, U. Baumann & H. J. Freyberger (Hrsg.), *Psychodiagnostik in Klinischer Psychologie, Psychiatrie, Psychotherapie.* (S. 145–158). Stuttgart: Thieme.

Robert, M. & Chaperon, H. (1989). Cognitive and exemplary modelling of horizontality representation of the Piagetian water-level task. *International Journal of Behavioral Development, 12*, 453–472.

Robert, M. & Ohlmann, T. (1994). Water-level representation by men and women as a function of rod-and-frame test proficiency and visual and postural information. *Perception, 23*, 1321–1333.

Robinson, N. M. & Janos, P. M. (1987). The contribution of intelligence tests to the understanding of special children. In J. D. Day & J. B. Borkowski (Eds.), *Intelligence and exceptionality: New directions for theory, assessment, and instructional practices* (pp. 21–56). Ablex Publishing Corporation.

Roether, D. (1983). *Vorschul-Lerntest (VLT).* Berlin: Psychodiagnostisches Zentrum.

Rohracher, H. (1965). *Einführung in die Psychologie* (9. Auflage). Wien: Urban & Schwarzenberg.

Ross-Reynolds, J. & Reschly, D. J. (1983). An investigation of item bias on the WISC-R with four sociocultural groups. *Journal of Consulting & Clinical Psychology, 51*(1), 144–146.

Rost, D. H. (Hrsg.) (1993). *Lebensumweltanalyse hochbegabter Kinder. Das Marburger Hochbegabtenprojekt.* Göttingen: Hogrefe.

Rost, D. H. (Hrsg.) (2000). *Hochbegabte und hochleistende Jugendliche.* Münster: Waxmann.

Rott, C. (1994). Intelligenz im Alter. In E. Olbrich, K. Sames & A. Schramm (Hrsg.), *Kompendium der Gerontologie* (S. 1–22). Landsberg: ecomed.

Salas, E. & Cannon-Bowers, J. A. (2001). The sciences of training: A decade of progress. *Annual Review of Psychology, 52*, 471–499.

Salthouse, T. A. (1991). Mediation of adult age differences in cognition by reductions in working memory and speed of processing. *Psychological Science, 2*(3), 179–183.

Sapp, G. L., Chissom, B. & Graham, E. (1985). Factor analysis of the WISC-R for gifted students: A replication and comparison. *Psychological Reports, 57*, 947–951.

Saß, H., Wittchen, H.-U., Zaudig, M. & Houben, I. (2003). *Diagnostisches und Statistisches Manual Psychischer Störungen – Textrevision (DSM-IV-TR).* Göttingen: Hogrefe.

Schaie, K. W. (1991). Intelligenz. In W. D. Oswald, W. M. Herrmann, S. Kanowski, U. M. Lehr & H. Thomae (Hrsg.), *Gerontologie. Medizinische, psychologische und sozialwissenschaftliche Grundbegriffe* (S. 269–283). Stuttgart: Kohlhammer.

Schaie, K. W. (1996). Intellectual development in adulthood. In J. E. Birren & K. W. Schaie (Eds.), *Handbook of the psychology of aging* (pp. 266–286). San Diego, CA: Academic Press.

Schaie, K. W. & Willis, S. L. (1986). Can decline in adult intellectual functioning be reversed? *Developmental Psychology, 22*, 223–232.

Scheurer, H., Quast, A., Richter, P., Erbacher, H. & Kröber, H.-L. (1994). Testtheoretische Analyse des Benton-Tests auf Grund einer Stichprobe männlicher Gewalttäter. *Diagnostica, 40*(4), 363–374.

Schiller, B. (1934). Verbal, numerical and spatial abilities of young children. *Archives of Psychology, 24*, No. 161.

Schmidt, F. L. (1992). What do data really mean? Research findings, meta-analysis, and cumulative knowledge in psychology? *American Psychologist, 47*, 1173–1181.

Schmidt, M. H. (2002). Psychische Störungen infolge von Intelligenzminderungen. In F. Petermann (Hrsg.), *Lehrbuch der Klinischen Kinderpsychologie und -psychotherapie* (S. 359–380). Göttingen: Hogrefe.

Schmidt, F. L. & Hunter, J. E. (1998). The validity and utility of selection methods in personal psychology: Practical and theoretical implications of 85 years of research findings. *Psychological Bulletin, 124*, 262–274.

Schmidt, K.-H. & Metzler, P. (1992). *Wortschatztest (WST)*. Weinheim: Beltz.

Schorr, A. (1995). Stand und Perspektiven diagnostischer Verfahren in der Praxis. Ergebnisse einer repräsentativen Befragung westdeutscher Psychologen. *Diagnostica, 41*, 3–20.

Schrader, F.-W. (2001). Diagnostische Kompetenzen von Eltern und Lehrern. In D. H. Rost (Hrsg.), *Handwörterbuch Pädagogische Psychologie* (S. 91–96) (2. Aufl.). Weinheim: Beltz.

Schuler, H. (1989). Leistungsbeurteilung. In E. Roth (Hrsg.), Organisationspsychologie (S. 399–430). *Enzyklopädie der Psychologie. Themenbereich D Praxisgebiete, Serie III Wirtschafts- Organisations- und Arbeitspsychologie, Band 3*. Göttingen: Hogrefe.

Schuler, H. (1996). *Psychologische Personalauswahl. Einführung in die Berufseignungsdiagnostik*. Göttingen: Verlag für Angewandte Psychologie.

Schuler, H. (2000). *Psychologische Personalauswahl* (3. Aufl.). Göttingen: Hogrefe.

Schuler, H. (Hrsg.) (2001). *Lehrbuch der Personalpsychologie*. Göttingen: Hogrefe.

Schumacher, J. & Brähler, E. (2000). Testdiagnostik in der Psychotherapie. In W. Senf & M. Broda (Hrsg.), *Praxis der Psychotherapie. Ein integratives Lehrbuch: Psychoanalyse, Verhaltenstherapie, Systemische Therapie* (S. 116–128). Stuttgart: Thieme.

Snijders, J. Th., Tellegen, P. & Laros, J. (1997). *Snijders-Oomen Non-verbaler Intelligenztest (SON-R 5 1/2-17)*. Göttingen: Hogrefe.

Snyderman, M. & Rothman, S. (1988). *The IQ controversy, the media, and public policy*. New Brunswick, NJ: Transaction Books.

Sonnentag, S. (1998). Identifying high performers: Do peer nominations suffer from a likeability bias? *European Journal of Work and Organizational Psychology, 7* (4), 501–515.

Spearman, C. (1904). „General intelligence", objectively determined and measured. *American Journal of Psychology, 15*, 201–293.

Stanley, J. C. & Benbow, C. P. (1982). Huge sex ratios at upper end. *American Psychologist, 37*, 972.

Steck, P. (1997). Psychologische Testverfahren in der Praxis. Ergebnisse einer Umfrage unter Testanwendern. *Diagnostica, 43*(3), 267–284.

Steck, P., Beer, U., Frey, A., Frühschütz, A. & Körner, A. (1990). Testkritische Überprüfung einer 30-Item-Version des Visual Retention Tests nach A. L. Benton. *Diagnostica, 36*(1), 38–49.

Steck, P., Reuter, B., Meir-Korrell, S. & Schönle, P. (2000). Zur Simulierbarkeit von neuropsychologischen Defiziten bei Reaktions- und bei Intelligenztests. *Zeitschrift für Neuropsychologie, 11*(3), 128–140.

Sternberg, R. J. (1985). *Beyond IQ.* Cambridge: Cambridge University Press.

Sternberg, R. J. (1990). *Metaphors of mind.* Cambridge: Cambridge University Press.

Sternberg, R. J. (1997). The triarchic theory of intelligence. In D. P. Flanagan, J. L. Genshaft & P. L. Harrison (Eds.), *Contemporary intellectual assessment: Theories, tests, and issues* (pp. 92–104). New York: Guilford Press.

Sternberg, R. J. & Powell, J. S. (1983). The development of intelligence. In J. H. Flavell & E. M. Markman (Eds.), *Handbook of child psychology: Vol. III. Cognitive development* (pp. 341–419). New York: Wiley.

Sturm, W., Willmes, K. & Horn, W. (1993). *Leistungsprüfsystem für 50–90-Jährige (LPS 50+).* Göttingen: Hogrefe.

Süß, H. M. (2001). Prädiktive Validität der Intelligenz im schulischen und außerschulischen Bereich. In E. Stern & J. Guthke (Hrsg.), *Perspektiven der Intelligenzforschung. Ein Lehrbuch für Fortgeschrittene* (S. 109–135). Lengerich: Pabst.

Süß, H.-M., Oberauer, K., Wittmann, W. W., Wilhelm, W. & Schulze, R. (2002). Working-memory capacity explains reasoning ability – and a little bit more. *Intelligence, 30,* 261–288.

Tellegen, P., Winkel, M. & Laros, J. (1998). *Snijders-Oomen Non-verbaler Intelligenztest (SON-R 2 1/2-7).* Göttingen: Hogrefe.

Tent, L. (2001). Schulreife und Schulfähigkeit. In D. H. Rost (Hrsg.), *Handwörterbuch Pädagogische Psychologie* (S. 607–615) (2. Aufl.). Weinheim: Beltz.

Tewes, U. (1994). *Hamburg-Wechsler-Intelligenztest für Erwachsene – Revision 1991 (HAWIE-R).* 2. korr. Aufl. Bern: Huber.

Tewes, U., Rossmann, P. & Schallberger, U. (2000). *Hamburg-Wechsler-Intelligenztest für Kinder – Dritte Auflage* (HAWIK-III). Bern: Huber.

Thorndike, R. L. & Hagen, E. (1971). Cognitive Abilities Test. Boston: Houghton-Mifflin.

Titze, I. & Tewes, U. (1994). *Messung der Intelligenz bei Kindern mit dem HAWIK-R.* Bern: Huber.

Van Melis-Wright, M. & Stone, W. (1986). Materials Review: A comparison of the K-ABC global scales and the Stanford-Binet with young gifted children. *Topics in Early Childhood Special Education, 6*(1), 88–91.

Vasta, R., Knott, J. A. & Gaze, C. E. (1996). Can spatial training erase the gender differences on the water-level task? *Psychology of Women Quarterly, 20,* 549–567.

Wagner, R. K. & Sternberg, R. J. (1985). Practical intelligence in real world pursuits: The role of tacit knowledge. *Journal of Personality and Social Psychology, 49,* 436–458.

Wechsler, D. (1939). *Measurement of adult intelligence.* Baltimore: Williams & Wilkins.

Wechsler, D. (1956). *Die Messung der Intelligenz Erwachsener.* Bern: Huber.

Wechsler, D. (1967). *Wechsler Preschool and Primary Scale of Intelligence (WPPSI).* New York: Psychological Corporation.

Wechsler, D. (1991). *Wechsler Intelligence Scale for Children – III (WISC-III).* New York: Psychological Corporation.

Wechsler, D. (1981). *Wechsler Adult Intelligence Scale – Revised (WAIS-R)*. New York: Psychological Corporation.

Weinert, F. E. (Hrsg.). (1996). *Psychologie des Lernens und der Instruktion*. Göttingen: Hogrefe.

Weinert, F. E. & Hany, E. A. (2000). The role of intelligence as a major determinant of a successful occupational life. In C. F. M. van Lieshout & P. G. Heymans (Eds.), *Developing talent across the life span* (pp. 67–99). Hove, UK: Psychology Press.

Weiß, R. H. (1998). *Grundintelligenztest Skala 2 mit Wortschatztest (WS) und Zahlenfolgentest (ZF) (CFT 20)*. Göttingen: Hogrefe.

Wild, K. P. (1991). *Identifikation hochbegabter Schüler: Lehrer und Schüler als Datenquellen*. Heidelberg: Asanger.

Wild, K. P. & Rost, D. H. (1995). Klassengröße und Genauigkeit von Schülerleistungen. *Zeitschrift für Entwicklungspsychologie und Pädagogische Psychologie, 27*, 78–90.

Willingham, W. W. & Cole, N. S. (1997). *Gender and fair assessment*. Mahwah, NJ: Lawrence Erlbaum Associates.

Wilson, R. S. (1983). The Louisville twin study: Developmental synchronies in behavior. *Child Development, 54*, 298–316.

Wilson, R. S. (1986). Continuity and change in cognitive ability profile. *Behavior Genetics, 16*, 45–60.

Wolfram, H., Neumann, J. & Wieczorek, V. (1986). *Psychologische Leistungstests in der Neurologie und Psychiatrie. Methoden und Normwerte*. Leipzig: Thieme.

Wygotski, L. S. (1964). *Denken und Sprechen*. Berlin: Akademie Verlag.

Zang, Y. & Gong, Y. (2001). Self-estimated intelligence and its related factor. *Chinese Journal of Clinical Psychology, 9*(3), 193–195.

Ziegler, A., Dresel, M. & Schober, B. (2000). Underachievementdiagnose – Ein Modell zur Diagnose partieller Lernbeeinträchtigungen. In K. A. Heller (Hrsg.). *Begabungsdiagnostik in der Schul- und Erziehungsberatung* (S. 259–278). Bern: Huber.

Herausgegeben von Franz Petermann und Heinz Holling

Kompendien
Psychologische Diagnostik

Die Reihe: Die Psychologische Diagnostik bietet ein immer größeres Spektrum an Erhebungsverfahren, das von systematischen Ansätzen zur Befragung und Beobachtung bis zum Einsatz psychometrischer Tests und physiologischer Registriermethoden reicht. Die gezielte Auswahl geeigneter Verfahren und die Kombination verschiedener Ansätze zu einer ökonomischen Diagnosestrategie wird daher immer schwieriger. Die Bände der Reihe geben Übersichten zu zentralen Gebieten der Psychologischen Diagnostik mit dem Ziel, die diagnostische Kompetenz im Alltag zu erhöhen.

F. Petermann / U. Petermann

Aggressionsdiagnostik

Band 1: 2000, 119 Seiten,
€ 19,95 / sFr. 35,90
ISBN 3-8017-1421-7

D. Heubrock / F. Petermann

Aufmerksamkeitsdiagnostik

Band 2: 2001, 105 Seiten,
€ 19,95 / sFr. 35,90
ISBN 3-8017-1431-4

M. Hautzinger / T. D. Meyer

Diagnostik Affektiver Störungen

Band 3: 2002, 119 Seiten,
€ 19,95 / sFr. 33,90
ISBN 3-8017-1457-8

U. P. Kanning

Diagnostik sozialer Kompetenzen

Band 4: 2003, 138 Seiten,
€ 19,95 / sFr. 33,90
ISBN 3-8017-1641-4

F. Rheinberg

Motivationsdiagnostik

Band 5: 2004, 170 Seiten,
€ 24,95 / sFr. 43,90
ISBN 3-8017-1615-5

H. Holling / F. Preckel / M. Vock

Intelligenzdiagnostik

Band 6: 2004, 185 Seiten,
€ 24,95 / sFr. 43,90
ISBN 3-8017-1626-0

Hogrefe

Hogrefe Verlag
Rohnsweg 25 • 37085 Göttingen
Internet: www.hogrefe.de

Anna Julia Wittmann

Hochbegabten-beratung

Theoretische Grundlagen und empirische Analysen

2003, 221 Seiten,
€ 29,95 / sFr. 49,80
ISBN 3-8017-1750-X

Viele Personen, die sich im Bereich der Hochbegabtenberatung engagieren, sind auf ihre Aufgabe nur unzureichend vorbereitet und benötigen dringend ein Beratungsprogramm, an dem sie sich orientieren können. Der Band stellt die Entwicklung eines Konzepts zur Hochbegabtenberatung dar. Neben Informationen darüber, welche fachlichen, kommunikativen und Selbstkompetenzen Hochbegabtenberater benötigen, wenn sie erfolgreich beraten wollen, wird außerdem der Fortbildungsbedarf von Lehrern aufgezeigt.

Franzis Preckel

Diagnostik intellektueller Hochbegabung

Testentwicklung zur Erfassung der fluiden Intelligenz

2003, 217 Seiten,
€ 29,95 / sFr. 49,80
ISBN 3-8017-1747-X

Ziel des Buches ist es, einen Test zur Erfassung der fluiden Intelligenz im hohen Begabungsbereich bereitzustellen. Das Buch beschreibt die Hintergründe der Testkonstruktion sowie die Gütekriterien des Tests. Ausgangspunkt der Testentwicklung ist die Annahme gradueller intellektueller Unterschiede zwischen durchschnittlich und hoch begabten Personen.

Hogrefe

Hogrefe-Verlag
Rohnsweg 25 • 37085 Göttingen
Tel.: 05 51 - 4 96 09-0 • Fax: -88
E-Mail: verlag@hogrefe.de

Uwe Peter Kanning
Heinz Holling (Hrsg.)

Handbuch personal-diagnostischer Instrumente

2002, 595 Seiten, geb.,
€ 59,95 / sFr. 99,–
ISBN 3-8017-1443-8

Das Buch stellt zahlreiche personaldiagnostische Verfahren im Detail vor, vermittelt die notwendigen Grundlagen zu ihrer erfolgreichen Anwendung und richtet sich dabei an all diejenigen, die in der Praxis der Personalarbeit tätig sind.

Heinz Schuler (Hrsg.)

Lehrbuch der Personal-psychologie

2001, VI/664 Seiten,
Großformat,
€ 49,95 / sFr. 85,–
ISBN 3-8017-0944-2

In 23 Kapiteln wird das Gesamtgebiet der Personalpsychologie, auf dem neuesten Stand der Forschung und gleichzeitig an den praktischen Aufgaben des Personalwesens orientiert, aufgezeigt. Im Kern der Darstellung stehen Fragen der beruflichen Eignung und Leistung, der Führung und der beruflichen Entwicklung. Darüber hinaus wird von der Förderung von Innovation über Fragen des internationalen Personaleinsatzes bis hin zur Ausgliederung aus dem Berufsleben die breite Palette der Aufgabengebiete erörtert, die heute in der Personalarbeit zu bewältigen sind.

Hogrefe

Hogrefe Verlag
Rohnsweg 25 • 37085 Göttingen
Tel.: 05 51 - 4 96 09-0 • Fax: -88